놀이중심 교육과정 기반

아동관찰 및 행동연구

오연주 • 최정화 • 조연실

창지사

머리말

언어적 표현이 서툰 영유아를 가장 잘 이해하는 방법은 행동과 일상을 주의 깊게 관찰하는 것이다. 인간이 능동적인 의식과 목적을 갖고 사물이나 현상을 자세히 살펴봄으로써 이해하는 것을 관찰이라고 한다. 영유아의 눈짓, 몸짓, 표정, 목소리 높낮이는 많은 것들을 이야기하고 있다. 교사의 주의 깊은 관찰과 이를 통해 누적된 정보는 영유아 각각의 행동과 표현의 의미들을 이해하여 발달 수준과 개별적인 상황에 적절한 교육과 의미 있는 경험을 제공하게 해 준다. 교사는 유능한 관찰자가 되어야 한다. 교사가 현장에서 영유아들의 일상과 놀이활동을 관찰하면서 의미를 파악하고 재해석하는 것은 전문인으로서 갖추어 나가야 할 능력이다. 무심결에 지나칠 수 있었던 것들이 관찰을 통해 새롭게 조명되며 여러 의미를 일깨워 준다. 교사의 섬세한 관찰은 영유아의 흥미와 요구를 이해하고 지원할 수 있는 다양한 방법을 제시하게 해 준다.

개정 누리과정과 4차 표준보육과정이 시행되면서 관찰과 평가는 더욱 중요시되었으며, 개별 아동의 행동을 관찰하고 평가하기 위한 교사의 전문적 역량이 더욱 요구되고 있다. 교사는 무엇을 관찰하고 어떻게 관찰해야 할 것인지에 대한 기본적인 지식을 갖고 있어야 한다. 관찰에 대한 이해와 능력은 기본적인 지식과 현장에서의 실천을 통한 연습의 반복으로 발달할 수 있다. 교사의 관찰은 영유아가 놀이 및 활동을 하면서 발달이 어떻게 이루어지는지, 어떤 부분이 영유아의 발달을 촉진하게 하는지 등의 의미를 파악하는 중요한 단초이다.

이 책에서는 영유아의 행동관찰을 통하여 영유아교육현장연구를 위한 전략과 교육과정, 놀이지원, 행동 지도, 가족 참여 및 기타 중요 질문에 답하기 위한 전략들을 제시하였다. 또한, 교사가 영유아의 놀이를 깊이 관찰함으로써 영유아의 성장과 발달을 파악하고 수준에 맞는 놀이 환경과 자료를 제공해 주는 사례들을 소개하였다. 영유아의 발달은 생활연령이 같다고 해도 개별 특성에 따른 성숙도나 경험의 기회에 따라 발달 특성이 다르게 나타난다. 교사는 영유아를 지속적으로 관찰하여 기록한 자료를 바탕으로 각 대상에 따른 발달 수준과 문제점을 파악하고 각각의 기대치에 따른 설정과 도움을 제공할 수 있다.

본 교재는 모두 8개의 장으로 구성되어 있다. 1장은 관찰에 대한 이해를 돕기 위한 기본적이고 필수적인 내용을 다루고 있다. 2장은 관찰방법을 관찰유형에 따라 일화기록법, 사건표집법, 시간표집법, 행동목록법, 평정척도법으로 자세히 기록하는 방법을 제시하고, 현장에서 영유아교사가 활용할 수 있도록 관찰 사례를 제시하였다. 3장은 놀이 환경의 관찰로, 개정된 누리과정과 4차 표준보육과정에서 제시하고 있는 영유아의 놀이공간에 대한 이해와 영유아 놀이 관찰을 통한 놀이공간 구성과 지원에 대해 설명과 사례를 제시하였다. 4장에서는 영유아의 하루 일과에 대한 관찰로, 관찰기록방법 및 하루 일과와 자유놀이에서 관찰해야 할 내용에 대해 다루고 있다. 5장과 6장은 영유아의 관찰과 평가로, 4차 표준보육과정과 개정 누리과정에 기반하여 영유아교사의 이해를 돕기 위해 영유아 놀이에 대한 이해와 평가에 관한 실제 관찰예시를 제시하였다. 7장은 영유아 놀이의 관찰자료를 이용하여 영유아를 평가하고 바람직한 지원을 할 수 있는 포트폴리오 평가방법과 실제 사례를 제시하였다. 또한, 교사가 관찰한 내용과 행동결과물, 부모상담을 통한 영유아의 놀이지원방법을 다루었다. 8장은 아동 행동연구 방법에 대한 이해와 문제행동에 대한 사례를 제시하여 영유아의 행동특성과 문제 발생 이유에 관한 이해를 돕고자 하였다.

영유아의 예쁜 웃음, 행동과 마음을 더욱 이해하고 공감하며 소통하기 원하는 것은 우리 모두의 마음일 것이다. 이 책은 이러한 마음을 담아 현장에 있는 교사, 보조교사, 예비교사들을 위해 집필하였다. 마지막으로 출판을 위해 애쓰시고 수고해 주신 창지사 모든 분들께 깊이 감사드린다.

2020년 12월

공저자 일동

차례

CHAPTER

1 관찰의 이해

학습목표 개별영유아를 위한 구체적인 관찰계획을 수립할 수 있다.

- 영유아 발달 및 행동특성 이해
- 관찰대상에 따른 세부적 관찰을 계획하는 능력
- 객관적인 관찰과 관찰윤리를 준수하는 태도

1. 관찰의 기초

관찰이란 "사물이나 현상을 주의하여 자세히 살펴봄"(국립국어원 표준 국어대사전)의 뜻을 가지고 있다. 관찰은 섬세한 언어적 표현이 서툰 영유아의 행동을 주의하여 살펴봄으로써 그들의 언어적 · 비언어적 표현을 이해하여 영유아에 관련된 많은 정보를 파악할 수 있는 가장 직접적이고 친숙한 방법이다.

또한, 교사는 관찰을 통해 영유아의 비언어적 표현을 포함한 다양한 행동을 이해할 수 있다. 이러한 이해는 교사와의 공감능력을 향상시키며, 영유아를 대하는 태도의 변화를 가져올 수 있다. 관찰은 영유아를 이해할 수 있는 교사의 능력을 향상시키는 하나의 도구가 될 수 있다. 관찰법은 표면적으로 나타나는 아동의 행동을 직접적이고 객관적으로 관찰하고 이를 기록하여, 영유아와 그가 놓인 상황의 관련성을 분석하는 것이다.

1) 관찰의 필요성 및 목적

영유아에 대해 가장 잘 알 수 있는 방법 중 하나는 그들의 일상과 행동을 관찰하는 것이다. 영유아는 자신의 행동이나 감정을 언어로 충분하게 설명할 수 없기 때문에, 어떠한 행동과 말의 원인과 이유에 대해 정보를 얻기 위해서는 관찰과 기록이 중요하다. 영유아관찰은 영유아의 행동을 단순하게 살피는 것 이상이 요구되며, 교사의 영유아 발달에 관한 이해가 필요하다. 교사는 참여적 또는 비참여적인 방법으로 영유아의 사회적 · 언어적 · 인지적 · 운동적 기술을 관찰할 수 있으며, 관찰로 얻은 정보의 질은 교사의 '관찰 기술'에 따라 달라진다(오연주 외, 2020). 단순히 영유아의 놀이를 반복해서 지켜본다고 해서 교사가 원하는 정보를 쉽게 얻을 수 있는 것은 아니다. 영유아 발달 관련 정보를 파악하기 위해서 단순히 바라보는 수준에 그치지 않고 관찰의 초점을 분명히 하고 관찰목적에 맞는 적절한 관찰방법을 사용할 수 있어야 한다. 또한, 관찰을 통해 수집한 영유아의 놀이행동에 대한 정확한 해석을 위해, 교사는 영유아기에 나타나는 놀이 유형과 연령별 놀이발달 특성에 대한 전문적 지식을 반드시 갖출 필요가 있다. 이와 같이 전문적 지식을 기반으로 한 교사의 관찰은 영유아의 발달사항이나 문제행동의 원인을 발견하고 파악할 수 있기 때문에 중요하다. 관찰자는 외부로 나타나는 영유아의 행동을 직접적이고 객관적으로 관찰하고 기록하여 영유아와 그가 놓인 상황과의 관련성을 분석하여 영유아의 인지적 · 사회적 · 정서적 및 신체적 발달의 특징과 행동에 대한 평가자료를 얻게 된다. 또한, 영유아의 행동에 영향을 주는 환경적 요인들이 무엇이며, 성격 특징이나 심리적 특성 등이 행동을 통해 어떻게 표현되는지를 이해할 수 있게 된다. 즉, 교사는 관찰을 통하여 영유아의 감정과 행동 및 놀이 양식에 관한 통찰을 얻어 보다 나은 이해를 도모할 수 있게 된다.

(1) 영유아의 행동과 발달의 이해

영유아는 성인과 달리 언어로 자신을 충분히 전달할 수 없기 때문에 일상의 모든 행동을 관찰하는 것이 중요하다. 영유아는 비언어적인 표현을 통해서 많은 것을 표현한다. 즉, 눈짓이나 몸짓, 표정, 목소리 높낮이 등을 통해 자신의 감정이나 생각을 나타낼 수 있다. 따라서 영유아가 무엇을 하는지, 어떤 행동을 하는지에 대해 자세히 살펴보는 것은 영유아의 생각과 발달을 아는 단서를 제공해 줄 수 있다. 영유아의 발달은 생활연령이 같다고 해도 개별 특성에 따른 성숙도나 경험의 기회에 따라 발달 특성이 다르게 나타난다. 가령, 언어발달이 다른 또래에 비해 뛰어나지만 신체발달은 낮은 수준을 보이거나 그 반대인 경우도 있다. 교사는 영유아를 지속적으로 관찰하여 기록한 자료를 바탕으로 각 대상에 따른 발달 수준과 문제점을 파악하고 각각의 기대치에 따른 설정과 도움을 제공할 수 있다.

영유아의 신체 · 운동발달은 신체, 두뇌, 감각능력, 운동기술의 변화를 의미한다. 영유아의 신체발달을 관찰하는 목적은 대근육과 소근육 운동이 어떻게 발달하는지, 신체발달에 있어 개인차는 어떠한지, 어떠한 종류의 놀이활동을 통해 대근육과 소근육이 발달하는지를 파악하는 것이다. 영유아는 즐겁게 놀이하면서 자신의 신체를 인지하고 자기조절력과 자존감을 향상시킬 수 있다. 예를 들어, 영유아가 자신의 손을 물속에 넣고 빼는 단순한 놀이를 통해서도 자신의 신체를 주도적으로 움직이고 조절할 수 있는 능력을 향상시킬 수 있다. 또한, 공을 차거나 던지는 놀이를 하면서 대근육 기술이 발달하거나 가위로 자르거나 풀로 붙이는 미술놀이를 통해서도 소근육 기술이 발달할 수 있다. 따라서 영유아를 관찰하면서 영유아가 어떠한 놀이와 활동을 통해 대근육과 소근육의 기술이 발달해 나가는지를 알 수 있다. 영유아의 사회적 능력과 정서적 능력은 서로 밀접한 관계가 있으며, 영향을 미친다. 영유아는 놀이를 통해 자신이 경험해 보지 않은 것들을 직 · 간접적으로 재현하면서 자신이 속해 있는 세상을 이해하고 다른 사람의 생각이나 감정을 공감하면서 사회적 관계를 형성하게 된다. 남을 인식하면서 자아개념이 성장하고 자신이 처해 있는 사회적 위치와 관습 및 규범을 인식한다. 즉, 놀이 속에서 유아는 자신을 인정하고 수용하면서 보다 긍정적이고 적극적인 타인 접촉의 기회를 갖게 되며, 나아가 규칙과 질서, 약속의 개념 등 사회성의 기초개념을 획득할 수 있다. 이러한 개념과 친사회적 기술을 놀이 속에 활용하면서 사회생활의 필요성과 가치에 대해서도 이해하게 된다. 이러한 과정을 통해 영유아는 자신이 특별하다는 것을 알 뿐만 아니라 다른 사람과 더불어 사는 방법을 배움으로써 책임 있는 사회인으로 성장하게 된다. 영유아는 또래들과 놀잇감을 나누어 쓰고 양보하고 협조하는 과정 속에서도 사회적 상호작용의 기초 기술을 습득하고 발달시켜 나간다. 따라서 관찰을 통해 영유아들이 어떻게 사회적 상호작용을 배우며 친사회적인 기술이 발달하는지를 아는 것은 중요하다.

영유아의 인지발달은 세상을 어떻게 배우며 이해하는지에 대한 지적 기능의 발달이다. 영아의 감각을 통한 정서적 경험인 놀람, 기쁨, 흥미와 같은 감정은 영아의 인지적 능력을 발달시키고 사회적 능력과 태도를 형성하게 한다. 영아는 감각적인 경험과 운동을 통해서 지능이 발달하며, 유아는 자기중심적이며 직관적인 사고에서 벗어나 타인의 감정을 이해하고 공감하면서 인지능력이 발달하게 된다. 유아는 또래와의 상호작용을 통해 자신이 알고 있는 사실, 개념, 경험 등을 표현하게 된다. 이것은 유아의 인지적 능력과 기술을 발달시키기 때문에 인지발달을 위한 경험을 체계화하고 재구성하는 것은 중요하다. 인지발달은 영유아가 세상을 어떻게 이해하느냐와 관련이 있으며, 주변 상황과의 상호작용 속에서 발달하게 된다. 영유아의 인지능력을 관찰하는 이유는 어떻게 사고하고 무엇을 배우는지에 대해 평가하며, 인지능력 향상을 위한 영유아의 놀이와 상호작용의 사용을 알기 위해서이다.

영유아의 인지발달은 언어발달에 영향을 준다. 언어는 출생하면서부터 계속 발달하며, 취학 전까지 단어, 문법, 구문 등을 빨리 습득한다. 유아기에는 사용하는 단어의 수가 급속하게 증가하며, 여러 단어를 사용하여 문장을 만들고 구사할 수 있어 타인과의 의사소통이 가능해진다(곽노의 외, 2014). 영유아의 언어발달에 있어 가장 중요한 변인은 또래와의 상호작용이다. 유아는 또래에게 말을 걸거나 물음에 답을 하면서 놀이를 한다. 또래와 묻고 답하면서 다양한 지식과 함께 정보 교환과 정서 교환이 이루어진다(이상희 외, 2017). 영유아는 다른 영유아와 놀이하면서 자신의 의사를 전달하는 방법, 다른 영유아의 협조를 얻는 방법, 다른 영유아의 의사에 반응하는 방법 등을 알게 된다. 또한, 영유아는 놀이를 하면서 읽기 · 쓰기 · 듣기 · 말하기 능력을 익히고 상호 관련지어 의사소통한다. 예를 들어, 유아는 문해자료가 풍부한 놀이영역에서 흥미 있는 놀이와 관련된 글자를 관찰할 수 있으며, 그 글자를 읽고 쓰면서 다양하게 탐색하면서 언어발달을 하게 된다.

교사는 비구조적 · 구조적으로 영유아의 신체적 · 사회적 · 언어적 · 인지적 · 정서적 기술과 발달을 관찰할 수 있으며, 모든 발달은 관찰로 평가될 수 있다(조윤경 외, 2010). 교사는 영유아의 놀이를 깊이 관찰함으로써 영유아의 성장과 발달을 파악하고 수준에 맞는 놀이 환경과 자료를 제공해 줄 수 있다. 따라서 교사의 관찰은 영유아가 놀이를 통해 발달이 어떻게 이루어지는지, 놀이의 어떤 부분이 영유아의 발달을 촉진하게 하는지 전체적 맥락 속에서 의미를 파악하는 것이 필요하다.

(2) 관찰자 자신의 이해

관찰은 관찰대상뿐만 아니라 관찰자인 교사 자신에 대한 이해를 하게 한다. 영유아의 행동이나 놀이를 관찰하면서 자신의 태도나 신념을 주의 깊게 살피고 반성적 사고를 함으로써 발전할 수 있는 기회가 될 수 있다. 관찰 기술에서 중요한 것은 교사가 영유아의 입장에서 주의 깊게 관찰하는 것이다. 교사는 관찰을 통해 자신의 행동이나 교실 운영, 영유아와의 상호작용을 살핌으로써 자기점검을 할 수 있다.

영유아의 관찰은 교수에 필요한 다양한 측면의 지식과 능력을 향상시키도록 도와준다. 영유아관찰을 활용함으로써 교사는 영유아 발달에 관한 지식, 다양한 관찰 기술, 개별 영유아의 욕구에 맞는 학습 환경을 조성하는 능력, 영유아 중심적 교육과정을 개발하는 방법 등을 향상시킬 수 있다.

❶ 반성적 사고

교사는 영유아의 행동을 관찰을 통해 자신이 어떠한 태도와 신념으로 영유아를 지도하고 있는지에 대한 반성적 사고를 할 수 있다. 교사의 반성적 사고를 촉진하는 방법으로 영유아의 행동관찰에 대한 반성적 저널 쓰기가 있다. 저널 쓰기는 교사 자신이 무엇을 알고 있는지, 자신이 무엇을 느끼는지, 자신이 무엇을 하고 있는지 고려함으로써 반성적 사고를 기르는 데 도움이 된다. 특히, 영유아의 놀이를 지원하기 위하여 영유아의 흥미를 파악하고 흥미가 지속되기 위한 방법들에 대한 고민, 해결해야 할 문제나 갈등 등을 기본 구조로 하여 저널을 쓰면 보다 효과적인 반성적 사고를 할 수 있다. 따라서 영유아 행동관찰에 관한 교사의 반성적 저널 쓰기는 교사들이 놀이지원하는 과정에 대한 검토와 분석의 기회를 제공한다.

다음은 교사의 반성적 저널 쓰기의 예시이다.

어떤 교사가 자신의 교수활동 기록지에 4세인 태헌이와 2세인 은빈이의 곤충에 대한 관심을 다음과 같이 기록했다.

태헌이와 은빈이는 새로운 현장학습 자료인 곤충 '집'과 새로운 확대경에 흥미를 느꼈다. 태헌이와 은빈이는 현장학습 장소에 도착하였다. 통나무를 뒤집고... 우리는 쥐며느리, 아직 덜 자란 달팽이, 벌레, 개미와 거미 등이 있는 것을 발견했다. 이 활동에서 우리가 준비한 장비들을 사용하였다. 나중에 태헌이는 은빈이를 데리고 나방을 잡기 위해 멀리 나갔는데, 이때 가지고 간 장비는 나방이 앉아 있는 나뭇가지를 잘라낼 가위와 이것들을 담을 플라스틱 양동이였다.

- 놀이활동 기록지를 작성함으로써 영유아중심적 학습이 어떻게 지원될 수 있었을까?
- 교사는 태헌이와 은빈이에 대해 무엇을 이해하게 되었는가?
- 교사는 유아들을 관찰함으로써 어떠한 새로운 아이디어를 얻을 수 있었는가?
- 교사는 그다음에 무엇을 해야 하는가?

이러한 질문에 대한 답을 통해서 교사는 반성적 사고를 경험할 수 있으며, 자신의 전문성을 향상시킬 수 있을 것이다.

❷ 효율적인 놀이지원 실행 능력 향상

영유아의 행동관찰은 교육현장연구를 위한 전략과 교육과정, 교수, 행동 지도, 가족 참여 및 기타 중요 질문에 답하기 위한 전략들을 제공한다. 유아 개개인의 흥미, 발달과 욕구에 초점을 둠으로써 영유아 발달에 적합한 교육과정과 교실 환경을 만드는 데 도움이 된다. 즉, 교사는 영유아의 놀이를 관찰하면서 다음의 놀이 환경이나 활동을 계획하는 것에 반영할 수 있다. 예를 들어, 영유아가 산책을 하면서 꽃에 대한 관심과 흥미를 보인다면 교실에서도 탐색할 수 있도록 통에 꽃을 담아 놀이공간에 놓거나 관련된 책을 배치하는 등 놀이 환경을 조성해 줄 수 있다.

교사는 영유아 행동관찰에 따른 발달과 흥미에 적합한 놀이지도를 통해서 새로운 교수법과 평가법을 계속 실험하게 되며, 그 결과로 교사가 소속된 유아교육기관에 가장 잘 적용할 수 있는 방법을 알아내면 전체적으로 유아중심 놀이활동을 효율적으로 진행할 수 있다. 즉, 여러 가지 다양한 평가전략을 사용함으로써 유아의 폭넓은 성장 발달 측면이 평가될 수 있는 것이다.

교사의 자기평가와 반성적 사고를 자극하는 한 가지 전략으로는 교수활동 기록지를 기록하는 것이다. 교수활동 기록지는 교사가 그날그날 관찰한 것에 관해 생각하고, 계획 및 준비물을 기록하고, 교육현장에서 떠오르는 사안들을 확인해 주는 양식이다. 교수활동 기록지는 자신에게 보내는 서면 메시지에 해당한다. 즉, 흥미 영역이나 교실에서 자신이 계획했던 것, 잘 되었던 것과 잘 되지 못했던 것, 궁금했던 것 등에 대해 매일매일 짤막하게 기록한 것을 말한다. 교사는 교수활동 기록지에 영유아의 일상생활을 기록하는 훈련을 함으로써 영유아에 대한 이해의 폭과 깊이를 늘릴 수 있다. 교수활동 기록지를 앞에 두고 스스로 다음과 같은 질문을 해 보는 것은 교사의 반성적 사고에 도움이 된다.

- 왜 수진이는 그림책을 안 볼까?
- 어째서 나는 급 · 간식 지도가 어려울까?
- 오늘 하루 동안 유아들이 흥미를 가지고 진행한 활동은 어느 것인가?
- 오늘 우리 반에서 '아하!' 하는 순간을 가진 영유아는 없었는가?
- 다른 유아를 도와준 유아는 없었는가?

이와 같이 영유아의 행동관찰은 교사의 지속적인 전문성 발달을 촉진하며, 놀이 진행도에 대한 평가를 통해 선순환적 발달을 지원한다.

❸ 학습공동체

영유아 행동관찰에 관한 교수활동 기록지는 혼자보다는 동료교사들과 공유하고 토론할 수 있는 기회를 갖는 것이 사려 깊은 교사로 성장하는 데 도움이 된다.

다음은 두 동료교사의 협력관계의 예시이다.

김 교사와 박 교사는 같은 연령을 담당하고 있는 동료교사이다. 박 교사는 유아들의 공원놀이를 구성해 보고 싶다고 김 교사에게 요청하였다. 이에 김 교사와 박 교사는 같이 공원놀이를 계획하면서 유아들과 공원에서의 경험에 대해 이야기 나누기를 하였다. 공원 관련 추가적인 정보를 알아보기 위해 유아들과 같이 인터넷으로 검색한 공원 사진 자료를 제시해 주며 공원의 모습에 대해 이야기 나누기를 하였으며, 공원을 가 본 경험을 그림으로 표현해볼 수 있도록 하였다. 그림을 전시할 공간은 학습공동체 회의 시 논의하여 결정하였다. 박 교사는 복도 바닥을 이용하여 산책길을 꾸며 주는 것이 유아들에게 더 흥미 있는 산책길이라 제안하였고, 김 교사는 박 교사의 의견을 수용하여 복도 바닥에 산책길을 구성하였다. 유아들은 복도에 구성한 산책길을 걷다가 복도 창문 밖 매미 소리를 듣고 매미에 관심을 보였다.

박 교사 반 유아들은 등원하며 가져온 매미 허물을 관찰하고 탐색하였으며, 매미에 대한 관심은 다른 여름 곤충으로 확장되어 유아들과 같이 도서관에서 여름 곤충과 관련된 책을 찾아보았다. 박 교사 반 유아들은 매미, 잠자리, 나비, 메뚜기를 그리거나 접어 공원에 구성하였으며, 유아들은 공원에서의 놀이활동에 곤충잡기 놀이를 제안하였다. 곤충잡기 놀이를 하면서 유아들은 서로 누가 많이 잡았는지에 대해 관심이 높아져 곤충잡기 대회를 하기로 하였다. 유아들은 곤충잡기에 필요한 것들을 친구들과 협의하고 서로 역할을 분담하여 준비하였다. 김 교사는 대회를 위하여 놀이에 필요한 자료인 채집통, 채집망, 종이, 필기도구 등을 준비하였다.

복도에서 공원 산책길 놀이를 하던 박 교사 반 유아들도 곤충에 흥미를 갖기 시작하여 김 교사 반에서 진행한 곤충잡기 대회에 함께 참여하기로 하였다. 두 교사는 유아들의 흥미와 공원놀이 전략에 대해 정기적으로 이야기를 나누었다. 두 교사는 모두 참여자가 되기보다는 관찰자가 되려고 노력했다. 특히, 김 교사는 박 교사에게 자신의 생각을 이야기하기보다는 박 교사 자신의 생각을 말하게 했고, 대안을 제시해 주어 박 교사가 스스로의 생각을 구체화하도록 했다.

이처럼 동료교사들과 정보를 공유하고 토론하는 학습공동체를 구성하는 것은 교사들의 전문적 능력을 향상시키고, 해당 영유아교육기관의 영유아의 놀이 활성화에 도움이 될 것이다. 영유아의 놀이 활성화를 위한 관찰기록 시 교사는 자신이 보려고 하는 것이나 보기를 기대하는 것을 기술해서는 안 되고, 자신이 정말로 본 것만을 객관적으로 기술해야 한다. 이러한 훈련은 동료교사와 함께할 때 효율적으로 진행할 수 있다. 특정 상황이나 사건을 교사 두 사람이 모두 기록하고, 두 사람의 기록을 비교하여 관찰에서 나타난 차이점을 토론한다. 두 교사의 관찰 내용 기록이 유사해질 때까지 연습을 계속하는 것이 좋다. 이러한 훈련은 교사가 객관적인 기록 기술을 습득하는 데 도움이 된다.

교사는 영유아의 행동을 관찰하고 기록한 자료의 점검을 통해 교실 환경과 교육 내용을 향상시킬 수 있다. 또한, 교사는 영유의 놀이행동을 관찰하고 기록한 자료를 통해 새로운 직관을 가질 수 있으며, 영유아의 성장과 발달을 파악하고 평가할 수 있다. 즉, 영유아의 자연스러운 놀이활동 속에서 현재의 발달단계나 학습활동에 대한 흥미, 참여 그리고 성취 정도를 평가할 수 있다.

2) 관찰의 분류

관찰법은 자연 상황에서 자연 발생적으로 일어나는 영유아의 행동을 관찰하여 기록하는 방법으로서 사실성이 강조된다. 그러므로 의사 전달의 능력이 미숙한 영유아의 연구에 유용하다. 관찰은 관찰장면의 통제 유무에 따라 자연관찰과 통제관찰로 구분되며, 관찰할 장면, 시간, 방법을 미리 규정해 관찰하느냐 그렇지 않느냐에 따라 조직적 관찰과 비조직적인 관찰로 나눌 수 있다. 또한, 관찰자의 참여 여부에 따라 참여관찰과 비참여관찰로 구분된다.

(1) 자연관찰과 통제관찰

자연관찰이란 아무런 통제도 가하지 않은 자연스러운 장면이나 환경에서 발생하는 행동과 사건을 있는 그대로 관찰하고 기록하는 방법이다.

자연관찰은 자연스러운 상황에서 일어나는 다양한 현상을 관찰하므로 예상치 못한 행동이나 모습을 관찰할 수 있는 장점이 있다. 그러나 자연관찰에서는 관찰자가 관찰장면의 모든 행동을 기록할 수 없기 때문에 수집된 자료가 단편적일 수 있으며, 기록할 행동이 나타날 때까지 오랜 시간 기다려야 하는 단점이 있다. 따라서 자연관찰에서는 관찰을 하고자 하는 목적과 무엇을 기록할 것인지에 대한 설정이 필요하다. 예를 들어, 또래와의 상호작용을 통한 유아 언어발달을 관찰하고자 한다면, 선택한 관찰장면에서 유아가 또래와 어떻게 상호작용하며 언어 사용을 하고 있는지를 기록할 수 있다. 한편, 자연 상황에서 영유아의 매일 생활을 기록하며 분석하는 관찰법은 모든 행동을 관찰할 수 없는 한계점과 관찰자의 편견이 개입될 수 있다는 단점이 있다. 그러나 최근에는 비디오 등의 발달로 정확한 관찰 기법이 도입되고 있다.

통제관찰은 관찰장면을 통제하는 것으로 관찰할 행동이나 시간, 장면을 미리 계획하고 그 속에서 특정 영역의 행동을 관찰하는 것이다. 통제관찰은 실험적 관찰로 관찰대상의 행동을 유발할 수 있는 통제적 상황을 만들고 관찰자가 밖에서 일방투시경을 통해 관찰하는 것이다. 예를 들어, 유아의 공격적 행동을 관찰하기 위해 공격적 행동을 유발할 수 있는 상황과 장면을 사전에 조작하여 유아가 어떻게 반응하는지 행동을 관찰하는 것이다. 또한, 미술놀이 영역에서 유아의 활동 관찰이라는 통제 환경을 설정하고 유아의 사회적 발달을 관찰할 수 있다. 즉, 미술활동 시 유아들이 도구를 공유하고 참을성 있게 친구가 사용하는 자료를 기다리고 자기 자리를 정리하는 행동을 계획하여 사회적 발달을 관찰할 수 있다. 그리고 특정 영역의 행동관찰로 유아의 가위질 상황을 관찰할 수 있다. 유아가 가위질하는 것을 관찰하면서 가위질 개폐의 리드미컬한 운동형태와 선을 가위로 자르는 눈과 손의 협응능력 등을 판단할 수 있다. 통제관찰은 자연스러운 상황에서 관찰할 수 없는 특정 영역의 행동들을 정확하게 관찰할 수 있으며, 관찰된 행동의 분석 및 결과를 비교하기에 용이하다.

(2) 참여관찰과 비참여관찰

참여관찰은 관찰자가 관찰하고자 하는 집단에 직접 들어가 구성원으로 참여하면서 관찰하는 것이다. 참여관찰은 관찰 현장 내부에서 관찰하기 때문에 다량의 정보수집이 가능하며, 외부에서 관찰할 수 없는 자료를 수집할 수 있다는 장점이 있다. 그러나 참여관찰은 시간이 많이 걸리고 관찰장면의 참여로 주관적 감정의 개입 여지가 있어 객관성을 유지하기 어려운 단점이 있다.

비참여관찰은 관찰자가 관찰 상황에 직접 참여하지 않고 제삼자의 입장에서 관찰하는 것이다. 비참여관찰은 관찰자가 관찰 상황과 대상의 영향을 받지 않을 수 있어 관찰 오류를 줄일 수 있다. 비참여관찰은 객관적이고 조직적인 관찰을 할 수 있는 장점이 있지만 관찰의 기회가 적고 심층적인 자료를 얻기 어려운 단점이 있다. 비참여관찰의 예로는 비디오 촬영이나 일방경 설치가 있다.

(3) 조직적 관찰과 비조직적인 관찰

관찰의 환경이 자연적이냐 인위적이냐에 따라 자연관찰과 통제관찰로 나눌 수 있고, 이것은 또다시 조직적 관찰과 비조직적 관찰로 나누어진다. 비조직적인 자연관찰은 현장 연구(field study)이며, 조직적 관찰은 인위적인 실험실에서의 놀이 연구를 들 수 있다. 실험실에서 표준화된 척도를 사용하여 관찰하면 조직적이면서 통제관찰이 되는 것이다.

비조직적인 자연관찰은 비언어적 행동까지 관찰할 수 있다는 것이 가장 큰 장점이지만 관찰하고자 하는 행동이 일어나기를 기다려야 하고, 자연 상황에서의 외적 변수를 통제할 수 없다는 단점이 있다.

3) 관찰의 오류

관찰하는 방법과 관찰자의 개인 특성 및 기대 가치관, 지각적 특성, 관찰 상황에 따른 기록 및 해석으로 인해 관찰의 오류가 발생할 수 있다. 관찰대상에 대한 정확한 관찰기록을 위해서는 관찰행동을 구체적이고 상세히 기록해야 하며, 관찰 오류에 관한 인식이 필요하다. 관찰자가 여아는 남아에 비해 이성보다 감성이나 정서적인 발달이 우세하다거나 수학적 능력이 떨어진다는 가설을 갖고 있다면 객관적인 관찰을 하기에 어려움이 있다. 이와 같은 관찰은 성에 대한 편견이나 인종에 대한 편견이 개입될 수 있다.

(1) 관찰대상 관련 오류

영유아는 관찰자가 자신을 관찰한다고 느끼면 행동에 변화를 가질 수 있다. 즉, 영유아가 관찰자를 의식하게 되면 평소와 달리 행동이 위축되거나 부자연스러워질 수 있다. 이러한 영향을 감소하기 위해서는 충분한 시간을 두고 관찰자가 관찰대상자와 친숙해진 다음 관찰을 하는 방법과 관찰대상자와 친숙한 대상인 교사나 부모를 이용해 관찰하는 방법이 있다. 또한, 관찰대상자가 관찰을 하고 있는 관찰자를 알지 못하도록 일방경이 설치된 방을 이용하거나 숨긴 영상기록 장치를 활용하는 방법도 있다.

(2) 관찰자 오류

관찰을 하는 과정에서 관찰자의 기대나 편견, 개인적 특성은 관찰에 영향을 줄 수 있다. 관찰자의 오류를 살펴보면 다음과 같다.

첫째, 관찰자의 관찰결과에 대한 개인적 기대 및 편견

관찰자가 관찰행동을 자신이 기대한 방향으로 관찰하려고 하는 기대오류를 말한다. 관찰대상의 행동을 사실 그대로 기록하지 않고 자신이 관찰하기를 기대하는 방향으로 기록하려는 것이다. 이러한 관찰자의 개인적 기대는 관찰 후 수집된 정보의 해석에 영향을 줄 수 있다. 또한, 관찰자가 가질 수 있는 개인적 편견은 관찰태도에 영향을 준다. 관찰자가 편견을 갖게 되는 이유는 개인의 삶이나 문화적 가치체계를 관찰에 적용하기 때문이다. 예를 들어, 중상위층의 관찰자가 저소득층 가정의 대상을 관찰하는 경우, 관찰자가 저소득층 가정에 대한 이해가 부족하다면 관찰대상의 돌발적인 행동이나 공격적 행동의 본질을 잘못 판단할 수도 있다. 따라서 관찰자는 관찰대상의 행동을 해석하고 평가하는 과정에서 관찰 시 일어날 수 있는 모든 편견을 인지하고 배제해야 한다(조윤경, 2010).

둘째, 관찰자의 민감성, 신체적 건강, 엄격화, 관용의 개인적 특성

관찰자의 개인적 특성은 관찰행동에 영향을 준다. 관찰자의 민감성 수준에 따라

관찰대상의 행동이나 느낌을 포착하는 것이 달라질 수 있으며, 관찰자의 신체적 건강이 좋지 않은 경우 관찰 집중이나 정확성이 낮을 수 있다.

관찰자의 엄격 또는 관대한 태도 역시 관찰에 영향을 줄 수 있다. 관찰자가 지나치게 엄격하면 관찰대상의 행동 결과에 대해 엄격한 기준을 적용하여 평가하려는 엄격의 오류를 범할 수 있다. 반대로 너무 지나치게 관대하거나 모호한 기준을 적용하는 태도는 관찰대상의 행동을 모두 긍정적으로만 해석하고 관대하게 평가하려는 관용의 오류를 범할 수 있다.

셋째, 관찰자의 인상의 오류(후광효과)

관찰자가 선입견이나 미리 알고 있는 정보에 의해 관찰대상의 행동을 과대 또는 과소평가할 수 있다. 관찰대상인 영유아의 부정적인 정보를 관찰자가 사전에 듣고 부정적으로 보는 경향을 편견이라 하고 긍정적인 정보를 듣고 좋게 보는 경향을 후광효과라고 한다. 예를 들어, 관찰대상인 유아가 교사의 지시를 잘 따르고 착한 아이라는 정보를 들은 경우 관찰자는 관찰대상의 행동을 모두 좋은 방향에서 관찰하고 해석하려는 경향을 갖게 된다. 따라서 관찰자는 사전 정보나 선입견에 의한 관찰 편견이나 후광효과를 갖지 않도록 유의해야 한다.

넷째, 관찰자의 과잉 일반화와 관찰해석의 오류

관찰자가 자신의 이전 경험에 근거해 관찰대상이 보이는 단순한 한 가지 행동을 근거로 다른 행동까지 일반화시키는 것을 과잉의 일반화라고 한다. 관찰자의 과잉 일반화는 자신의 개인적인 경험에 기인해 관찰대상이 보이는 행동을 사실과 다르게 주관적으로 설명하고 해석하는 경향을 갖게 한다. 예를 들어, 관찰유아가 다른 유아에게 물건을 던지는 단순한 행동을 관찰한 후 공격적인 유아라고 판단을 내리는 것이다. 실제로 물건을 던지는 행동이 공격적인 행동이 아닐 수도 있는데 유아 행동의 상황이나 맥락을 보지 않고 자신의 주관적 경험에 기인해 단정을 짓는 것이다. 따라서 관찰자는 관찰대상이 보이는 행동과 그러한 행동을 하게 된 상황이나 맥락을 이해해야 한다.

다섯째, 관찰자의 지각적 특성

관찰자의 영유아 발달에 대한 지식이나 사전 경험, 돌출자극 집중 경향과 같은 지각적 특성은 관찰에 영향을 줄 수 있다. 관찰자의 개인적 지각 특성에 따라 오류를 범할 수 있다. 즉, 관찰자가 발달에 대한 지식과 사전 경험이 적거나 관찰대상의 발성, 언어, 표정, 신체 움직임 등의 자극에 집중하는 경향이 낮을수록 오류를 범할 수 있다.

여섯째, 관찰기록의 오류

관찰자가 관찰행동을 기록하는 과정에서 오류가 발생할 수 있다. 관찰기록의 오류로는 관찰대상의 중요한 행동을 기록에 빠뜨리거나 실제로 발생하지 않은 행동이나 언어를 첨가하는 것이다. 이러한 오류를 방지하기 위해서는 관찰대상의 행동내용을 체계적으로 범주화시키고 행동적 용어에 대한 조작적 정의를 통해 객관성을 유지해야 한다. 또한, 관찰자의 객관적이고 체계적인 관찰기록에 대한 훈련이 필요하다.

일곱째, 관찰자의 중심화의 오류

관찰대상의 행동을 지나치게 긍정적이거나 부정적으로 판단하지 않으려고 하거나 잘 모르는 것에 대한 판단을 회피하기 위해 항목의 중앙에 표시하는 것이다. 이러한 관찰자의 판단은 관찰대상의 행동이나 사건을 왜곡시킬 수 있다.

4) 관찰윤리

관찰자의 관찰이 영유아의 발달이나 교육 환경에 도움을 줄 수 있는 이론을 정립하는 목적을 갖는다고 해도, 관찰대상인 영유아의 심리나 인격에 영향을 줄 수 있기 때문에 인권존중과 비밀보장이 반드시 필요하다. 특히, 영유아는 자신의 일에 의사결정능력이 부족하므로 부모의 허락을 받아야 하며, 관찰 동의서를 얻어야 한다. 만일, 관찰대상인 영유아의 관찰기록을 불가피하게 공유할 경우, 관찰기록에서 관찰대상을 유추할 만한 어떠한 단어나 표식이라도 삭제해야 한다.

관찰자는 관찰을 수행하는 과정에서 관찰대상인 영유아에게 신체적 또는 심리적으로 영향을 줄 수 있다는 것을 항상 염두해야 한다. 영유아를 연구대상으로 했을 때에는 성인 연구 대상과 달리 심리적 또는 신체적 해가 될 수 있거나 부당한 행동을 강요당할 수 있으므로(Graue & Walsh, 1998) 다각적인 보호 단계가 필요하다.

다음은 미국의 아동학회(Society for Research in Child Development)에서 제시한 연구자가 지켜야 하는 중요한 윤리적 지침이다(조복희, 2008).

① 아동의 권익은 연구자의 연구 목적보다 우선이다. 연구가 아무리 중요하다 하더라도 연구를 하는 과정에서 참여하는 아동이 신체적 · 심리적으로 상처를 입어서는 안 된다. 예를 들어, 특정 영양소가 아동의 신체발달에 어떤 효과를 보고자 하기 위해 그 영양소의 섭취를 중단한다는 것은 아동의 발달에 큰 영향을 주는 위험한 발상이다.

② 연구대상은 연구의 성격을 미리 알고 자발적으로 연구에 참여해야 한다. 본인이 모르는 사이에 연구되어서는 안 되며, 연구대상이 되도록 강요당해서도 안 될 뿐만 아니라 연구대상자는 연구 도중에 그만둘 수 있는 권리가 있다.

③ 연구자는 연구를 위해 연구대상자를 속여서는 안 된다. 예를 들어, 수학 문제를 풀지 못하는 실패의 경험이 아동에게 어떤 심리적 영향을 주는가 하는 연구를 실시한다고 할 때 연구대상 아동이 실패할 때까지 기다리는 시간이 필요하다. 아동이 실패하지 않았는데도 불구하고 잘못 풀었다고 알려 준 뒤 그 후의 행동을 관찰하는 연구를 진행한다면 잘못된 것이다. 비록 연구가 끝난 뒤 그것이 아니라고 말해 준다고 하더라도 그동안 아동은 자아 존중감에 상처를 받은 경험을 하게 되기 때문이다.

④ 연구자는 연구에 참여한 대상으로부터 얻은 정보에 대해서는 비밀을 보장해야 한다. 대부분의 질문지 서문에 밝히고 있듯이 과학적 목적으로만 연구 자료가 사용되어야 한다. 그러나 연구대상인 아동에게 심각한 문제가 있어 부모가 아는 것이 자녀에게 도움이 된다고 여겨졌을 때에는 부모에게 정보를 줄 수 있다.

2. 관찰의 단계

관찰을 체계적으로 기록하기 위해서는 관찰을 하려는 목적을 분명히 세우는 것이 필요하다. 영유아의 일상생활, 발달 수준, 사회적 상호작용, 문제행동 등을 알기 위해서는 사전에 체계적이고 상세한 계획을 세워야 정확한 관찰과 기록을 할 수 있다. 체계적으로 영유아를 관찰하고 실행하기 위한 관찰 절차로는 관찰계획, 관찰활동, 관찰결과가 있으며, 내용은 다음과 같다.

1) 관찰계획

(1) 관찰의 목적 설정

영유아를 관찰하기 위해서는 먼저 무엇을 관찰할 것인지에 관한 관찰의 목적을 분명히 세워야 한다. 영유아관찰 시 일어나는 많은 관찰장면들을 구체적으로 기록하기 위해서는 관찰목적을 정확하게 설정해야 한다. 또한, 관찰목적에 따라 표집대상, 관찰장면, 관찰시간, 기록방법 등이 달라지기 때문에 자신이 관찰하고자 하는 목적에 부합하는지 알아야 한다.

(2) 관찰행동 표집과 단위 선정

관찰목적이 정해지면 관찰대상의 행동을 대표할 수 있는 표집을 설정해야 한다. 관찰대상의 행동을 대표할 수 있는 표본을 얻기 위해서 구체적인 행동을 결정하고 어떠한 부분을 세분화할 것인지에 대한 계획을 설정하는 것은 중요하다. 예를 들어, 영유아의 언어능력을 관찰하고자 한다면 언어의 읽기, 듣기, 말하기, 쓰기의 어느 부분에 초점을 둘 것인지를 결정해야 한다. 만약, 언어능력 중 말하기 부분을 관찰하기로 정했다면 말하기 하위영역으로 태도, 창의적 표현력, 문장구상력 등으로 세분화할 수 있다. 세분화한 영역에 대해서도 어떤 행동에 초점을 맞출 것인지 계획해야 한다.

관찰행동을 대표할 수 있는 구체적 행동을 결정한 후에는 관찰시간과 기간을 정해야 한다. 즉, 관찰대상을 언제 관찰할 것인지, 관찰기간을 어느 정도로 할 것인지, 반복해서 관찰할 것인지 일회성으로 관찰할 것인지 등을 결정해야 한다. 관찰대상을 여러 번 관찰할 경우 관찰결과를 정확히 얻을 수는 있지만 소요되는 시간과 비용, 관찰자의 편견 등이 발생할 수 있으므로 적절한 시간과 횟수를 선정해야 한다.

(3) 관찰장면 선정

대표적 관찰행동을 표집한 후에는 관찰대상의 행동이 어디서 자주 나타나는지 관찰장면을 선정해야 한다. 영유아의 신체적 행동을 관찰하고자 한다면 행동을 관찰할 수 있는 장소인 실외놀이터로 할 것인지 유희실로 할 것인지를 미리 결정해야 한다. 또한, 자연스러운 상황에서 관찰할 것인지 통제된 상황에서 관찰할 것인지를 결정해야 한다.

(4) 관찰기록방법 선정

관찰장면에 대한 선정이 되면 관찰기록을 어떻게 할 것인지에 대해 결정해야 한다. 관찰기록을 하는 방법으로는 서술형 기록과 행동목록과 행동평정척도가 있다. 서술형 기록은 관찰장면을 그대로 이야기하듯 기록하는 형식이며, 대표적인 방식은 일화기록이다. 행동목록은 미리 준비한 행동목록표를 이용해 관찰행동이 나타날 때마다 기록하는 형식이다. 행동평정척도는 특정 행동을 판단한 후 준비된 척도를 이용해 기록하는 형식이다. 관찰기록은 관찰된 사실만 구체적이고 상세하게 기록해야 하며, 주관적 관찰에 따른 해석을 기록해서는 안 된다. 관찰기록 전에는 관찰 용지를 미리 준비해 관찰대상의 이름, 생년월일, 관찰일시, 관찰장면, 관찰자 등을 미리 기록한다. 관찰기록은 관찰과 동시에 이루어지는 것이 바람직하지만 상황에 따라 즉시 기록하기 어려운 경우가 발생할 수 있다. 이런 경우 관찰 용지에 핵심요약 내용을 적고 관찰이 끝난 후 다시 기록하거나 녹음기를 이용해 녹음 내용을 듣고 관찰장면을 상세하게 기록하는 것이 바람직하다.

관찰기록을 정확하고 신속하게 기록하기 위한 방법으로 녹음기, 비디오카메라와 같은 매체를 사용할 수 있다. 이러한 장비들은 관찰장면을 반복해서 재생할 수 있어 관찰결과를 분석하거나 재관찰을 하는 데도 유용하다.

2) 관찰활동

관찰자가 관찰계획한 것을 실제로 관찰하고 기록하는 것이다. 관찰자는 영유아의 발달에 대한 지식을 바탕으로 시각, 청각, 미각, 후각, 촉각 등 모든 감각을 이용하여 세밀하게 체계적으로 관찰해야 한다. 또한, 관찰행동을 주의 깊게 살피며 사진을 찍듯이 그대로 객관적으로 기록해야 하며, 기록한 내용을 보고도 상황을 유추할 수 있어야 한다.

다음은 관찰자의 객관적 관찰기록을 위한 고려사항이다(양옥승 외, 2018).

첫째, 관찰대상자의 실제 행동만을 기록한다. 예를 들어, '준서가 강제로 뺏는다'를 관찰대상의 행동 그대로 기록한다면 '준서는 서연이의 자동차를 두 손으로 잡으며 세게 잡아당긴다.'와 같이 기록할 수 있다.

둘째, 부사는 주의해서 사용하며, 모호한 부사는 가급적 사용하지 않는다. '심술궂게', '멍청하게'와 같이 판단을 내리는 부사는 사용하지 않아야 하며, 형용사는 적절하게 사용해야 한다.

셋째, 관찰대상의 대화는 가능한 한 직접화법으로 기록한다. 예를 들어, '가연이는 배고프다고 말하며'는 '가연이는 "선생님, 배고파요."라고 말하며'라고 유아가 말한 그대로 적는다.

넷째, 관찰행동은 일반적이고 모호하게 기록하지 않고 육하원칙에 맞게 구체적으로 기록한다. 예를 들어, 유아의 역할놀이에 대한 관찰을 기록하는 경우 '강아지 인형놀이를 한다'는 '가연이는 자유놀이시간에 역할놀이영역에서 강아지 인형을 바닥에 앉혀 놓고 "배고프지?"라고 이야기한다'라고 기록을 적는 것이 바람직하다.

다섯째, 객관적 관찰을 기록하기 위해서는 행동의 질을 설명해야 한다. 행동의 질을 표현하는 것은 'ㅇㅇ이가 하늘을 본다'와 같이 관찰대상의 단순한 보는 행위를 기술하는 것이 아니라 행동에 초점을 맞춰 다양한 행동이 표현될 수 있는 동사를 사용하여 기록하는 것이다. 예를 들어, 'ㅇㅇ이가 슬퍼하며 운다'는 관찰자의 주관적 관찰에 의한 해석적 내용이다. 올바른 기록의 예는 'ㅇㅇ이가 크게 소리를 지르며 울부짖는다'와 같이 행동의 질을 나타내는 동사의 용어를 사용해 기록하는 것이다. 관찰대상의 행동표현을 구체적이고 상세하게 표현하는 것은 관찰 상황에 대한 이해를 할 수 있게 한다. 다음 〈표 1-1〉은 행동의 질을 표현하는 사례이다.

〈표 1-1〉 행동의 질을 표현하는 사례

구분	사례	구분	사례
웃다	• 배시시 웃는다. • 허탈한 웃음을 지으며 웃는다. • 배를 부둥켜 잡으며 웃는다. • 이가 다 보이도록 웃는다. • 입꼬리만 살짝 올려 미소 지으며 웃는다. • 입안이 다 보이도록 크게 웃는다. • 광대가 올라가도록 웃는다. • 눈웃음을 지으며 웃는다. • 소리 내어 웃는다. • 몸을 비틀거리며 웃는다.	울다	• 눈물/콧물을 흘리며 통곡을 한다. • 소리 내어 울부짖는다. • 손으로 눈을 닦으며 칭얼댄다. • 눈시울을 붉히며 흐느낀다. • 입꼬리를 아래로 내리며 찡찡댄다. • 눈을 감고 눈물을 흘린다. • 숨을 몰아쉬며 오열한다.
걷다	• 발을 동동거리며 걸어온다. • 빠른/작은 보폭으로 걷는다. • 빠르게/느리게 걸어간다. • 힘없이 거닌다. • 천천히 걷는다. • 절뚝거리며 걷는다. • 오리걸음으로 걷는다.	본다	• 눈을 크게 뜨고 본다. • 눈을 흘기며 째려본다. • 의심쩍은 눈빛으로 쳐다본다. • 눈에 힘을 주고 본다. • 졸린 눈으로 본다. • 한쪽만 응시하며 본다. • 다른 곳을 본다. • 눈썹을 들썩이며 본다. • 눈을 깜빡이며 본다.

관찰자는 관찰하고자 하는 사물이나 동물의 행동을 주의 깊게 살피며 사진을 찍듯이 그대로 객관적으로 기록해야 하며, 기록한 내용을 보고도 상황을 유추할 수 있어야 한다. 다음은 객관적 관찰기록에 대한 예시이다.

객관적 관찰의 예시(사물)

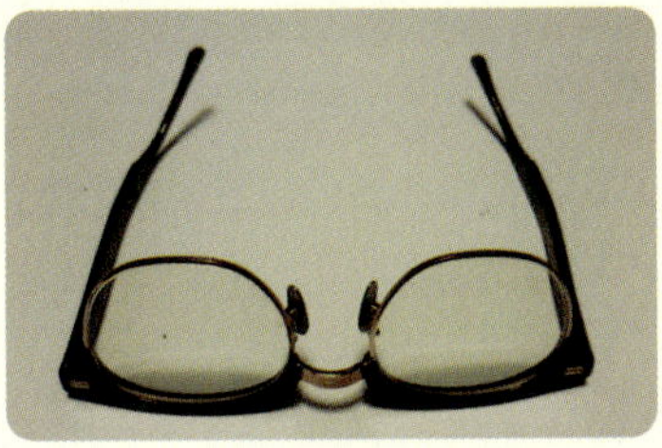

검은색의 긴 다리가 두 개 있으며, 다리는 앞쪽보다 뒤쪽이 더 가늘다. 앞쪽에는 두 다리 사이에 동그란 유리가 두 개 있다. 아랫부분은 검은색의 테두리가 반 정도 둘러져 있고 두 개의 둥근 유리는 반달 모양의 금색 금속으로 연결되어 있다. 금속의 양쪽 연결 부분에서 약 1cm 정도의 위쪽으로 은색의 작은 타원 모양이 양쪽에 붙어 있다.

객관적 관찰의 예시(움직이는 동물의 관찰)

뽀삐는 카메라를 들고 있는 나를 "끙" 소리를 내며 쳐다보다가 뒷걸음질을 친 후 다시 앞으로 달려오더니 나를 빤히 쳐다본다. 다시 뒤로 돌아서 몇 걸음 가더니 나에게 달려와 나의 다리 위에 올라앉으려고 한다. 내가 손으로 밀어내자 뒤돌아서 몇 걸음 가다가 돌아선다. 내가 팔을 벌리자 다가와서 무릎 위로 올라온다. 허리를 안아 주자 두 다리를 위로 세웠다가 내리며 나를 빤히 바라본다. 손으로 턱을 살살 긁어 주자 혀를 두 번 날름거리더니 가만히 있는다.

영유아관찰 시 영유아의 행동에 대한 정확한 관찰을 위해 주의해야 할 몇 가지 상황은 다음과 같다.

첫째, 영유아가 능력을 최대한 발휘할 수 있는 환경에서 관찰해야 한다. 영유아의 능력이 최대한 발휘될 수 있도록 다양한 자료를 이용할 수 있는 환경과 행동을 관찰하기 위한 충분한 시간이 필요하다. 운동놀이(오르기 구조물, 공, 바퀴가 달린 놀잇감), 구성놀이(블록, 팅커 토이, 레고), 극화놀이(인형, 부엌놀이도구, 의상, 주제와 관련된 소도구 상자)를 포함한 놀이행동의 전반적인 범위를 다룰 수 있는 다양한 자료를 이용하도록 한다. 이러한 요인이 적용되지 않는 상황에서 비롯되는 전반적이고 복잡한 놀이 형태의 부재는 놀이기술의 부족이기보다는 놀이자료나 시간의 부족에서 비롯된 것이다.

둘째, 가능한 한 실내 · 실외 모든 영역에서 영유아를 관찰한다. 연구에 의하면 실내에서 놀이할 때보다 실외에서 놀이할 때 사회 · 인지적으로 더 높은 수준의 놀이가 나타난다고 보고하고 있다(Tizard, Philps, & Plewis, 1976). 따라서 영유아의 놀이관찰은 실내에 국한하지 않고 실외를 포함하여 모든 영역에서 관찰하는 것이 필요하다.

셋째, 영유아가 서로 친숙해지고 교실 환경에 익숙해질 때까지 관찰을 연기한다. 친숙한 또래와 놀이할 때 높은 수준의 사회 · 인지적 놀이를 나타내는 경향이 있다(Doyle, Connolly, & Rivest, 1980). 따라서 관찰은 영유아가 또래들과 친숙해지고 교실 환경에 익숙해진 다음에 실시하는 것이 효과적이다.

넷째, 영유아의 전형적 놀이 행동에 대한 표상을 정확히 관찰하기 위해서는 영유아의 놀이 행동을 여러 번 관찰하는 것이 필요하다. 하루 동안의 관찰에 기초해서 영유아의 행동을 결정하는 것은 현명하지 못하다. 영유아는 질병, 가정 문제, 여러 가지 일시적 조건 등에 의해서 특별히 그날 행동에 영향을 받을 수 있다. 따라서 가능한 한 오랜 시간 동안 분산하여 관찰함으로써 일시적 요인의 영향을 최소화하기 위해 노력해야 한다. 최소한 일주일 기간을 두고 두세 번의 관찰을 분산하여 실시한다(James et al., 1999, 신은수 외, 2001, 재인용).

3) 관찰결과 활용

관찰 후에는 영유아의 행동을 추론하고 이에 대한 행동의 가치를 이해하고 평가하여 결과를 활용할 수 있다. 이때 관찰자는 영유아 발달에 대한 이론적 지식에 근거하여 해석하고 평가해야 한다. 추론은 관찰 활동을 통한 관찰대상의 행동이나 사건의 원인, 개인적 동기, 행동의 목적이나 상황을 추측하고 설명하는 단계이다. 추론은 관찰자의 주관성이 개입될 수 있기 때문에 관찰자는 발달지식과 전문적인 지식을 가져야 하며, 지속적인 훈련이 필요하다. 추론을 정확하게 내리기 위해서는 그러한 추론을 내릴 수 있는 명확한 근거를 토대로 다양한 상황 속에서 나타나는 행동을 근거 삼아 내려야 한다. 관찰 활동의 추론을 근거로 관찰대상의 행동에 가치를 부여하는 것이다. 즉, 관찰대상의 발달이 정상적으로 발달을 하고 있는지 지체되고 있는지, 특정 행동이 긍정적인지 부정적인지를 판단하는 단계이다. 관찰대상의 누적된 관찰기록은 시간의 흐름에 따라 영유아의 발달이 어떻게 변화하는지를 판단할 수 있게 한다.

영유아 발달은 놀이를 통해 자연스럽게 발달할 수 있다. 영유아는 자신이 궁금해하는 것에 즐겁게 참여하고 탐구하면서 발달을 하게 된다. 관찰평가 기록은 영유아의 행동을 이해하고 현재의 발달 상태를 평가할 수 있게 한다.

(1) 영유아 발달이해와 평가

영유아의 놀이는 연령 및 발달적 특성에 따라 다양한 모습으로 나타난다. 같은 연령일지라도 흥미, 관심, 경험, 발달, 가정의 문화 등 많은 부분에서 차이가 있으므로 교사는 영유아가 자신에게 적합한 방식으로 놀이할 수 있도록 보육과정을 조정하여 운영한다. 영유아는 서로 다른 관심과 능력을 가지고 있으며, 다양한 맥락 속에서 자신만의 방식으로 놀이하고 배운다. 개별 영유아의 특성이 다르듯이 영유아가 놀이하는 모습도 다르게 나타난다. 또한, 영유아가 가정에서 경험하는 다양한 문화적 특성을 서로 인정하고 존중하며 가치 있게 여길 수 있어야 한다. 필요한 경우 관련 기관 또는 전문가와 협력할 수 있다(보건복지부, 2020). 또한, 영유아의 행동을 관찰하는 것은 개인의 문제행동을 조기발견하고 문제해결방법을 제시해 줄 수 있다(김혜윤 외, 2019).

<table>
<tr><td colspan="2">관찰유아명: ○현준
관 찰 자: ○○○
관찰장소: 누리반</td><td>생년월일: 20○○년 ○○월 ○○일
관 찰 일: 20○○년 ○○월 ○○일 오전 10시
관찰장면: 자유놀이(신체운동 · 건강)</td></tr>
<tr><td>관찰</td><td colspan="2">현준이가 은산이와 함께 수 · 조작 영역에서 '꽃길 만들기' 게임을 한다. 은산이가 "야, 현준아. 내가 주사위 던질 테니까 네가 꽂아."라고 말한다. 은산이가 숫자 주사위와 꽃 사진 주사위를 던진다. 은산이가 "현준아, 진달래 3개 꽂아."라고 말한다. 현준이가 은산이 말을 듣고 "응, 그래."라고 말한다. 현준이가 진달래 사진을 게임판에 꽂으려고 하지만 꽂히지 않자 은산이에게 "도와줘."라고 말한다. 은산이가 그 말을 듣고 "그래."라고 말한 뒤 진달래 그림을 3개 꽂는다.</td></tr>
<tr><td>해석 및 지원</td><td colspan="2">• 현준이는 게임판 구멍에 진달래 사진을 꽂아 놓는 활동에 어려움을 나타내었다. 현준이가 소근육을 잘 조절할 수 있도록 좀 더 쉬운 다른 활동을 제시하여 지원해야겠다.
• 현준이가 소근육을 조절할 수 있도록 실 꿰기 활동을 제시하였다.</td></tr>
</table>

(2) 교육활동의 기초자료 제공

개정 누리과정 운영 시 교사는 미리 교육내용을 선별, 계획하기보다는 영유아의 요구와 흥미를 중심으로 놀이가 이루어지도록 한다. 영유아는 놀이를 하는 과정 속에서 경험하는 탐구를 통한 재미, 사람들과의 관계와 사건, 주변에서 듣고 보는 사건과 소식, 물체적 특성에 대한 인지, 자연의 모습과 원리 발견, 새로운 매체들의 활용 그리고 이런 것들의 여러 상호 관계적 영향 속에서 흥미가 발생한다. 교사는 영유아의 요구와 흥미를 기초로 하여 자연스럽게 탐색하고 몰입할 수 있는 분위기를 마련해 주고, 끊임없는 관찰과 협력적인 상호작용으로 영유아와 함께 참여해야 한다. 다음은 영유아의 발현적 놀이를 지원하기 위해 교사가 관찰해야 할 사항들에 관한 내용이다.

- 현재의 놀이가 우리 학급 영유아들의 발달단계에 적합한가?
- 놀이진행으로 전개하기에 인적 · 물적 자료들은 풍부한가?
- 놀이진행에서 다루어질 내용은 여러 영역의 교육내용을 포함하고 있는가?
- 놀이를 통해 진행할 경우 영유아의 발달을 도울 수 있는가?
- 영유아의 실생활과 밀접한 영향을 줄 수 있는가?

영유아의 평가 결과는 영유아에 대한 이해와 표준보육과정 운영 개선을 위한 자료로 활용할 수 있다. 교사는 영유아의 배움이 나타나는 놀이, 일상생활, 활동에서 영유아가 가장 즐기고 잘하는 것, 놀이의 특성, 흥미와 관심, 친구 관계, 놀이를 이어 가기 위한 자료의 활용 등에 주목하여 영유아의 놀이를 관찰하고 이를 통해 영유아의 특성과 변화를 이해해야 한다. 즉, 교육과정이 영유아 놀이중심으로 적절하게 운영되고 있는지 평가하는 데 그 목적이 있다(보건복지부, 2020). 영유아를 대상으로 한 관찰기록은 풍부하고 전제적인 자료들을 제공해 주며, 이러한 정보에 기초한 이해를 바탕으로 교수-학습을 계획하거나 교육적 개입을 결정할 수 있게 해 준다(김혜윤 외, 2019). 다음은 영유아 관찰평가 결과를 활용한 교수-학습 사례이다.

<table>
<tr><td>관찰유아</td><td>○○○(만 5세)</td><td>성별</td><td>여</td><td>생년월일</td><td>20○○년 4월 ○일 오전 11시</td></tr>
<tr><td>관찰장소</td><td colspan="3">초록반</td><td>관찰일시</td><td>20○○년 5월 ○일 오전 11시</td></tr>
<tr><td>관찰자</td><td colspan="3">○○○</td><td>관찰장면</td><td>자유놀이</td></tr>
<tr><td>영역</td><td colspan="5">사회관계 〉 친구와 서로 도우며 사이좋게 지내기</td></tr>
<tr><td>관찰</td><td colspan="5">유아 2가 유아 1과 유아 3이 쌓은 블록을 보고 달려와 손으로 무너뜨린다. 쌓여 있던 블록들이 와르르 무너진다.

유아 1: (짜증 난 목소리로) 야! 무너뜨리면 어떻게 해!
유아 3: 아~ 너는 맨날 물어보지도 않고... 선생님한테 다 말할 거야.
유아 1과 유아 3은 무너진 블록을 바라보다가 교사에게 말한다.
유아 1: 선생님! ○○이가 물어보지도 않고 우리가 만든 거 다 부셨어요.
교 사: ○○야, 친구들이 만든 걸 왜 무너뜨렸어?
유아 2: 나도 만들고 싶은데 나만 못하게 하잖아요.
교 사: ○○야, 친구들이 지금 여기에 뭘 만들고 있는지 알고 있니?
유아 2: 아니요.
유아 3: 우리 자동차 올라가는 주차장 만드는 거야! 근데 네가 다 부서뜨렸잖아.</td></tr>
<tr><td>해석 및 지원</td><td colspan="5">• 유아 2가 친구들이 만든 블록을 무너뜨려 갈등이 발생하였다. 유아 2는 친구들과 함께 놀고 싶은데 의사 표현을 잘 못 하는 것 같다. 유아 2는 다른 유아의 놀이를 방해하는 것을 통해 자신의 속상한 감정을 표현하였고 친구들은 자신이 만든 것을 무너뜨린 것에 대해 화가 난 감정을 표현하면서 갈등이 발생하였다.
• 다른 사람의 감정을 공감할 수 있도록 상호작용하고 함께 놀이를 하고 싶을 때 놀이 참여 요청을 친구들에게 언어로 요청하도록 이야기해 주어야겠다.</td></tr>
</table>

영유아중심 · 놀이중심 교육과정은 영유아가 스스로 놀이하면서 배워나가는 과정이다. 영유아는 다른 영유아들과 상호작용하면서 자신의 생각과 감정을 조절하고 협력해 나가는 방법을 자연스럽게 알게 된다. 그러나 경우에 따라 이러한 것이 잘 되지 않아 갈등이 발생할 때 적절하게 개입을 해야 한다. 위의 사례에서는 교사가 유아들의 놀이를 관찰하면서 유아 2가 친구들과 사이좋게 노는 방법이 부족한 것을 발견하였고 이에 대한 교수계획으로 다른 사람과 공감할 수 있는 공감능력 발달과 자신의 생각이나 감정을 적절하게 표현할 수 있는 의사 표현 능력발달에 도움을 줄 수 있는 놀이나 상호작용을 계획하였다. 이처럼 놀이평가는 유아들의 놀이경험을 반영하여 새로운 교수계획을 세우거나, 문제행동에 대한 문제해결 방안을 계획할 수 있게 한다. 교육과정 운영에는 교사의 계획된 활동 이외에도 영유아가 일상생활을 경험하면서 자신의 흥미에 따른 놀이활동 위주의 교육과정 운영이 중요하다. 미리 짜여진 교육계획은 체계적일 수 있으나 영유아의 매일 매일의 요구, 흥미에 대한 융통성 있는 교육을 감소시킬 수 있는 가능성이 크므로 이를 보완하여야 한다(이기숙, 2003).

(3) 부모상담을 위한 자료

영유아가 속해 있는 가정, 기관, 지역사회 등은 모두 교육과정의 주체이므로, 상호 연계하고 협력해야 한다. 영유아 놀이중심 교육과정을 운영하기 위해서는 무엇보다 부모의 역할이 중요하다. 따라서 부모가 영유아의 놀 권리와 즐겁게 놀이하며 배우는 놀이의 가치를 이해하고 기관에 지원할 수 있는 상호 협력적인 동반자적인 관계를 유지해야 한다(보건복지부, 2020).

영유아 관찰평가는 부모의 자녀에 대한 이해를 도울 수 있으며 부모상담 자료로 활용할 수 있다. 영유아의 영역별 평가 관찰 결과 기록은 부모로 하여금 자녀의 현재 발달 상태나 기관에서의 생활을 이해하는 데 도움을 제공한다. 이같이 영유아의 관찰평가는 기관과 가정을 연계해 영유아의 발달이나 문제행동을 일관성 있고 지속적으로 지도할 수 있도록 한다. 가정과 기관의 협력을 통한 일관성 있는 지도는 영유아에게 안정감을 제공하며, 기관에서의 놀이와 일상생활을 즐겁게 할 수 있게 한다.

부모상담은 상반기와 하반기로 나누어서 하는 정기 상담과 알림장이나 전화, 메모, 편지를 통한 비정기적인 상담으로 나눌 수 있다. 비정기적인 상담은 부모의 요청이나 영유아교육기관의 필요에 의해 이루어진다. 상반기 부모상담은 영유아의 초기적응에 관한 상담으로 주로 4~5월 초에 실시하며, 부모에게 영유아에 대한 정보를 얻거나 부모의 기관에 대한 요구를 파악하기 위한 내용으로 이루어진다. 상반기 상담 준비로 교사는 영유아의 초기 적응관찰 기록과 상담결과를 기록할 양식을 준비해야 한다. 상반기 상담에서는 부모가 기관과 교사에 대한 신뢰가 형성될 수 있도록 최대한 경청하는 자세를 유지하는 것이 필요하다. 하반기 상담에서는 영유아의 발달 변화에 대한 안내와 영유아교육기관과 가정의 협조를 점검하기 위한 과정으로서의 상담이다. 교사는 부모에게 영유아 관찰기록, 체크리스트, 활동작품, 포트폴리오 등 다양한 자료를 준비하여 부모에게 자녀의 발달과정을 객관적으로 인식할 수 있도록 해야 한다. 부모상담 시 자녀의 장점에 관한 자료를 먼저 제시하여 신뢰감을 형성한 후 문제점을 이야기하는 것이 바람직하다. 면담 시간은 20~30분이 적절하며, 부모면담이 종료된 후에는 교사 자율평가나 교직원 회의를 통해 평가 간담회를 실시하여야 한다. 다음은 영유아 관찰기록을 활용한 부모상담 일지 사례이다.

〈표 1-2〉 만 1세 부모상담 일지 사례

<table>
<tr><td colspan="3">상담참여자: 이○○(김○○의 모)   상담교사: 안○○
상담장소: 사랑반 교실   상담형태: 방문
상담일시: 20○○년 9월 10일 오후 6시 30분 ~ 7시</td></tr>
<tr><th>영역</th><th>교사의견</th><th>부모의견</th></tr>
<tr><td>기본 생활습관</td><td>화장실에 가고 싶다는 배변 의사 표현은 없지만 관심을 보입니다. 골고루 잘 먹는 편이며, 스스로 외투와 가방을 정리합니다.</td><td>배변을 변기와 기저귀에 번갈아 가며 하고 있습니다. 아직까지 배변훈련에 크게 신경 쓰고 있지 않습니다. 집에서도 골고루 먹는 편이며, 정리는 열심히 하지 않습니다.</td></tr>
</table>

영역	교사의견	부모의견
신체발달	대근육을 사용하는 신체활동이 미흡하며, 조작적인 소근육을 사용하는 손가락 그림이나 낙서는 잘하지 못합니다. 몸에 균형을 잘 잡지 못하고 걸을 때 비틀거리거나 넘어집니다.	형하고 놀이하고 잘 지내며, 형에 대한 애착이 큰 편입니다. 형이 등교하면 울기도 합니다. 집에서도 걷다가 자주 넘어집니다.
의사소통	간단한 단어는 말할 수 있으나 말을 연결시켜 문장으로 표현하지는 못합니다. 교사의 지시 사항이나 말은 이해하지만 이에 대한 표현을 간단한 단어나 몸짓으로 합니다.	말을 하고 싶은지 알 수 없는 이야기를 끊임없이 합니다. 집에서도 부모의 말을 모두 이해하고 간단한 단어나 몸짓으로 표현합니다. 또래보다 언어가 늦는 건 아닌지 걱정이 됩니다.
사회관계	친구들에게 친밀감을 잘 나타내며, 만화 캐릭터를 흉내 내는 놀이를 주로 합니다. 자기주장과 감정을 잘 드러내는 편이며, 놀이 도중 간혹 친구들과 갈등이 발생합니다.	형과 만화 캐릭터 흉내를 내며 주로 놀이를 합니다. 최근에 기분이 나쁘면 침을 뱉는 행동을 합니다.
예술탐구	악기나 노래 소리에 몸을 움직이며, 악기 연주하는 것에 관심을 보이며 스스로 하나 금세 흥미를 잃고 다른 활동에 관심을 보입니다.	집에서 TV에서 음악이 나오면 춤을 춥니다. 자동차를 좋아해 주로 자동차 놀이를 합니다.
자연탐구	숫자를 둘 이상 정확하게 세지 못하며, 놀이 자료 가운데 그림을 그릴 수 있는 것과 그리지 못하는 것을 구별하지 못합니다.	아직까지 숫자에 대한 관심을 보이지는 않습니다. 그림은 아무 곳에나 그립니다.
종합의견 (교사)	○○이는 하루 일과 순서를 이해하고 스스로 정리를 합니다. 변기에 대한 거부감은 없으나 스스로 앉으려 하지는 않습니다. 최근 들어 배변에 대한 긍정적 인식과 관심을 보이고 있어 배변훈련을 하면 좋을 것 같습니다. 신체발달에서는 대근육을 사용하는 던지기, 차기, 기어오르기 등과 같은 동작이 미흡하며, 끄적거리기는 하나 아직 선을 긋지는 못합니다. 대근육 발달을 위한 놀이나 신체활동이 필요합니다. 교사의 말을 이해하고 지시를 따르기는 하나 자신의 의사 표현을 문장으로 하지 않고 간단한 단어나 몸짓으로 표현합니다. ○○이가 문장으로 말할 수 있도록 부모님이 문장을 사용하여 말씀하시는 모델링이 필요합니다. 주변에 악기 소리와 음악에도 관심을 보이므로 직접 간단한 악기를 연주해 보는 기회를 제공하는 것이 좋겠습니다. 종이벽돌 쌓기에도 관심이 많으므로 쌓을 때 하나, 둘, 셋 숫자 세기를 하는 것이 좋습니다. 그림 그리는 곳과 그리지 못하는 곳을 구별하지 못하므로 바닥이나 벽, 스케치북 등과 같은 공간을 마련해 주고 그림을 그릴 수 있도록 설명해 주는 것이 필요합니다. 숫자에 대한 흥미를 가질 수 있는 놀이 및 활동이 필요합니다.	
건의사항 (부모)	블록교구가 다양했으면 좋겠습니다.	

부모상담은 영유아가 발달하고 성장하는 데 필요한 것으로서 교사는 부모와 서로 협력 관계 속에서 상담을 실행하여야 한다. 즉, 영유아의 가정환경에 대한 깊은 이해, 영유아의 현재 상태, 영유아교육기관의 상황을 고려하여 상담을 계획하고 평가하여야 한다.

생각을 모아요

다음의 사물을 관찰한 후 기록하시오.

생각을 모아요

움직이는 동물을 관찰한 후 기록하시오.

https://www.youtube.com/watch?v=0mlppi1-ydM

다른 동물이나 영상을 찾아서 관찰한 후 기록해 보세요.

생각을 모아요

행동의 질을 표현하는 사례를 보고 적당한 문장을 만들어 보세요.

말하다	
뛴다	
듣다	
읽다	

CHAPTER

2

행동관찰 방법

학습목표 계획된 목표에 따라 영유아의 행동을 적합한 방법으로 기록할 수 있다.

- 영유아관찰의 절차 및 방법 이해
- 목표가 되는 관찰장면을 포착하여 기록하는 능력
- 관찰규칙 및 관찰윤리를 준수하여 객관적 관찰을 실행하는 태도

행동관찰 방법으로는 관찰대상의 행동을 관찰한 결과를 서술적으로 기록하는 일화기록법(anecdotal records), 관찰대상의 현재 행동특성을 평가하는 행동목록법(Checklist), 관찰대상의 행동에 대한 질을 평가하는 평정척도법(rating scale), 관찰대상의 행동을 정해진 시간 동안 일정한 간격으로 관찰하여 기록하는 시간표집법(time sampling) 등이 있다. 행동관찰방법은 관찰대상의 관찰목적에 따라 선택하여 사용할 수 있다.

1. 일화기록법

일화기록법은 일상적 상황에서 관찰대상의 특정한 한 가지 행동이나 사건에 초점을 맞추어 관찰하고 객관적이고 간결하게 기록하는 방법이다. 사진을 찍는 것과 같이 짧은 사건이나 의미 있는 행동을 있는 그대로 사실적인 형태로 기록하는 것이다. 일화기록은 시간이나 공간의 제약을 받지 않고 언제 어디서나 쉽게 기록할 수 있어 여러 관찰방법 중 현장에서 교사가 가장 자주 사용하는 방법이다.

1) 일화기록법의 작성

일화기록은 작성 시 관찰자의 주관적 해석이나 편견이 개입될 수 있으므로 객관적이고 사실적으로 기록해야 한다. 일화기록 관찰 작성 시 유의해야 할 지침은 아래와 같다.

첫째, 사건이나 행동 발생 직후에 기록해야 하며, 정확해야 한다.

둘째, 관찰대상의 기본 자료인 이름, 연령, 성별, 날짜, 시간, 장소, 관찰자의 이름, 상황에 대한 내용을 작성해야 한다.

셋째, 관찰한 행동이나 사건은 일어난 순서대로 기록해야 한다.

넷째, 관찰대상의 언어와 주된 행동 묘사뿐만 아니라 상호작용을 하는 상대방의 말과 행동도 구체적으로 기록해야 한다.

다섯째, 관찰대상의 모든 행동을 기록하기보다는 한 가지 사건이나 행동에 초점을 맞추어 기록해야 한다.

여섯째, 관찰대상의 행동이나 사건을 객관적이고 사실적으로 기록해야 하며, 관찰자의 주관적 해석이나 편견은 배제해야 한다.

〈표 2-1〉 일화기록 작성방법 예

올바른 예	부적절한 예
• 민선이는 두 발을 모아 10cm 높이로 뛰어올랐다.	• 민선이는 높이 뛰어올랐다.
• 규민이가 수정이가 가지고 놀던 블록을 가지고 가려고 하자 수정이가 "안 돼!" 하고 소리를 질렀다.	• 수정이는 화난 것처럼 보였다.
• 기웅이가 점토 한 주먹을 떼어 친구들에게 던졌다.	• 기웅이는 친구들에게 화를 낸다.
• "나도 할 건데 시은이가 자꾸 못하게 해요."	• 여진이는 슬픈 표정이다.
• "선생님, 머리 아파요."	• 희철이는 머리가 아프다고 말했다.

다음은 일화기록에 대한 수정 예시이다.

일화기록 수정의 예시

관찰자	○○○	관찰일	20○○년 ○○월 ○○일
관찰대상	임가연	연령	만 2세
관찰장면	자유선택활동 쌓기놀이 영역	관찰시간	10시 30분 ~ 10시 40분
관찰기록	가연이와 재석이가 쌓기나무를 갖고 나란히 앉아 있다. 가연이가 재석이에게 무슨 이야기를 하면서 팔을 잡아끌었다. 재석이가 대답하지 않고 놀기 시작하자 가연이도 쌓기를 시작했다. 점점 더 높게 쌓기를 했는데 하는 도중에 자꾸 재석이를 쳐다보았다. 재석이에게 같이하자고 이야기를 했는데 반응이 없자 재석이에게 소리를 지르고 쌓기를 계속하였다. 계속 주원이를 쳐다보다가 자기가 쌓던 것을 무너뜨리고 재석이가 쌓고 있는 모양을 따라 하기 시작했다. 따라 하는데 자꾸 쌓기가 무너지자 재석이에게 가서 쌓기를 넘어뜨려 버렸다. 선생님과 눈이 마주치자 가연이는 재석이를 가리키며 울먹거리기 시작했다.		

수정	가연이와 재석이가 쌓기나무를 갖고 나란히 앉아 있다. 가연이가 재석이에게 ① 무슨 이야기를 하면서 팔을 잡아끌었다. 재석이가 대답하지 않고 놀기 시작하자 가연이도 쌓기를 시작했다. 점점 더 높게 쌓기를 했는데 하는 ② 도중에 자꾸 재석이를 쳐다보았다. 재석이에게 ③ 같이하자고 이야기를 했는데 반응이 없자 재석이에게 ④ 소리를 지르고 쌓기를 계속했다. 가연이는 계속 주원이를 쳐다보다가 자기가 쌓던 것을 무너뜨리고 재석이가 쌓고 있는 모양을 따라 하기 시작했다. 따라 하는데 자꾸 쌓기가 무너지자 재석이에게 가서 ⑤ 쌓기를 넘어뜨려 버렸다. 선생님과 눈이 마주치자 가연이는 재석이를 가리키며 울먹거리기 시작했다. ① 무슨 이야기인지 "　"를 사용한 직접화법으로 기록한다. ("우리 같이놀자" 고 하며) ② 누가 (도중에 자꾸 재석이를 → 도중에 가연이는 자꾸 재석이를) ③ 무슨 이야기인지 직접화법으로 기록한다. ("같이하자" 고 이야기 하는데) ④ 직접화법으로 기록한다. (소리를 지르고 → "야" 하고 소리지르며) ⑤ 누구, 무엇을 (재석이에게 가서 쌓기를 → 가서 재석이의 쌓기를) ※ 파란색 글씨는 모두 과거형이 아닌 현재형으로 기록한다.

2) 일화기록법의 장점 및 단점

(1) 일화기록법의 장점

첫째, 일화기록은 시간이나 장소에 제약을 받지 않고 간결하게 기록하므로 서술식기록에 비해 시간이 많이 필요하지 않다.

둘째, 일화기록은 언제 어디서나 간편하게 기록할 수 있다.

셋째, 관찰대상의 의미 있는 한 가지 행동이나 사건에 집중적으로 초점을 맞추기 때문에 좀 더 정확하고 분명한 기록을 남길 수 있다.

넷째, 지속적으로 누적된 자료는 관찰대상의 패턴, 변화, 흥미 등과 같은 행동의 질을 파악할 수 있으며, 지도계획을 세우는 데 중요한 자료로 활용될 수 있다.

다섯째, 일화기록은 관찰대상의 행동이 이루어지는 상황이나 맥락에 대한 정보를 수집하고 파악할 수 있다.

(2) 일화기록법의 단점

첫째, 사건 발생 시간이 지난 후 일화기록을 작성하면 관찰자의 편견이 들어갈 수 있다. 따라서 가능한 한 사건 발생 직후 기록하는 것이 바람직하며, 바로 기록하는 것이 어려운 경우에는 사진이나 메모를 통해 자료를 남겨놓는 것이 좋다.

둘째, 일화기록은 서술적으로 기록하기 때문에 약호나 부호를 사용하는 다른 관찰방법에 비해서 기록하는 시간이 많이 요구된다.

셋째, 관찰자가 관찰대상의 행동을 해석하고 평가하는 과정에서 오류를 범할 수 있다.

넷째, 표본식 기술에 비해 상황묘사가 적어 사건의 전후 맥락을 파악하는 데 어려움이 있다.

3) 일화기록법 작성 사례

다음은 일화기록법을 적용한 사례이다.

일화기록 분석의 예시 1

관찰자	○○○	관찰일	20○○년 ○○월 ○○일
관찰대상	김민지	연령	만 3세
관찰장면	자유선택활동	관찰시간	10시 30분 ~ 10시 40분
관찰기록	민지는 교구장에 기대서서 친구들을 바라보다가 교실을 한 바퀴 돌고 다시 교구장에 기대고 선다. 다시 다른 친구들이 교구활동하는 모습을 보며 교실을 배회하고 나서 교구장에 기대어 서서 교사를 바라본다. 교사가 "민지는 어떤 교구 하고 싶어? 한번 볼까?" 하고 말하며 민지와 함께 조작영역의 교구장으로 간다. 민지와 함께 가던 교사는 지은이가 "선생님, 이거 어떻게 해요?" 하고 묻자 "잠깐만." 하며 지은이에게 간다. 민지는 교사가 따라오지 않자 다시 교사의 옆으로 가서 손을 잡는다. 교사가 "어떤 거 하고 싶은데?" 하자 손가락으로 상차림 교구를 가리킨다. 교사는 "그럼 이거 해 볼까?" 하며 교구를 꺼내 책상에 올려놓는다. 민지가 교구를 만지자 교사는 다른 곳으로 간다. 민지는 교구를 그냥 두고 교사를 따라간다. 교사는 "민지, 안 하고 싶어요? 그럼, 정리하고 오세요" 하고 말한다. 민지는 "네." 하더니 교사 뒤만 따라다닌다. 교사는 다른 친구의 활동을 도와주며 쳐다보지 않고 "민지, 정리했어요?"하고 묻자 민지는 "네." 하고 대답한다. 교사는 "잘했어요." 하고 말한다.		

해석 및 지원	• 민지는 교사의 관심을 받고 싶어한다. • 민지가 스스로 활동을 선택하기에 어려움이 있어 보이기 때문에 좀 더 관심을 가지고 선택활동을 지원할 필요가 있다. • 교사가 다른 유아와 활동하고 있을 때 다른 친구들이 도움을 요청하면 기다려 달라고 이야기하는 방법을 지도할 필요가 있다. • 구체적으로 상황을 확인한 후 칭찬과 격려를 할 필요가 있다.

일화기록 분석의 예시 2

관찰자	○○○	관찰일	20○○년 ○○월 ○○일
관찰대상	이수연	연령	만 2세
관찰장면	자유선택활동	관찰시간	10시 30분 ~ 10시 40분
관찰기록	수연이는 지은이와 함께 책상에서 투명한 병에 종이 넣기 놀이를 한다. 지은이는 가위로 종이를 잘게 잘라서 병에 넣고 수연이는 종이를 손으로 찢은 다음 구겨서 병에 넣는다. 수연이가 종이를 크게 찢은 다음 구겨서 병에 넣으려고 하는데 잘 안 들어가자 병을 책상에 쿵쿵 두드린다. 그래도 안 들어가자 그대로 두고 재민이와 민수가 있는 곳으로 간다. 민수는 당근을 들고 놀이하고 있다. 수연이는 교사를 바라보며 민수의 당근을 손으로 가리킨다. 교사는 "수연이, 당근 필요해요?"라고 묻자 수연이는 "어."라고 대답한다. 교사는 민수에게 "수연이가 당근 필요하다는데 빌려줄 수 있어?" 하고 묻는다. 민수가 "싫어."하고 대답하자 교사는 "수연아, 민수가 지금 더 놀고 싶대. 조금 기다리자." 하고 말한다. 수연이가 "안 돼!" 하더니 민수가 들고 있는 당근을 잡아당겨 빼앗는다. 민수는 자신의 빈손을 한 번 쳐다보고 교사를 보며 울상을 짓는다. 교사는 "수연아, 민수가 가지고 노는 것을 빼앗으면 안 돼. 기다려야 해." 하면서 수연이가 들고 있는 당근을 민수에게 준다. 수연이는 다른 교사가 있는 곳으로 뛰어간다.		
해석 및 지원	• 수연이는 아직 자신이 필요한 것을 언어로 표현하는 것에 어려움이 있다. • 수연이는 친구와의 다툼을 해결하는 것에 어려움이 있다. • 수연이에게 소근육발달에 필요한 활동을 제공해 줄 필요가 있다. • 수연에게 자신이 필요한 것을 언어로 표현하는 방법을 지도할 필요가 있다. • 교사는 영아들의 갈등상황에서 먼저 마음을 공감해 주고 상황을 설명해 준 후 영아들끼리 해결할 수 있는 시간을 줄 필요가 있다. (교사가 갈등상황을 다 정리해 주기 전에 "친구가 가지고 있는 놀잇감을 빼앗으면 친구의 기분이 어떨까?" 등의 중재를 통해서 스스로 해결할 수 있는 시간을 주고 사과의 말도 알려 줄 필요가 있다.)		

2. 사건표집법

사건표집법은 단순히 어떤 행동의 발생 여부만을 관찰하기보다는 행동이나 사건이 발생하기를 기다렸다가 관심을 가진 행동이나 사건이 발생하면 일정한 형식에 따라 행동의 순서를 자세하게 기술하는 방법이다. 측정 단위가 시간 간격이 아니라 연구하고자 하는 행동이라는 점에서 시간표집법과 구별된다. 사건표집법을 통해 관찰하려는 행동의 빈도와 지속성, 동기와 원인, 심각성에 대한 정보를 얻을 수 있다. 사건표집법은 주로 행동의 원인과 결과를 밝히기 위해서 사용되기 때문에 관찰자는 관찰대상의 행동과 사건에 대해 충분히 이해해야 한다. 관찰자가 기록할 때 선택하는 행동이나 사건의 범위는 특별한 제한이 없으며, 관찰시간은 관찰의 초점이 되는 행동특성에 달려 있다.

사건표집법은 문제행동 전후의 사건을 서술하여 행동의 원인을 밝히는 데 도움을 주는 ABC 서술식 사건표집법과 문제행동이 얼마나 자주 일어나는지를 알 수 있는 빈도 사건표집법 두 가지 유형이 있다.

1) ABC 서술식 사건표집법

ABC 서술식 사건표집법은 자연스러운 상황 속에서 일어나는 행동 원인과 결과를 알 수 있도록 기록하는 관찰방법이다. 즉, 관찰하고자 하는 사건이나 행동이 일어나기 전의 상황(Antecedent Event: A), 사건이나 행동 그 자체(Behavior: B), 그리고 사건이나 행동이 일어난 후의 결과(Consequence: C)를 순서대로 기록하는 것이다.

(1) ABC 서술식 사건표집법의 작성

서술식 사건표집법은 관찰대상의 행동을 시간의 순서대로 상세하게 관찰기록하여 분석하기 때문에 관찰대상이 가지고 있는 문제행동을 해결하거나 이해하는 데 도움을 줄 수 있다. 다음은 서술식 사건표집법 작성 시 유의해야 할 지침에 관한 내용이다.

첫째, 관찰하려는 행동이나 사건을 명확히 정하고, 정해진 행동이나 사건을 조작적으로 정의해야 한다. 즉, 관찰대상의 관찰행동이나 사건을 정의하는 것에 쓰이는 용어가 분명해야 한다.

둘째, 관찰하려는 행동특성을 분명하게 규정하고 난 후, 언제 어디서 그러한 행동을 관찰할 수 있는지 관찰 장소와 장면을 정해야 한다.

셋째, 관찰행동을 기록하기 위한 관찰용지는 가능한 한 관찰자가 사용하기 쉽고 편리하게 만들어 준비한다.

넷째, 자세한 상황에 대한 관찰결과를 기록하기 위해서 녹음기나 비디오 등의 영상기록매체도 활용할 수 있다.

(2) ABC 서술식 사건표집법의 장점 및 단점

❶ 서술식 사건표집법의 장점

첫째, 자연스러운 상황에서 관찰대상의 행동이나 사건이 일어난 전후 맥락을 기록하기 때문에 사건의 인과관계를 알 수 있다.

둘째, 관찰대상 및 관찰행동의 범위에 제한이 없어 자주 발생하지 않는 행동을 연구할 수 있다.

셋째, 관찰대상을 개별적으로 관찰할 수 있으므로 개별화된 교수전략을 짜는 데 도움이 된다.

넷째, 영유아 발달에 따른 개인의 질적인 정보를 제공한다.

다섯째, 시간의 흐름에 따른 변화를 비교적 정확히 알 수 있다.

❷ 서술식 사건표집법의 단점

첫째, 시간과 노력이 많이 들고, 관찰된 자료를 수량화하기 어려워 분석하는 일이 쉽지 않다.

둘째, 수량화할 수 없는 자료는 신뢰도 측정이 어렵기 때문에 자료의 신뢰도 면에서 의문이 제기될 수 있다.

셋째, 시간표집법보다는 사건의 전체적 흐름을 알 수 있으나 사건이 일어난 전후의 자연스러운 연속성이 깨지기 쉽다.

넷째, 자세히 기록해야 하기 때문에 한 번에 여러 명을 관찰하기 어렵고, 관찰대상과 상호작용하는 타인과 관찰대상의 행동까지 관찰해야 하므로 중요한 행동이나 말을 놓칠 수 있다.

다섯째, 관찰하려는 행동이 나타날 때까지 기다려야 하기 때문에 관찰시간을 예측하기가 어렵다.

여섯째, 관찰자의 주관적 해석이나 추론으로 흐르지 않기 위해 전문성과 훈련이 필요하다.

(3) ABC 서술식 사건표집법의 작성 사례

<table>
<tr><td>관찰자</td><td>○○○</td><td>관찰일</td><td colspan="2">20○○년 ○○월 ○○일</td></tr>
<tr><td>관찰대상</td><td>이시우</td><td>연령</td><td colspan="2">만 5세</td></tr>
<tr><td>관찰장면</td><td>오전 자유선택활동</td><td>관찰시간</td><td colspan="2">10시 20분 ~ 10시 30분</td></tr>
<tr><td></td><td>사건 전</td><td colspan="2">사건</td><td>사건 후</td></tr>
<tr><td>관찰</td><td>자유선택활동시간에 시우는 시훈이와 복도에서 스포이드와 물이 있는 교구활동을 하고 있다. 시훈이가 스포이트에 물을 담아 시우의 팔에 가져다 대며"찌익! 이거 주사기 같지?"라고 한다.</td><td colspan="2">시우가 "하지 마. 그러다가 누르면 내 옷 젖잖아."라고 한다. "아니야. 안 젖어~"라고 이야기하던 시훈이가 스포이트를 살짝 누르자 시우의 옷이 조금 젖는다. 그러자 시우가 "거 봐. 젖었잖아."라고 하며 시훈이의 손을 툭 친다.</td><td>시훈이가 "미안해. 시우야. 내가 실수로 눌러버렸어."라고 한다. 시우가 "그래도 많이 안 젖었으니까 괜찮아. 앞으로는 내 옷 젖게 하지 마."라고 한다. 그러자 시훈이가 "알겠어."라고 하며 스포이트를 내려놓는다. 시훈이의 표정을 보던 시우가 "그럼, 우리 이제 다른 놀이 할까?"라고 한다.</td></tr>
<tr><td>해석 및 지원</td><td colspan="4">• 시우는 친구가 자신이 한 말을 듣지 않고 옷을 젖게 한 부분에 대해서 싫다는 자신의 의사를 표현할 수 있다.
• 시우는 친구가 사과를 받아 줄 수 있다.
• 시우는 친구의 마음을 이해하고 함께 놀이를 제안할 수 있다.</td></tr>
</table>

2) 빈도 사건표집법

빈도 사건표집법은 선별된 행동이나 상황이 얼마나 자주 일어나는지 알아보기 위해 행동이 발생할 때마다 그 빈도를 기록하는 방법이다. 서술식 사건표집법이 질적인 정보를 제공한다면 빈도 사건표집법은 양적인 정보를 제공해 준다. 빈도 사건표집법은 관찰대상의 어떤 선별된 행동이나 사건이 얼마나 자주 일어나는지를 알아보고자 하는 데 목적이 있기 때문에 행동의 원인을 알아내는 것에는 적합하지 않은 관찰방법이다.

(1) 빈도 사건표집법의 작성

빈도 사건표집법은 관찰하고자 하는 행동의 빈도를 기록하는 방법으로 문제행동을 줄이거나 바람직한 행동을 증가시킬 때 유용하다. 빈도 사건표집법은 관찰하고자 하는 행동이나 사건에 대해서 조작적 정의를 내리고, 하위행동이나 사건을 범주화해야 한다. 관찰하려는 행동이나 사건에 대한 조작적 정의와 범주화가 이루어지면 관찰기록을 빠르고 간편하게 작성할 수 있다. 다음은 빈도 사건표집법 작성 시 유의할 지침에 관한 내용이다.

첫째, 관찰대상의 행동이 발생한 경우에만 사건으로 보기 때문에 일어나지 않는 행동은 기록하지 않는다.

둘째, 관찰하고자 하는 행동이나 사건에 대한 구체적 범주와 조작적 정의를 숙지하여 이와 같은 행동이 언제, 어디서 가장 잘 관찰될 수 있는지를 결정해야 한다.

셋째, 관찰양식지는 일반적으로 관찰과 관련된 기본 정보를 기록하는 부분과 미리 정해진 범주에 따라 빈도를 표시하는 부분으로 작성한다.

넷째, 관찰하고자 하는 행동이나 사건이 나타날 때까지 기다렸다가 일어날 때 세기표나 부호로 표시하여 기록한다.

다섯째, 관찰시간은 관찰 범주의 행동이나 사건이 언제 일어날 것인지를 예상하여 결정하면 된다. 예를 들어, 공격성을 관찰하려면 그 행동이 일어날 때까지 기다려야 한다.

(2) 빈도 사건표집법의 장점 및 단점

❶ 빈도 사건표집법의 장점

첫째, 관찰 범주만 정해지면 여러 발달 영역을 동시에 관찰할 수 있다.

둘째, 시간이 적게 들고 빠르게 기록할 수 있어 편리하다.

셋째, 수집한 자료는 수량화하여 분석할 수 있으며, 객관적으로 빈번하게 일어나는 행동들을 측정할 수 있다.

❷ 빈도 사건표집법의 단점

첫째, 빠르게 기록할 수 있지만 행동이나 사건의 질적인 측면을 알 수 없다.

둘째, 어떤 사건이나 행동에 대한 빈도만을 기록하기 때문에 발생 원인을 알 수 없다.

셋째, 관찰하려는 행동이나 사건을 범주화하고 조작적 정의를 내리는 것에 전문가의 도움이 필요하다.

(3) 빈도 사건표집법의 작성 사례

관찰유아: 김○○
관 찰 자: 이○○
관찰장소: ○○반

생년월일: 20○○년 5월 8일(남)
관 찰 일: 20○○년 5월 14일
관찰행동: 일과시간 중에 보이는 공격적인 행동

시간	친구를 치거나 민다	물건을 던진다	발로 차거나 때린다	꼬집거나 깨문다	장난감을 뺏는다	건드려 망쳐 놓는다
10:00						
10:30						
11:00						
11:30						
12:00						
12:30						
13:00						
13:30						
14:00						
14:30						
15:00						
15:30						
16:00						
16:30						

3. 시간표집법

시간표집법이란 관찰자가 특정 행동을 정해진 시간 동안 일정한 시간 간격으로 나누어 이 기간 동안 관찰하고자 하는 행동출현 빈도를 기록하는 방법이다. 즉, 시간표집법은 정해진 관찰기간 동안 계속 관찰하는 것이 아니라 일정한 시간 간격을 두고 관찰대상의 행동을 관찰하여 그 결과를 기록하는 것이다. 예를 들어, 관찰대상의 공격적 행동에 관한 관찰을 하고자 할 경우, 1분 관찰 후 30초 동안 기록하는 방식으로 총 15분 동안 10회의 관찰을 했을 때 공격적 행동이 총 몇 회 발생했는지 알 수 있다. 또한, 관찰대상이 네 명인 경우, 한 영유아를 1분 관찰하고 30초 기록한 다음, 다른 영유아를 1분 관찰하고 30초 기록하는 방식으로 총 30분 동안 관찰대상을 바꾸어 가면서 각 영유아당 5회의 관찰을 할 수도 있다. 이러한 방법은 관찰대상 간 특정 행동의 비교나 일반적인 행동 경향을 발견하기에 편리하다.

1) 시간표집법의 작성

시간표집법은 통계 처리가 가능하고 짧은 시간 내에 일정한 간격을 두고 여러 번 관찰하기 때문에 빠르게 일어나는 행동을 체계적으로 관찰하는 데 유용하다. 그러나 자주 일어나지 않는 행동에 대해서는 사용가치가 없다. 다음은 시간표집법 작성 시 유의해야 할 지침 내용이다.

첫째, 시간표집에서는 관찰하고자 하는 행동이나 사건을 설명하는 데 쓰이는 용어가 분명하게 정의되어 있어야 한다. 조작적 정의는 어떤 개념을 명확하게 관찰할 수 있도록 가능한 한 구체적인 행동으로 기술해야 한다.

둘째, 관찰시간 간격을 결정하는 것이 필요하다. 1회 관찰의 시간을 얼마나 할 것인가를 결정하는 문제는 관찰하려는 행동이 일어나는 빈도와 행동의 특성에 따라 다르다. 시간의 길이는 5초에서 20분까지 다양하지만 보통 영유아관찰에서는 5분 이내로 관찰을 하게 된다.

셋째, 관찰시간 간격이 확정되면 관찰횟수와 총시간 수를 결정해야 한다. 일정한 시간 간격으로 몇 회 관찰할 것인지를 결정하는 것은 대표적인 행동표집을 얻는 데 필요하다고 생각되는 총시간 수에 따라 달라진다.

넷째, 관찰행동, 관찰간격, 횟수, 총시간 수가 결정되면 관찰자는 관찰행동을 어떠한 부호나 빈도, 표시 방법으로 기록할 것인지를 결정해야 한다. 시간표집은 사전에 제작된 특별한 관찰기록 용지가 필요하다. 관찰기록 용지는 관찰행동의 발생여부, 출현 빈도, 행동의 지속성 등을 신속하게 부호화하여 표시할 수 있도록 고안되어야 한다.

다섯째, 관찰양식지는 관찰대상에 대한 정보, 관찰행동범주, 관찰횟수, 행동의 출현 빈도를 기록할 수 있어야 하며, 관찰 중 예기치 않은 사건이나 상황이 발생할 경우 이를 기록할 수 있는 비고란을 만들어 참고가 될 수 있도록 한다.

2) 시간표집법 장점 및 단점

(1) 시간표집법의 장점

첫째, 관찰행동에 대한 정의가 분명하기 때문에 다른 어떤 관찰방법보다 신뢰도와 객관성이 높은 편이다.

둘째, 짧은 시간 안에 여러 명의 관찰대상자를 한 번에 관찰할 수 있어 자료수집에 효율적이다.

셋째, 관찰을 부호화하여 기록하기 때문에 쉽고 빠르게 기록할 수 있고 시간을 절약할 수 있다.

넷째, 수량화를 통한 통계 처리가 가능하다.

다섯째, 기술할 필요가 없어 기록이 용이하다.

여섯째, 관찰대상을 방해하지 않으면서 빠르게 일어나는 행동을 체계적으로 관찰할 수 있다.

(2) 시간표집법의 단점

첫째, 관찰행동만을 초점에 두고 있기 때문에 사건의 전모나 상호 관계를 파악하기가 어렵다.

둘째, 자주 발생하는 행동만이 관찰대상이 되어 자주 일어나지 않는 행동은 기록할 수가 없다.

셋째, 관찰대상의 내면의 감정이나 생각을 수집하기에는 적합하지 않다.

넷째, 관찰하려는 행동의 용어나 범주에 대한 충분한 이해가 필요하다.

다섯째, 관찰을 시작하기 전 관찰행동에 대한 조작적 정의와 범주화 작업 등과 같은 많은 준비가 필요하다.

여섯째, 범주행동 이외의 기록을 할 수 없어 단편적인 자료만 얻을 수 있다.

3) 시간표집법 작성 사례

다음은 쌓기놀이 발달단계를 관찰하기 위한 시간표집법의 사례이다. Johnon (1996)은 유아의 블록놀이 발달단계를 나르기, 쌓기, 다리 만들기, 울타리 쌓기, 다양한 패턴 구조물, 이름 붙이기, 정교한 구성물 만들기의 7단계로 설명하였다. 쌓기놀이 발달단계의 범주와 정의는 다음 〈표 2-2〉와 같다(오연주 외, 2007).

〈표 2-2〉 쌓기놀이 발달단계

범주	정의
나르기	블록을 감각적으로 탐색하거나 단순히 들고 다니며 놀이한다.
겹쳐 쌓기	블록을 겹쳐서 쌓거나 수평으로 연결 지으며 놀이한다.
다리 만들기	두 개의 블록을 세우고 둘 사이의 공간에 다른 블록을 얹어 다리 놓기를 시도한다.
울타리 쌓기	블록으로 담을 두르듯이 빙 둘러 쌓는다.
다양한 패턴 구조물	구조물을 만드는 것에 목적으로 두고 다양한 패턴들을 가진 구조물을 만든다.
이름 붙이기	상징화하는 구조물을 만들고 완성 후 이름을 붙인다.
정교한 구성물	구조물을 만들기 전에 미리 계획하여 알리기도 하며, 극놀이를 위해 실물의 세밀한 부분까지 정교화시킨 구조물을 만든다.

쌓기놀이 영역에서 관찰하고자 하는 유아의 이름을 쌓기놀이 발달 평가지에 적는다. 한 번에 관찰하는 유아의 수가 많으면 관찰이 정확하게 이루어지기 어렵기 때문에 4명 정도가 가장 적절하다. 제일 처음 유아를 30초간 관찰하고 10초 동안 관찰유아의 쌓기놀이 특성을 7개의 단계(나르기, 쌓기, 다리 만들기, 울타리 쌓기, 다양한 패턴 구조물, 이름 붙이기, 정교한 구성물 만들기) 중 하나에 표시한다. 30초 동안 두 가지 이상의 쌓기놀이 단계가 관찰되었다면 모두 표시한다. 첫 번째 유아의 1회 관찰이 모두 끝나면 두 번째 유아를 30초간 관찰하고 10초간 기록한다. 이러한 방식으로 유아 당 5회의 관찰을 실시한다.

관찰행동: 쌓기놀이 발달단계

관찰유아 1: 이름/ 성별/ 생년월일/
관찰유아 2: 이름/ 성별/ 생년월일/
관찰유아 3: 이름/ 성별/ 생년월일/
관찰유아 4: 이름/ 성별/ 생년월일/
관찰일시: 20○○년 11월 1일
관 찰 자: ○○○ 관찰장소: ○○반

		나르기	겹쳐 쌓기	다리 만들기	울타리 쌓기	다양한 패턴 구조물	이름 붙이기	정교한 구성물
유아 1	1회	V						
	2회	V						
	3회		V	V				
	4회				V			
	5회				V	V		
유아 2	1회		V					
	2회							
	3회			V	V			
	4회					V		
	5회						V	V
유아 3	1회	V						
	2회		V	V				
	3회				V	V	V	
	4회							V
	5회							V
유아 4	1회	V	V					
	2회			V	V			
	3회			V	V			
	4회				V	V	V	
	5회						V	

4. 행동목록법

행동목록법(체크리스트)은 관찰하고자 하는 특정 행동을 선정하여 행동특성 목록(관찰항목)을 미리 만들어 놓고 행동의 출현 여부를 기록하는 방법이다. 행동목록은 관찰대상의 구체적 행동이 나타나는지를 확인하거나 현재 발달 수준을 알아보기 위해 쓰는 관찰방법으로 다양한 행동을 관찰할 때 유용하다. 관찰자는 관찰대상의 행동목록을 통해 어떤 행동을 하는지 하지 않는지를 판단할 수 있다. 일반적으로 행동목록법은 어느 한 시점에서의 관찰대상의 특정 행동에 대한 출현 여부를 관찰하고 현재 상태를 평가하는 것에 목적을 가지고 있지만 시간에 따른 변화를 알고자 할 때도 사용할 수 있다. 다음은 행동목록법 작성 시 유의해야 할 지침 내용이다.

1) 행동목록법의 작성

첫째, 관찰을 시작하기 전 특정 행동에 대해 관찰할 수 있는 목록을 만들어야 하며, 문항은 관찰 가능한 행동을 기술한 것이어야 한다.

둘째, 행동목록은 어느 시점에서 어떤 행동이 출현했는지 아닌지를 관찰하고 행동이 나타나면 '예', 아니면 '아니요'라는 방식으로 표시되기 때문에 사전에 행동목록을 구체적이고 명료하게 작성해야 한다.

셋째, 목록을 배열함에 있어 순서나 위치를 가능한 한 논리적으로 조직하여 관찰자가 행동관찰 결과를 쉽게 기록할 수 있도록 한다.

넷째, 행동목록의 문항은 중복성을 방지하기 위해 관찰대상 행동을 모두 포괄하되 문항 간에 상호 배타적이어야 한다.

다섯째, 한 번에 단 한 명의 영유아를 대상으로 관찰이 이루어져야 하며, 각 영유아에게 독립된 행동목록이 사용되어야 한다.

여섯째, 행동목록은 시간의 흐름에 따른 행동의 변화를 알고자 할 때도 사용할 수 있다. 따라서 기록양식에는 행동출현 여부의 표기와 함께 행동이 관찰된 날짜를 기록하는 것이 좋다.

일곱째, 행동목록의 문항은 한 가지 관찰된 행동에 대해서만 이루어져야 한다.

2) 행동목록법 장점 및 단점

(1) 행동목록법의 장점

첫째, 관찰자가 전문적인 훈련 없이도 손쉽게 기록할 수 있다.

둘째, 쉽게 수량화할 수 있으며, 기본통계분석을 적용할 수 있다.

셋째, 반복적인 사용으로 관찰대상의 단계적 발달 변화를 기록할 수 있다.

(2) 행동목록법의 단점

첫째, 행동의 출현 여부는 알 수 있으나 행동의 출현 빈도나 지속성, 질적 수준에 대한 다양한 정보를 제공하지 못한다.

둘째, 행동목록을 조직적으로 구성하는 데 시간과 노력이 많이 든다.

셋째, 명백하게 관찰 가능한 기준에 한정된다.

넷째, 행동목록에 제시되어 있는 문항 외의 관찰이 불가능하다.

3) 행동목록법 작성 사례

관찰유아: 이○○ 생년월일: 20○○년 10월 20일 (여)
관 찰 자: 정○○ 관찰일시: 20○○년 9월 1일 ~ 10월 10일

영역	내용	관찰일		
		1회 (9/1)	2회 (9/20)	3회 (10/9)
	1. 사물을 주의 깊게 본다.	V	V	V
	2. 문제 상황이 생겼을 때 다양한 방법으로 해결을 시도한다.			
	3. 자연현상에 대하여 관심이 있다. (계절, 낮과 밤, 날씨, 동식물의 변화)	V	V	V
	4. 기본 도형의 이름을 안다.	V	V	V
	5. 기본 색깔의 이름을 안다.	V	V	V
	6. 사건을 순서에 따라 배열한다.	V	V	V
	7. 사물을 한 가지 속성에 따라 분류한다. (색, 모양, 크기)	V	V	V
	8. 5까지는 합리적인 수세기를 한다.	V	V	V
	9. 하루 일과의 순서를 안다.	V	V	V
	10. 하루 전에 무슨 일이 일어났는지를 안다.	V	V	V
	11. 사물의 수량이 많고 적음을 보고 변별한다.	V	V	V
	12. 일대일 대응으로 두 집단의 수를 짝짓는다.	V	V	V
	13. 일상생활에서 사용되는 수의 활용에 관심을 갖는다.	V	V	V
	14. 자신을 중심으로 위, 아래, 앞, 뒤를 구별한다.	V	V	V
	15. 자신을 중심으로 왼쪽, 오른쪽을 안다.	V	V	V
해석	위의 행동목록표에서 ○○는 자연탐구영역에서 공간개념, 수세기, 서열과 분류하기 등에 대해 인지하고 말할 수 있으나 문제해결 부분에서는 어려움을 보인다. 문제 상황이 발생했을 때 다양한 방법으로 해결을 하지 못한다.			
교수계획	• 스스로 문제해결을 할 수 있는 환경을 제공한다. – 문제 상황 발생 시 다양하게 해결할 수 있는 방안을 제안하여 문제해결하는 방법을 경험하게 한다. – 친구들과 놀이상황에서 문제가 발생할 경우 해결방법에 대해 함께 이야기를 나누면서 스스로 해결해 나갈 수 있도록 한다.			

5. 평정척도법

평정척도법은 사전에 준비된 범주에 따라 특정 행동을 관찰하고 이 행동의 특성을 점수나 가치로 평가하여 기록하는 방법이다. 평정척도법은 관찰하고자 하는 행동의 유무를 표시하는 데 그치지 않고 행동의 질적인 특성을 알아보기 위해 관찰하려는 행동을 정도에 따라 구분하여 연속성 있는 단계나 수량화된 점수로 평가하는 방법이다. 예를 들어, '가장 많은', '중간', '가장 적은'과 같은 연속선상에서 평정하는 것이다. 평정척도는 관찰자가 관찰과 동시에 문항에 대한 판단이 이루어지기 때문에 관찰을 충분히 해야 하며, 관찰결과에 대한 종합적인 판단이 요구된다. 따라서 관찰자는 관찰결과에 대한 판단을 내리는 과정에서 개인의 편견이나 오류가 개입되지 않도록 유의해야 한다. 평정에 사용되는 척도의 대표적인 유형으로는 기술평정척도, 숫자평정척도, 도식평정척도, 표준평정척도 등이 있다. 다음은 평정척도법 작성 시 유의해야 할 지침 내용이다.

1) 평정척도법의 작성

첫째, 문항은 가능한 한 명확하고 간결해야 하며, 가치판단적인 단어를 사용해서는 안 된다.

둘째, 적절한 주제를 선정해야 한다.

셋째, 주제와 관련된 문항을 만들고 예비관찰을 실시하여 수정해야 한다.

넷째, 관찰자의 개인적인 선입견이나 오류가 개입되지 않도록 해야 한다.

2) 평정척도법의 장점 및 단점

(1) 평정척도법의 장점

첫째, 만들기 쉽고 사용하기가 간편하다.

둘째, 미리 작성한 양식지에 내용을 기록하는 방법으로 기록시간이 짧아 시간을 절약할 수 있다.

셋째, 특별한 훈련 없이 사용할 수 있다.

넷째, 행동의 질도 평가할 수 있으므로 평정척도를 반복해서 사용할 경우 시간의 흐름에 따라 변화하는 영유아의 행동이나 발달에 대한 정보를 얻을 수 있다.

(2) 평정척도법의 단점

첫째, 행동의 수준만을 기록하기 때문에 행동에 대한 원인이나 전후 사정을 설명하지 못한다.

둘째, 관찰하려는 행동 범주를 정확하고 객관적으로 개발하기가 쉽지 않다.

셋째, 관찰자가 관찰대상에 대한 이해가 부족하거나 항목에 대해 익숙하지 않은 경우 평정을 할 때 대체로 중앙에 점수를 많이 주는 오류를 범할 수 있다.

3) 평정척도 작성 사례

(1) 기술평정척도 작성 사례

관찰하려는 대상의 행동을 구체적인 몇 개의 행동수준으로 범주를 나누어 기술하고 행동을 가장 잘 나타내는 서술문을 선택하게 하는 방법이다. 다음은 영유아의 등하원에 관한 기술평정척도 작성 예시이다.

■ 등하원 시 나타내는 영유아의 행동과 가장 일치하는 곳에 V 표시를 한다.

부모와 헤어지기

- ☐ 교사의 전적인 도움으로 부모와 헤어진다.
- ☐ 교사의 도움으로 영유아가 부모와 헤어진다.
- ☐ 영유아 스스로 부모와 헤어진다.

교사와 인사하기

- ☐ 교사의 전적인 도움으로 교사와 인사한다.
- ☐ 교사의 도움으로 영유아가 교사와 인사한다.
- ☐ 영유아 스스로 교사와 인사한다.

친구와 인사하기

- ☐ 교사의 전적인 도움으로 친구와 인사한다.
- ☐ 교사의 도움으로 영유아가 친구와 인사한다.
- ☐ 영유아 스스로 친구와 인사한다.

외투와 신발 정리하기

- ☐ 교사의 전적인 도움으로 외투와 신발 정리를 한다.
- ☐ 교사의 도움으로 영유아가 외투와 신발 정리를 한다.
- ☐ 영유아 스스로 외투와 신발 정리를 한다.

소지품 정리하기

- ☐ 교사의 전적인 도움으로 소지품 정리를 한다.
- ☐ 교사의 도움으로 영유아가 소지품 정리를 한다.
- ☐ 영유아 스스로 소지품 정리를 한다.

(2) 숫자평정척도 작성 사례

어떤 특정 행동을 나타내는 항목에 점수를 부여해 숫자로 평정하는 방법이다. 숫자체계는 긍정적인 척도에 가장 높은 점수를 배정하고 가장 부정적인 것에 낮은 점수를 배정한다. 예를 들어, 5점 척도인 경우 아주 잘함이 5점, 아주 못함이 1점이며, 5, 4, 3, 2, 1로 배정한다. 다음은 유아의 기본생활습관에 관한 숫자평청척도 작성 예시이다. 유아의 행동과 가장 일치하는 곳에 V 표시를 한다.

관찰유아: 생년월일: (남 / 여)
관 찰 자: 관찰일시:

평가내용	아주 못함 1	대체로 못함 2	보통 3	대체로 잘함 4	아주 잘함 5
1. 장난감 정리정돈하기					
2. 규칙 지키기					
3. 음식 골고루 먹기					
4. 물건 소중히 다루고 아껴 쓰기					
5. 혼자서 옷 입기					
6. 화장실 사용 후 뒤처리하기					
7. 어른들에게 존댓말 사용하기					
9. 교사 지시 따르기					

(3) 도식평정척도 작성 사례

관찰자의 판단을 돕기 위해 평정의 단계를 기술적인 유목에 선을 첨가한 형태를 말한다. 다음은 유아의 놀이성에 관한 평정척도 작성 예시이다. 평가 내용 중 유아의 행동과 가장 잘 나타내는 곳에 V 표시를 한다.

관찰유아: 생년월일: (남 / 여)
관 찰 자: 관찰일시:

평가내용	전혀 아님	가끔	자주	거의 항상
1. 놀이활동을 할 때, 각 신체기관 간의 협응이 잘 된다.				
2. 놀이하는 동안 적극적으로 신체를 움직인다.				
3. 놀이를 할 때 정적인 것보다는 동적인 것을 좋아한다.				
4. 놀이하는 동안 아이들의 접근에 쉽게 반응한다.				
5. 다른 아이들과 협동적으로 놀이한다.				
6. 다른 아이들과 놀잇감을 나누며 함께 놀이한다.				
7. 다른 아이들과 어울리려고 노력한다.				
8. 친구를 쉽게 사귄다.				
9. 다른 아이들과 놀이할 때 주도적이다.				
10. 자기의 독특한 놀이방법을 만들어 낸다.				
11. 놀이를 할 때 틀에 얽매이지 않고 자유롭게 놀잇감을 사용한다.				
12. 놀이하는 동안 한 활동만 고집하지 않고 활동들을 바꾸어 가며 한다.				
13. 놀이하는 동안 즐거워한다.				
14. 놀이하는 동안 감정을 자유로이 표현한다.				
15. 놀이를 하면서 노래를 부르거나 이야기한다.				
16. 다른 아이들과 우스운 이야기하기를 좋아한다.				
17. 놀이를 할 때 장난기가 많다.				
18. 재미있는 이야기를 잘한다.				
19. 우스꽝스러운 이야기를 들으면서 잘 웃는다.				
20. 놀이를 할 때 익살 부리기를 좋아한다.				

출처: 허승희(2019).

(4) 표준평정척도 작성 사례

관찰자에게 평정의 대상을 다른 일반 대상과 비교할 수 있도록 구체적인 준거나 표준을 제시하는 방법이다. 다음은 유아의 인지발달에 관한 표준평정척도 작성 예시이다.

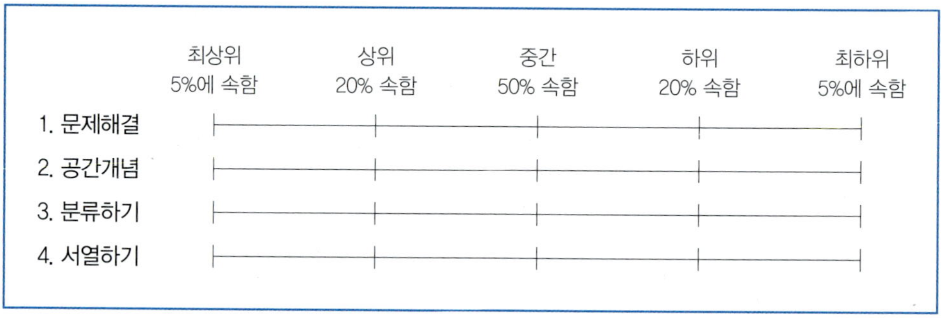

생각을 모아요

1. 다음의 일화기록을 보고 적합한 표현이 아닌 부분을 찾아 수정해 보세요.

관찰자	○○○	관찰일	20○○년 ○○월 ○○일
관찰대상	오수민	연령	만 3세
관찰장면	자유선택활동 쌓기놀이 영역	관찰시간	10시 30분 ~ 10시 40분
관찰기록	주원, 수민, 재석이와 함께 블록쌓기를 한다. 친구들과 번갈아 블록을 쌓는 과정에서 수민이 발등으로 블록이 쏟아지자 교사에게 “선생님! 블록이 발에 넘어졌어요”하고 말했다. 교사가 “우리 키보다 높게 쌓으면 무너질 때 다칠 수 있으니 조금 낮게 쌓아 볼까?” 해 주니 친구들에게 “다시 쌓자, 주원아~ 너무 높게 쌓지 마!” 하고 말한다. 그러자 재석이는 바닥에 앉아 블록놀이를 하기 시작했다. 그러나 다른 친구들은 계속해서 서서 블록을 높게 쌓아 올리다가 또 무너져 재석이의 발등에 쏟아졌다. 주원이는 재석이의 발등을 쓰다듬으며 “미안해~”라고 말하며, 이번에는 옆으로만 블록을 나열하여 다른 모양을 만들었다. 교사가 주원이에게 “무얼 만들고 있니?” 물어보니 “차 만들어요.”라고 이야기했다. 수민이는 계속해서 높게 쌓고 있는 친구들을 향해 “너무 높아, 어떡하지? 또 넘어지겠다, 발 아프겠다. 도망가야지.” 하며 소파로 피해 버렸다.		
수정			

2. 다음의 일화기록의 관찰 사례를 읽고 해석 및 지원의 내용을 토론해 보세요.

토론 예시 1

관찰자	○○○	관찰일	20○○년 ○○월 ○○일
관찰대상	김유민	연령	만 1세
관찰장면	자유선택활동	관찰시간	10시 00분 ~ 10시 10분
관찰기록	유민이는 교실을 서성이며 교사를 쳐다본다. 교사가 "유민이 뭐 할까?"하고 묻자 손가락으로 하윤이와 서영이가 활동하고 있는 책상을 가리킨다. 교사는 "유민이도 이거 같이하고 싶어요?" 하고 말하자 유민이는 고개를 끄덕인다. 교사는 유민이를 책상에 앉도록 한 후 투명한 병을 주고 유성매직을 열어서 보여 주며 "어떤 색으로 할까?" 하고 묻는다. 유민이는 초록색 유성매직 두 개를 집는다. 하나의 유성매직 뒤에 구멍이 있어서 유민이는 그 구멍에 다른 매직을 넣으려고 한다. 교사는 다른 친구들을 보다가 다시 유민이가 들고 있는 매직의 뚜껑을 열고 "여기에 그려 보자." 하며 투명한 병에 그림을 그리도록 한다. 교사가 다른 곳을 보자 유민이는 또 매직을 구멍에 넣으려고 한다. 교사는 다시 유민이를 보더니 "이번에는 스티커를 붙여 볼까?" 하며 유민이가 들고 있는 매직을 통에 담고 스티커를 떼서 손등에 붙여 주자 유민이는 매직을 쳐다보다가 손등의 스티커를 떼서 통에 붙인다.		
해석 및 지원			

토론 예시 2

관찰자	○○○	관찰일	20○○년 ○○월 ○○일
관찰대상	박서윤	연령	만 5세
관찰장면	자유선택활동	관찰시간	10시 30분 ~ 10시 40분
관찰기록	서윤이는 지민이 도현이와 함께 몰펀으로 집을 만든다. 집을 다 만든 뒤 "나는 엄마 할게." 하고 말하자 지민이가 "나도 엄마 하고 싶은데." 하고 말한다. 서윤이는 "그럼, 엄마가 둘이면 안 되는데... 내가 할게." 하고 말한다. 지민이도 "나도 하고 싶은데..." 하더니 "그럼, 가위바위보로 정하자!" 하고 제안한다. 서윤이는 잠시 생각하는 듯하더니 "아니야, 네가 해. 나는 다른 거 해도 돼." 라고 이야기한다.		
해석 및 지원			

토론 예시 3

<table>
<tr><td>관찰자</td><td>○○○</td><td>관찰일</td><td colspan="2">20○○년 ○○월 ○○일</td></tr>
<tr><td>관찰대상</td><td>이지유</td><td>연령</td><td colspan="2">만 5세</td></tr>
<tr><td>관찰장면</td><td>오전 자유선택활동</td><td>관찰시간</td><td colspan="2">12시 50분 ~ 13시 00분</td></tr>
<tr><td></td><td>사건 전</td><td colspan="2">사건</td><td>사건 후</td></tr>
<tr><td>관찰</td><td>자유놀이시간에 지유는 세인이와 각자 하고 싶은 그림을 골라 서로 옆자리에 앉아 함께 색칠을 하고 있다.</td><td colspan="2">세인이가 색칠한 것을 바라보던 지유가 “여기 리본은 노란색으로 하면 어때?”라고 한다. 세인이가 “나는 주황색으로 하고 싶은데?”라고 이야기하던 중 지유가 노란색 색연필로 세인이 그림의 리본을 색칠한다. 그러자 세인이가 “내가 주황색으로 하고 싶다고 했잖아!”라며 자신의 색칠 그림을 들고 다른 자리로 옮겨 간다.</td><td>잠시 놀란 듯한 표정을 짓던 지유가 세인이에게 다가가 “미안해, 나는 노란색이 잘 어울려 보여서 그랬어.”라고 한다. 그러자 세인이가 “알겠어, 대신 다음에는 내 그림 마음대로 색칠하지 마.”라고 하며 다시 함께 색칠을 한다.</td></tr>
<tr><td>해석 및 지원</td><td colspan="4"></td></tr>
</table>

토론 예시 4

관찰자	○○○	관찰일	20○○년 ○○월 ○○일
관찰대상	김동욱	연령	만 5세
관찰장면	오전 자유선택활동	관찰시간	13시 15분 ~ 13시 25분

	사건 전	사건	사건 후
관찰	실외활동시간에 바깥놀이터에서 동욱이가 장난감 전화기를 들고 준호, 민율이와 함께 경찰놀이를 한다. 준호가 "나도 전화기 좀 잠깐 빌려줘."라고 한다. 동욱이가 장난감 전화기를 건네며 "진짜 잠깐만이다."라고 한다.	전화기를 건네받은 준호가 "치직, 범인은 잡았나?"라고 이야기하며 민율이가 있는 쪽으로 다가가 함께 놀이한다. 잠시 뒤 동욱이가 준호에게 "전화기 이제 돌려줘."라고 하자 준호가 "싫어. 나도 전화기 필요해."라고 한다. 그러자 동욱이가 울먹이며 "잠깐만 쓰고 준다고 해서 내가 빌려준 거잖아!"라고 한다.	상황을 지켜보던 민율이가 "왜 싸워?"라고 하며 동욱이와 준호에게 다가간다. 동욱이와 준호가 전화기를 잡고 서로 실랑이를 하자 민율이가 "이렇게 하지 말고 그럼 우리 전화기랑 비슷하게 생긴 거 찾아볼까?"라고 한다. 동욱이와 준호가 고개를 끄덕이자 셋이 함께 놀잇감이 있는 곳으로 다가가 직사각형 모양의 나무 블록을 보며 "이거 전화기라고 하자!"라고 하며 다시 함께 경찰놀이를 시작한다.
해석 및 지원			

CHAPTER

3

놀이 환경

학습목표 관찰분석 자료를 활용하여 영유아 놀이지원 능력을 향상할 수 있다.

- 영유아 놀이공간 활용에 대한 이해
- 영유아 놀이에 적합한 공간구성 능력
- 영유아의 흥미를 고려한 공간을 구성하는 태도

영유아의 물리적 환경은 단순한 공간을 의미하는 것이 아니라 영유아의 배움과 발달이 일어나는 공간이다. 따라서 바람직한 교육이 일어나기 위해서는 적절한 물리적 환경 제공이 매우 중요하다. 놀이자료가 풍부한 물리적 환경은 영유아의 상상력을 자극하며, 융통성, 문제해결력, 창의적 능력이 발달되게 한다. 영유아의 놀이공간은 영역별로 모든 놀이가 반드시 배치되어야 하는 것은 아니며, 교사는 영유아의 놀이맥락에 따라 영역을 구성하거나 구조를 변화시키고 풍부한 놀이자료를 제공하는 등 적절한 물리적 환경을 지원할 수 있다.

좋은 물리적 환경은 영유아가 호기심을 가지고 자유롭게 탐색할 수 있는 안전한 환경이다(김혜윤 외, 2019). 영유아교육기관의 환경은 성장과 발달속도가 빠르고 감수성이 예민한 영유아를 대상으로 교육하는 곳이기 때문에 영유아가 보고 듣고 만지며 자유롭게 표현할 수 있도록 다양하게 구성되어야 한다. 영유아교육기관의 환경은 아늑하고 쾌적한 실내외 환경과 흙, 모래, 잔디, 시멘트 길 등의 실외놀이 시설을 갖추어야 하며, 세면장과 간식과 식사를 위한 시설들이 신체적 · 정서적 · 사회적인 영유아의 발달이 조화롭게 이루어지도록 물리적인 환경이 구성되어야 한다. 또한, 교사는 다양한 실내외 놀이 환경과 풍부한 놀이자료를 제공하여 영유아가 스스로 놀이활동 선택방법과 놀잇감이나 자료를 선택하는 방법을 익힐 수 있는 환경구성에 힘써야 한다.

교사는 영유아의 신체발달을 위하여 연령에 따라 각 공간을 구별하여 공간별로 놀이기구와 시설의 난이도를 달리 계획할 수도 있고, 한 공간이어도 다양한 운동능력 수준의 영유아들이 나름대로 적응하고 발달할 수 있도록 다양한 놀이기구를 제공하여 적합한 활동을 하도록 놀이 환경을 구성할 수도 있다. 영유아에게 편안하고 안정감을 제공하기 위하여 친환경적 마감 재료를 건축재로 사용하고, 창문 형태도 다양한 모양으로 만들고 천정에도 높낮이와 채광을 조절할 수 있도록 설계하는 것이 바람직하다. 놀이 환경 속에서 영유아는 친구들과 사회적인 관계를 형성하므로 영유아가 다른 친구들의 감정을 읽을 수 있는 환경, 다른 친구들과 협동하여 사용할 수 있는 놀잇감 제공이 필요하다. 영유아의 창의성을 돕기 위하여 새로운 놀이방법에 대한 심리적인 허용과 격려, 다양하고 새로운 재료의 제공, 활용 등 물리적인 지원이 모두 다 필요하다.

1. 영아 실내놀이 공간

교실을 포함한 실내 공간은 영아에게 가장 친숙한 놀이 환경 공간이다. 교실의 흥미영역은 영유아들이 가장 좋아하는 놀이를 중심으로 구성하는 것이 좋으며, 다른 영역과 통합하여 재구성하거나 다른 영역으로 대체하는 것도 가능하다. 또한, 영유아의 관심과 흥미, 요구에 따라 새로운 영역을 구성할 수 있으며, 영아의 경우 신체를 충분히 움직일 수 있는 공간을 구성해 주는 것이 필요하다. 교실 밖의 복도나 계단, 구석진 공간 등 영유아가 놀이할 수 있는 실내 공간은 먼저 안전에 문제가 없는지 파악하고 놀이공간으로 구성할 수 있다(보건복지부, 2020).

1) 0~1세 실내놀이 공간

0~1세 영아를 위한 실내 환경구성은 가정과 같이 편안하고 쾌적하며, 영아가 마음껏 주변을 탐색하며 놀이할 수 있는 안전한 환경이어야 한다. 또한, 영아가 혼자 쉬거나 놀이할 수 있는 개인적 공간도 필요하다.

영아를 위한 공간은 놀이공간, 식사, 휴식, 기저귀 갈이 영역으로 구성할 수 있다. 영아의 휴식 공간은 햇볕이 잘 들고 조용하고 편안하며 안정적인 분위기로 구성한다. 기저귀 갈이 영역은 환기가 잘 되고 기저귀를 간 후 바로 닦기 용이한 장소에 배치한다.

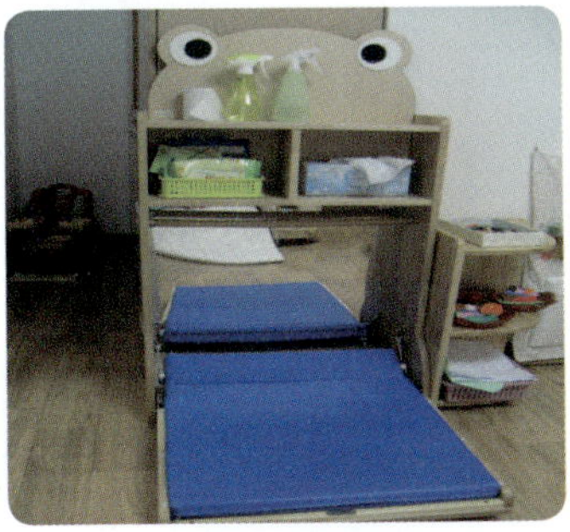

기저귀 갈이대

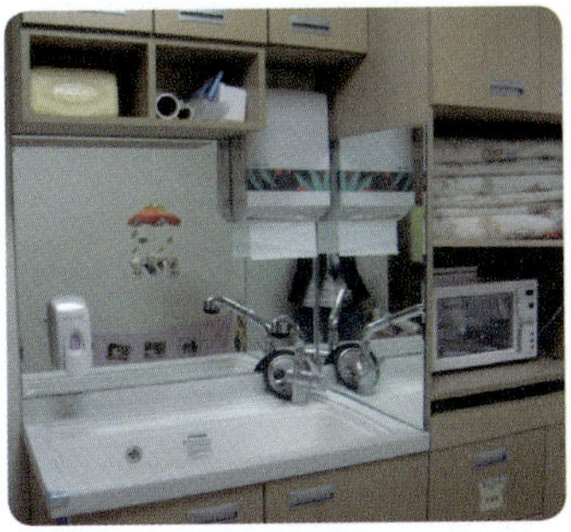

세면대

휴식 공간

놀잇감이 탐색을 자극하고 흥미로운 것들인 경우, 놀잇감은 영아의 기거나 걷는 활동을 자극할 수 있다. 따라서 영아는 그들이 자유롭게 몸을 움직이며 안전하게 기고, 스스로 몸을 일으키고 오를 수 있는 놀이공간이 필요하다. 모든 놀이자료의 위치는 영아의 눈높이에 위치하는 것이 좋으며, 무거운 것은 아래쪽에 놓는다. 또한, 바닥에 붙은 벽이나 기저귀 갈이 영역에 거울을 비치하여 영아가 자신을 관찰할 수 있도록 한다(윤희경 외, 2005). 놀이자료는 가볍고 튼튼해야 하며, 영아의 안전을 위하여 무독성 재질로 2.5cm 이상의 크기로 삼킬 수 없는 것을 준비해야 한다. 영아는 주로 입으로 놀이자료를 탐색하기 때문에 입으로 빠는 놀이자료는 매일 닦고 무독성의 전용 소독제로 소독하여 청결을 유지해야 한다.

신체놀이 공간

감각놀이 공간

쌓기놀이 공간

다음은 0~1세 실내놀이 공간에 관한 관찰을 평가할 수 있는 예시이다.

〈표 3-1〉 0~1세 실내놀이 공간 관찰평가 예시

관 찰 자: 관찰일시:
관찰기관: 관찰학급:

연령	범주	관찰사항	예	아니오
0~1세	수유	위생적인 수유, 이유 설비가 있다. (냉장고, 소독기, 우유병)		
	기저귀 갈이	기저귀 갈이대 근처에 관련 용품이 비치되어 있다. (물휴지, 일회용 장갑, 휴지, 소독제)		

연령	범주	관찰사항	예	아니오
0~1세	가구	책상 및 교구장은 표면이 둥글고 매끄러우며, 안전장치가 되어 있다.		
	교재 · 교구의 안전성	모든 놀이자료는 무독성이며 안전하다.		
	교재 · 교구의 청결성	놀이자료는 정기적으로 소독하며, 깨끗하게 유지 · 관리되고 있다.		
	교재 · 교구의 다양성	영아의 감각경험을 위한 다양한 놀이자료가 있다.		
	교재 · 교구 선정의 적절성	영아의 흥미와 발달을 반영한 놀이자료가 적절하게 배치되어 있다.		
비고		※ 관찰한 내용을 근거로 실내놀이 공간의 관찰사항을 '예' 또는 '아니오'로 평가한 후, 개선할 사항이 있으면 개선 방향을 제시한다.		

0~1세의 실내놀이 공간은 무엇보다 안전과 청결이 중요하며, 가정과 같이 편안하고 안정감을 줄 수 있어야 한다.

2) 2세 실내놀이 공간

2세 영아의 실내놀이 환경은 씻고 먹고 자는 등 기본적인 욕구를 충족시키는 일상생활 공간과 자연스럽게 오감을 이용해 주변을 탐색할 수 있는 놀이공간으로 나눌 수 있다. 영아가 기본생활을 경험할 수 있는 일상생활 공간은 영아가 편안하고 즐겁게 사용할 수 있도록 해야 하며, 영아의 눈높이에 맞는 세면대와 변기가 설치되어 있어야 한다. 또한, 영아가 놀이 도중 쉬거나 혼자 있을 수 있는 개인 공간이 필요하다. 개인 공간에는 영아의 언어를 자극하고 격려할 수 있도록 벽면에 가족사진이나 흥미를 보이는 사물의 사진 등을 비치하는 것이 좋다.

영아용 변기

영아용 세면대

휴식영역

영아의 놀이공간은 영아의 호기심에 따른 탐색이 활발히 일어날 수 있도록 직접 탐색하고 조작할 수 있는 다양한 종류의 안전한 놀이자료와 끼적이기 공간으로 구성할 수 있다. 영아는 유아와 달리 자신의 신체 조절이 부족하기 때문에 안전을 위해서 바닥에 매트나 카펫을 깔아 주어야 한다. 영아의 실내놀이 공간은 가정과 같이 안락한 공간으로 구성하고 상상놀이와 모방놀이가 활발하게 이루어질 수 있도록 충분한 공간을 준비해야 한다. 또한, 몸을 자유롭게 움직이면서 대근육 활동이 활발하게 일어날 수 있는 넓고 개방적인 공간도 필요하다.

쌓기놀이 공간

신체놀이 공간

상상놀이 공간

다음은 2세 영아의 실내놀이 공간을 관찰하고 평가할 수 있는 예시이다.

〈표 3-2〉 2세 실내놀이 공간 관찰평가 예시

관 찰 자:		관찰일시:		
관찰기관:		관찰학급:		
연령	범주	관찰사항	예	아니오
2세	교재 · 교구의 다양성	영아의 놀이에 따른 놀이자료가 다양하게 있다.		
	교재 · 교구 선정의 적절성	영아의 흥미를 반영한 놀이자료가 적절하게 있다.		
	교재 · 교구의 안전성	놀이자료가 파손되었거나 위험한 것이 있다.		
	교재 · 교구의 청결성	놀이자료가 깨끗하게 유지 및 보관되고 있다.		
	공간 크기	놀이활동을 하는 공간의 크기가 적절하다.		
	유사영역과의 인접성	흥미영역 간 통합 활동이 용이하다.		
	필요설비와의 인접성	필요한 놀이자료를 영아가 쉽게 가져올 수 있다.		
	소음방지	영아의 놀이가 서로 방해되지 않도록 바닥에 매트나 설비가 되어 있다.		
	정리정돈의 용이성	영아가 정리를 잘 할 수 있는 교구장이나 바구니가 있다.		
비고		※ 관찰한 내용을 근거로 실내놀이 공간의 관찰사항을 '예' 또는 '아니오'로 평가한 후, 개선할 사항이 있으면 개선 방향을 제시한다.		

2세의 놀이공간은 상상놀이나 모방놀이 등을 충분하게 놀이할 수 있도록 영아의 호기심과 흥미를 줄 수 있는 다양한 놀이자료와 환경으로 구성해야 한다. 또한, 이 연령대 유아의 블록놀이는 쌓거나 무너뜨리는 활동을 반복하는 시기이므로 놀이 중 서로 충돌이 일어나지 않도록 넓은 공간을 확보해 주어야 한다.

2. 유아 실내놀이 공간

누리과정에서의 놀이 환경은 실내외 놀이공간과 놀이자료 모두를 포함한다. 즉, 유아가 탐색하고 만지며 자유롭게 표현할 수 있는 놀이가 이루어질 수 있도록 다양한 실내외 놀이 환경과 풍부한 놀이자료를 지원해야 한다. 교실을 포함한 유아의 실내놀이 공간은 유아에게 가장 친숙한 공간이며, 교실의 흥미영역은 유아가 관심 있는 놀이를 지원할 수 있는 영역으로 구성한다. 유아가 흥미를 보이지 않는 영역은 다른 영역과 통합하거나 다른 영역으로 대체할 수도 있다. 또한, 유아의 흥미와 놀이에 따라 새로운 영역을 구성할 수 있으며, 공간이 협소해 유아의 놀이가 확장되는 것이 방해가 된다면 유아의 요구에 따라 가구를 치우고 공간을 넓힐 수도 있다. 그 밖에 유아가 새롭게 발견한 공간이나 복도, 계단, 구석진 작은 공간에서의 놀이를 요구할 경우, 유아와 함께 안전 여부를 확인한 후 놀이공간으로 활용할 수 있다.

유아의 놀이자료는 유아가 놀이 시 사용할 수 있는 놀잇감, 매체, 자료와 도구 등을 포함하며, 교사는 유아의 발달에 맞는 다양한 놀잇감과 자연물, 악기, 미술재료, 그림책, 재활용품 등을 제공할 수 있다(보건복지부, 2020). 유아의 놀이자료는 놀이활동을 하면서 필요를 요구할 때 지원하는 것이 바람직하며, 한정된 실내놀이 공간에서 영역별 놀이활동에 따른 놀이자료를 교실에 모두 배치하기보다는 유아의 놀이에 따른 기본적인 구성으로 배치하는 것이 더 효과적이다. 유아가 잘 가지고 놀지 않는 놀이자료는 별도의 자료 공간을 만들어 놀이별로 분류하여 정리하는 것이 좋다. 유아가 놀이 도중 필요한 자료를 요구하거나 문제해결을 위해 새로운 자료를 요구할 때, 교사는 유아와 함께 별도의 자료 공간에서 함께 찾아볼 수 있다. 유아에게 놀이자료는 자신의 감정과 생각, 상상 등을 자유롭게 표현할 수 있는 수단이며, 모든 일상적인 물건과 자연물 등은 유아의 놀이자료가 될 수 있다. 이러한 비구조적인 놀이자료는 유아의 상상력과 창의력을 발달시킨다.

핸드타월로 만든 구름

종이와 박스로 만든 투호

비닐로 만든 계곡

천으로 만든 텐트

비구조적인 놀이자료의 활용

유아의 놀이공간은 유아가 중심이 되어야 한다. 유아의 놀이의 흐름에 따라 다양한 공간이 활용될 수 있고 때로는 새로운 공간을 창조하기도 한다. 유아는 놀이를 하면서 실내와 실외 공간을 자연스럽게 이어가며 활동하기도 하고 다양한 놀이에 따라 영역을 새롭게 구성하기도 한다. 유아의 흥미에 따른 놀이는 놀이 영역 간의 경계를 허물고 함께하는 놀이공간으로 재구성을 한다.

1) 다양한 놀이공간의 활용

유아의 흥미에 따른 놀이는 공간의 제약을 받지 않고 다양한 공간을 연결해 사용한다. 즉, 자신이 만든 것들을 더 확장하기 위해 교실을 벗어나 복도나 계단을 활용하고자 한다. 교사는 이러한 유아의 자율적인 의견을 적극적으로 수용하고 다양한 공간에서 안전하게 놀이가 이루어질 수 있도록 지원해야 한다. 다음은 유아들이 다양한 놀이공간을 활용해 놀이하는 사례이다.

〈 떠다 택시 놀이 〉

유아들은 상자를 이용해 자동차를 만든 후 떠다 택시라는 이름을 붙여 주었다. 또한, 우주도시에서는 자동차 바퀴가 다 동그랗지 않을 거라며 네모난 바퀴를 만들었다. 그리고는 바퀴가 네모니까 자동차가 달리지 않고 점프를 해서 다닐 거라고 말하고 교실을 한 바퀴 돌고 나서는 복도까지 연결해 놀이를 하였다.

〈 별이 열리는 나무 〉

우주는 별이 많으니까 별이 열리는 나무도 있을 거라고 한 유아가 말하자 유아들은 별이 열리는 나무를 만들고 싶어 하였다. 어떻게 나무를 만들지 고민하던 유아들이 교실은 좁으니까 비상구 쪽 친구들이 많이 다니지 않는 복도에 나무를 만들자고 하였다. 복도에 나무를 만들고 나서는 별이 열리는 나무지만 나뭇잎도 필요할 것 같다며 손바닥을 찍어서 나뭇잎을 만들어 주었다.

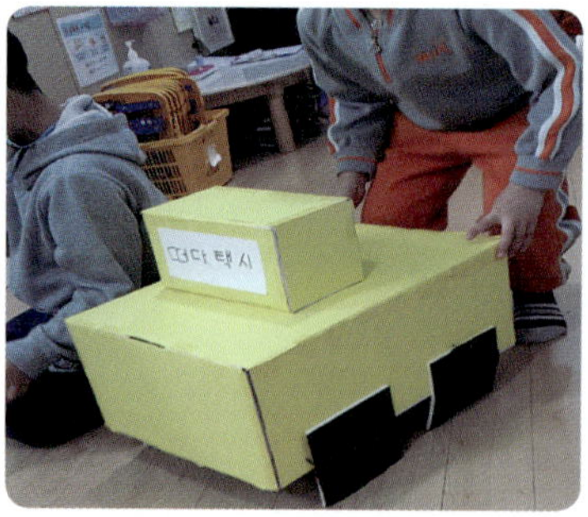

교실 밖으로 나온 택시

복도에 만든 별이 열리는 나무

다양한 놀이공간

2) 실내 · 실외 공간 연결 놀이

유아는 놀이에 따라 실내에서 실외로 실외에서 실내로 연결하여 자유롭게 공간을 활용할 수 있다. 다음은 교실에서 시작된 놀이가 실외놀이 공간에서도 연결되는 것을 보여 주는 사례이다.

유아들은 재활용품 박스를 이용해 구슬치기 놀이 틀을 만들고 놀이를 하였다. 구슬을 이용한 놀이에 흥미를 느낀 유아들이 바깥놀이 시간에도 구슬을 가지고 나가 놀이하고 싶어 한다. 한 유아가 놀이터에서 나뭇잎을 발견하고 나뭇잎을 이용해 또 다른 구슬놀이를 시작하였다. 유아들의 교실에서 시작된 구슬치기놀이는 실외놀이 공간에서 나뭇잎 구슬놀이로 연결되어 다시 시작되었다.

박스를 이용한 구슬놀이(실내)

나뭇잎을 이용한 구슬놀이(실외)

구슬놀이

3) 교실 영역 경계 허물기

기존에 각각의 영역으로 구분되어 있던 흥미영역은 유아의 자유로운 놀이를 통해 통합되거나 새로운 공간으로 활용할 수 있다. 유아의 흥미에 따른 놀이는 영역의 경계를 허물고 공간을 효율적으로 사용하기 위해서는 서로 협동하고 배려해야 한다는 것을 유아 스스로 깨닫게 한다. 다음은 유아들이 기존 영역의 경계를 허물고 놀이를 확장하면서 서로 협동하고 놀이하는 것을 보여 주는 사례이다.

유아들이 박스를 이용해 우주선을 만들기 시작했다. 교사에게 반짝이는 종이가 필요하다고 유아가 요구하여 지원해 주었더니 다양한 모양을 만들어 우주선을 꾸미고 문도 만들어 주었다. 색종이로 만든 우주선도 붙여 주었다. 한 유아가 우주선으로 들어가다가 머리를 부딪치자 '머리 조심'이라는 글씨도 써서 붙여 놓는다. 우주선 위에 붙인 삼각형 모양이 자꾸 쓰러지자 유아들은 한참을 고민하다가 요구르트병을 붙여 지지대를 만들자고 하였다. 또한, 교실에서는 우주선이 날아가기가 좁다는 의견이 나와 복도 공간으로 우주선을 옮겨 놓고 놀이를 하였다.

복도로 나온 우주선

우주선 만들기

우주선이 날아가려면 우주선 발사대가 필요하다는 의견이 나오면서 유아들은 우주선 발사대를 만들기 시작하였다. 유아들이 우주선 발사대는 길게 만들어야 하는데 블록 영역이 너무 좁다며 교실 중앙으로 가지고 와서 만들기 시작하였다. 몇 명의 다른 유아들은 발사대에서 사용할 우주선을 색종이를 이용하여 접고 있다.

교실 중앙의 우주선 발사대

우주선 발사대

캠핑놀이에는 모닥불이 필요하다고 유아들은 의견을 제시하였다. 많은 사람들이 모닥불에 앉기 위해서는 공간이 좁다고 판단한 유아들이 교구장을 치우고 싶다고 요청하였다. 유아들과 함께 교구장을 복도로 옮기고 난 후 넓어진 교실 공간에서 블록으로 많은 사람이 모여 앉을 수 있는 커다란 모닥불을 만들고 바비큐 놀이를 하였다.

블록을 이용한 모닥불

바비큐 놀이

4) 유아의 흥미에 따른 놀이공간 활용

유아는 놀이에 따라 둘 이상의 영역의 내용을 통합하거나 구성하면서 새로운 놀이방법을 만들어 간다. 따라서 교사는 유아의 흥미에 따른 놀이가 확장될 수 있도록 다양한 놀이를 수용하고 영역의 통합을 허용해야 한다. 다음은 유아들이 흥미에 따라 놀이공간을 다양하게 활용하는 것을 보여 주는 사례이다.

- 유아들이 만들고 싶어 하는 텐트가 커서 교실 공간에 들어갈 수 없자 유아들은 교실의 책상과 교구장을 다른 곳으로 옮긴 후 만들기 시작하였다. 유아들이 만든 텐트는 비밀스러운 새로운 공간으로 창조되어 놀이가 시작되었다.
- 유아들은 놀이를 하다가 힘들면 쉴 수 있는 공간이 필요하다며 블록을 이용해 교사 책상 앞에 휴게 공간을 만들었다.
- 유아들이 비닐을 이용하여 교실바닥에 강을 만들고 스펀지블록을 가지고 낚시터를 구성하였다. 유아들은 스펀지블록으로 만든 낚시터에 의자를 놓고 앉아서 낚시 놀이를 하였다.

교사 책상 옆에 만든 휴게 공간

입체적 놀이

낚시 놀이

유아의 흥미에 따른 다양한 놀이

5) 함께 놀이하는 공간

유아는 교사의 도움 없이 스스로 놀이를 하면서 필요한 놀잇감을 만들고 서로 의견을 나누며 함께 놀이를 할 수 있다. 다음은 유아들이 스스로 협력하고 의견을 나누며 함께 놀이하는 공간의 사례이다.

미술영역에서 자신이 만든 아이스크림을 넣기 위해 유아들은 상자를 이용하여 냉동고를 함께 만들었다. 유아들이 만든 냉동고를 교실에 놓기에는 공간이 좁자 유아들은 책상을 치우기 시작하였다. 유아들은 책상을 치운 자리에 냉동고를 놓고 아이스크림 가게 놀이를 하였다. 유아들은 다시 수영장 놀이를 하면서 수영장에서는 배가 고프니까 매점이 필요하다는 의견이 제시되었다. 유아들은 수영장 공간 옆에 있는 교구장을 치운 뒤 매점을 만들었고 매점에서 무엇을 팔면 좋을지를 함께 고민하였다.

재활용 상자로 만든 냉동고

아이스크림 가게 놀이

매점 놀이

함께 하는 놀이

다음은 유아의 실내놀이 공간을 관찰할 수 있는 평가의 예시이다.

〈표 3-3〉 유아 실내놀이 공간 관찰평가 예시

관 찰 자: 관찰기관:	관찰일시: 관찰학급:		
범주	관찰사항	예	아니오
교재 · 교구의 다양성	유아의 놀이에 따른 놀이자료가 다양하게 있다.		
교재 · 교구 선정의 적절성	유아의 흥미를 반영한 놀이자료가 있다.		
교재 · 교구의 안전성	놀이자료가 파손되었거나 위험한 것이 있다.		
교재 · 교구의 청결성	놀이자료가 깨끗하게 유지 및 보관되고 있다.		
공간 크기	놀이활동을 하는 공간의 크기가 적절하다.		
유사영역과의 인접성	흥미영역 간 통합 활동이 용이하다.		
필요설비와의 인접성	필요한 놀이자료를 유아가 쉽게 가져올 수 있다.		
소음방지	유아의 놀이가 서로 방해되지 않도록 바닥에 매트나 설비가 되어 있다.		
폐품의 활용	유아가 놀이활동을 하는 데 폐품이 충분하다.		
정리정돈의 용이성	유아가 정리를 잘 할 수 있는 교구장이나 바구니가 있다.		
유아의 작품	다음날 계속 만들 수 있는 보관 장소가 있다.		
	작품을 전시할 공간이 있다.		
실 · 내외 활동의 용이성	유아의 흥미에 따른 놀이활동이 실내와 실외로 이동하는 데 용이하다.		
비고	※ 관찰한 내용을 근거로 실내놀이 공간의 관찰사항을 '예' 또는 '아니오'로 평가한 후, 개선할 사항이 있으면 개선 방향을 제시한다.		

기존의 흥미영역별로 구성되어 있던 놀이공간은 유아의 흥미와 놀이에 따라 재구성될 수 있으며, 놀이에 방해가 된다면 가구나 놀이자료를 빼서 공간을 넓히거나 두 영역 공간을 하나로 통합할 수 있다. 유아의 놀이공간은 함께하는 공간으로 유아들이 서로 협의하고 협력하면서 새로운 공간을 만들거나 하나의 놀이로 통합될 수 있다. 교사는 유아의 놀이를 지지하고 격려하면서 유아들이 놀이공간을 만들어 나갈 수 있도록 지원해야 한다.

3. 영유아 실외놀이 공간

실외 공간은 영유아가 마음껏 뛰어놀며, 자연과 계절의 변화를 만나고 탐색할 수 있는 놀이 환경이다. 영유아가 몸을 충분히 움직여 즐겁게 놀이하고 위험으로부터 보호할 수 있는 안전한 공간과 자료로 구성해야 한다. 또한, 궁금한 것을 찾아 자유롭게 탐색할 수 있는 놀이 환경을 구성한다. 실외 자투리 공간, 텃밭, 통로, 작은 마당 등은 공간의 특성과 안전을 고려하여 놀이 환경으로 구성하며, 어린이집의 상황에 따라 인근 공원과 놀이터 등도 놀이공간으로 활용할 수 있다(보건복지부, 2020).

텃밭

인근 공원

놀이터

실외놀이 공간은 환경적으로 실내와는 다른 특징을 제공하기 때문에 유아에게 독특한 놀이경험을 제공한다. Decker와 Decker(2001)는 실외놀이장이 갖추어야 할 바람직한 조건을 다음과 같이 제시하였다(이숙재, 2001, 재인용).

첫째, 다양한 놀이를 할 수 있는 공간이 되어야 한다. 유아의 놀이공간은 실내와 실외가 놀이 흐름에 따라 자연스럽게 연결되도록 구성되어야 한다. 둘째, 즐거움을 주는 공간이어야 한다. 유아가 다양한 감각을 통해 즐거움을 경험할 수 있어야 하며, 아름다운 자연을 느낄 수 있도록 배려해야 한다. 셋째, 안전해야 한다. 안전한 시설 점검과 안전규칙을 적절하게 지도하여 유아가 안전하게 놀이할 수 있어야 한다.

신체활동

자연물 탐색

계절의 변화

실외놀이 공간은 운동놀이 영역, 모래 · 물놀이 영역, 자연탐구 및 관찰영역, 작업영역, 휴식영역 및 놀이자료를 보관할 수 있는 보관 창고 등으로 구성할 수 있다(교육부 · 보건복지부, 2013). 실외놀이 공간에서 갖추어야 할 놀이자료로는 다음과 같다.

- 물놀이 자료: 아기 목욕통이나 큰 대야, 물조리개, 플라스틱 세제 통, 샴푸 통 등 여러 종류의 폐품
- 모래놀이 자료: 모래놀이 테이블, 다양한 크기와 색깔의 용기, 부엌 용품, 모

종삽, 고운 체, 깔때기, 갈퀴

- 운동놀이 자료: 미끄럼틀, 그네, 시소 등

다음은 영유아의 실외놀이 공간을 관찰하고 평가할 수 있는 관찰평가의 예시이다.

〈표 3-4〉 실외놀이 공간의 관찰평가 예시

관찰사항		예	아니오
1. 몸을 충분히 움직여 자유롭게 놀이할 수 있는 공간이다.			
2. 발달에 적합한 다양한 놀이기구를 구비하고 있다.			
3. 실외 공간 바닥 표면이 미끄럽거나 위험하지 않다.			
4. 흥미에 따른 놀이자료는 적절하다.			
5. 다양한 활동을 위한 영역이 배치되어 있다. (예: 물놀이, 모래놀이, 운동놀이기구 등)			
비고	※ 관찰한 내용을 근거로 실외놀이 설비와 놀이자료의 관찰사항을 '예' 또는 '아니오'로 평가한 후, 개선할 사항이 있으면 개선 방향을 제시한다.		

교사는 영유아들이 실외놀이를 할 때 다양하게 탐색하고 놀이할 수 있도록 환경을 구성해야 한다. 영유아가 흥미를 보이는 동물이나 식물을 놀이자료를 제공하거나 흥미를 줄 수 있는 다양한 활동 영역을 배치하는 것이다.

4. 영유아 시설 및 설비

시설 · 설비를 청결하고 안전하게 관리하는 것은 영유아의 건강과 정서적 발달을 위해 반드시 필수적이다. 영유아가 생활하는 교실을 포함한 모든 시설은 청결하게 관리가 되고 있는지, 놀이자료 및 위험한 물건은 안전하게 관리되고 있는지, 비상사태를 대비한 설비 및 시설은 잘 관리되고 있는지를 관찰해야 한다(김혜윤 외, 2019). 다음은 시설 · 설비의 관찰기록과 안전점검표 사례이다.

〈표 3-5〉 유아교육기관 시설 · 설비의 관찰기록 사례

시설 · 설비			관찰결과
실내	흥미영역의 구성		5개 영역에 기반하여 흥미영역이 구성되어 있다.
	놀이자료의 안전 및 청결		놀이자료가 부서지거나 망가진 것이 없으며, 청결하게 관리되어 있다.
	놀이활동 공간 확보		반의 공간이 넓고 강당이 따로 있다.
	공간구성의 융통성		영역 간 활동 시 공간 활용이 유연하게 이루어지도록 구성되어 있다.
	교구장의 배치 상황		교실 벽면을 이용하여 영역 및 교구장 배치가 이루어져 있다.
	개인 사물함의 위치		들어오는 문 입구에 개인 사물함이 있다.
	교실 문의 상태 (창, 손잡이)		문은 나무로 되어 있으며, 문손잡이는 유아의 높이에 맞추어져 있다. 미닫이 문에는 안전 스펀지가 설치되어 있다.
	게시판의 높이		유아의 눈높이에 맞춘 이동형 게시대와 창문 높이에 맞춘 게시대가 있다.
	창문의 높이		바닥으로부터 100cm의 높이에 창문이 있다.
	계단의 높이		14.5cm의 높이로 유아가 오르기에 적당하다.
	채광 및 환기 상태		통창문이 있어 채광이 좋고 전면 개폐가 아닌 창문으로 안전성과 환기가 적정하다.
	실내 바닥		나무 무늬 장판이다. 유아는 실내화 또는 덧신을 신고 생활한다.
	안전장치		교실 여닫이문에 손끼임 방지가 있으며, 콘센트에 안전덮개가 설치되어 있다.
실외	실내에서 실외로 연결되는 통로 및 문의 상태		중앙계단을 이용하며, 각 층에는 방화문이 설치되어 있다.
	동물 사육장, 식물 재배장의 유무		조그만 식물이 있지만 식물 재배장은 따로 없고 1층에 다양한 동물이 유아의 눈높이에 맞추어 전시되어 있다.
	마당의 바닥 상태		푹신한 고무바닥으로 되어 있다.
	실외 놀이 기구	종류	실외놀이터 조합놀이대 1조, 실내 강당에 미끄럼틀이 있다.
		유동성	실외는 고정형, 실내는 유동이 가능하다.
		안전 상태	바닥이 푹신해서 뛸 때 무리가 없고 넘어졌을 때 비교적 안전하다.
		재질	플라스틱 재질로 되어 있다.
화장실 및 세면대			층마다 남녀 화장실이 있으며, 유아 키에 적당한 세면대와 변기가 있다.

〈표 3-6〉 어린이집 통합안전점검표 예시

(점검상태: 양호 ○, 보통 △, 불량 ×)

구분	점검항목	점검결과						조치사항
		/	/	/	/	/	/	
		월	화	수	목	금	토	
실외 환경	어린이집 보호벽 및 주변의 관리 상태는 양호한가?							
	실외놀이 공간 주변의 돌, 유리 조각, 요철, 녹이 슨 부분, 벗겨진 페인트, 돌출된 모서리가 방치되어 있지는 않은가?							
	놀이터 바닥에 오물, 방치된 물웅덩이가 없는가?							
실내 환경	문과 창문 등의 추락 위험은 없는가?							
	바닥에는 다칠 수 있거나 미끄러운 곳이 없는가?							
	복도, 계단, 비상계단, 미끄럼대 등에 방치된 물건이 없어 피난계단, 미끄럼대 등을 사용하기에 양호한가?							
	보육용품이나 비품 유리창 등에 날카로운 모서리 등이 없는가?							
놀잇감 및 놀이 기구	망가져 날카롭고 위험한 것 또는 부품이 빠지거나 작은 볼트 등이 빠진 것은 없는가?							
	유해 색소가 칠해진 놀잇감은 없는가?							
	영유아가 삼킬만한 작은 놀잇감이나 부품은 없는가?							
	놀잇감 및 놀이기구의 수납 상태가 양호한가?							
화장실 세면대	화장실 내 세제나 락스 등 위험한 물건이 영유아의 손이 닿는 곳에 방치되어 있지 않은가?							
전기 화기 위험물	콘센트는 안전덮개로 보호되어 있는가?							
	화기에 의한 안전사고 위험은 없는가?							
	위험물에 의한 안전사고 위험은 없는가?							

생각을 모아요

실습을 다녀온 유아교육기관의 시설 · 설비 관찰에 대해 서술해 보세요.

시설 · 설비			관찰결과
실내	흥미영역의 구성		
	놀이자료의 안전 및 청결		
	놀이활동 공간 확보		
	공간구성의 융통성		
	교구장의 배치 상황		
	개인 사물함의 위치		
	교실 문의 상태(창, 손잡이)		
	게시판의 높이		
	창문의 높이		
	계단의 높이		
	채광 및 환기 상태		
	실내 바닥		
	안전장치		
실외	실내에서 실외로 연결되는 통로 및 문의 상태		
	동물 사육장, 식물 재배장의 유무		
	마당의 바닥 상태		
	실외 놀이 기구	종류	
		유동성	
		안전 상태	
		재질	
화장실 및 세면대			

생각을 모아요

실습 다녀온 유아교육기관에서 관찰한 실내놀이 환경 배치도를 그려 보고 가장 기억에 남는 유아의 놀이상황과 교사의 환경지원에 대해 기록해 보세요.

실내 놀이 환경(교실)

관찰일시: 20○○. ○○. ○○.
관찰학급: 초록반(만 5세)
관 찰 자: ○○○

교실 배치도

(※ 관찰한 교실 놀이 환경 배치도 그리기)

놀이상황	교사의 지원

CHAPTER

4 하루 일과의 관찰

학습목표 하루 일과에 따라 행동관찰을 실시하며 적합하게 기록할 수 있다.

- 하루 일과에 따른 관찰자료 기록방법 이해
- 하루 일과 중 관찰된 내용을 적합하게 기록하는 능력
- 객관적으로 관찰하려는 태도

1. 일과의 관찰

개정 누리과정에서의 하루 일과는 바깥놀이를 포함하여 영유아의 놀이가 충분히 이루어질 수 있도록 편성하여 운영하는 것이다. 영유아의 놀이에 따라 일과 운영은 확장하거나 축소하여 편성할 수 있으며, 각 기관이나 학급의 실정에 맞는 계획을 수립하여 운영할 수 있다. 이러한 일과 운영은 영유아가 흥미와 관심에 따라 놀이에 자유롭게 충분히 참여하며 놀이와 활동의 경험을 통해 스스로 배울 수 있는 놀이중심 교육과정의 실행을 위한 과정이다. 교사는 하루 일과의 운영에 있어 미리 계획한 일과 순서에 얽매이지 않고 영유아의 흥미와 관심에 따라 일과 순서를 바꾸거나 축소 및 확대하여 놀이를 지원하고 개별 유아의 요구에 따라 휴식 및 일상생활이 원활하게 이루어지도록 해야 한다. 영유아의 하루 일과는 등원, 간식 및 급식, 자유놀이, 낮잠, 귀가의 순서로 이루어진다. 영아는 개개인의 기분이나 신체적 상태, 욕구를 토대로 하루 일과를 진행하며, 유아는 흥미를 보이는 놀이활동에 따라 하루 일과를 진행할 수 있다. 따라서 교사는 하루 일과를 관찰하면서 영유아가 어떠한 것에 관심과 흥미를 보이는지, 무엇이 필요한지를 살펴보고 적절한 지원을 제공하여 영유아가 편안하고 즐거운 생활을 할 수 있도록 하여야 한다. 다음은 하루 일과에 대한 교사의 관찰방법과 평가에 대한 내용을 살펴보고자 한다.

1) 등원

영유아는 가정에서 기관으로 이동하는 등원 과정에서 정서적 전환을 느끼게 된다. 즉, 부모로부터 분리되어 기관의 일과에 참여하기 위한 장소와 감정의 변화이다. 이러한 과정에서 영유아는 전날 가정에서의 기분이나 수면, 식사, 건강 상태에 따라 등원 시 다른 모습을 보일 수 있다. 따라서 교사는 등원 시 영유아를 반갑게 맞이하면서 영유아의 건강 상태, 기분, 수면에 대한 정보를 보호자와 교환하고 하루 일과 지도 시 참고하여야 한다. 또한, 등원하는 영유아를 직접 살펴보거나 질문을 하면서 건강 상태를 파악해야 한다.

교사는 영유아의 등원 시 행동을 관찰하는 것을 통해 영유아의 기본생활습관을 평가할 수 있다. 다음은 등원 시 영유아의 기본생활습관 평가를 위한 관찰평가의 예시이다.

관찰유아: ○○○(여)　　생년월일: 20○○. ○○. ○○.
관찰장소: ○○○○　　관 찰 자: ○○○
관찰일시: 20○○. ○○. ○○.(○요일) 10 : 00 ~ 10 : 10 (10분간)
관찰장면: 유아의 등원 시 행동

※ 등원 지도의 내용 및 운영

범주	내용	실시자			비고
		영유아 스스로	교사의 도움으로 영유아가	교사가 전적으로	
등원 시 영유아의 행동	부모와 헤어지기/못 떨어짐				
	교사와 인사하기				
	친구와 인사하기				
	외투/신발 정리하기				
	소지품 정리				
	아무것도 안 하고 돌아다니기				

범주	내용	관찰 여부	비고
등원 시 교사의 행동	소지품 정리 돕기		

교사는 등원 시 영유아의 '교사와 친구에게 인사하기', '외투와 신발 정리하기', '자기 소지품 정리하기' 등의 기본생활습관을 '스스로 하는지', '도움이 필요한지', '전혀 하지 않는지'를 살펴봄으로써 영유아의 현재 상태를 파악할 수 있다. 교사는 등원 시 영유아의 행동을 지속적으로 관찰하여 변화되는 과정을 파악할 수 있으며, 영유아의 행동이 부정적으로 반복되는 경우 원인을 살펴보고 이에 도움을 지

원할 수 있는 방안을 검토해야 한다.

영유아의 등원 관찰 시, 영유아가 가지 않겠다고 떼를 부리는 경우 교사는 등원을 거부하는 행동에 관한 이유를 살펴보아야 한다. 영유아가 등원을 거부하는 이유는 영유아교육기관 자체의 문제보다는 대개 여러 가지 다른 이유에서 비롯된 경우가 많다. 대부분은 엄마와 떨어지기 싫어서인 경우가 많으며, 그 밖에 편식을 하거나 영유아의 발달 수준보다 교과과정이 어려운 경우 등원을 거부할 수 있다. 또한, 영유아의 발달상 정상적으로 일어날 수 있는 일시적인 퇴행 현상으로 등원 거부가 일어나 수 있다. 예를 들어, 동생이 태어났거나 이사를 하거나 영유아교육기관이나 선생님이 바뀐 경우이다(김경회 외, 2005). 교사는 부모와 분리하기 어려워하는 경우 놀잇감이나 하루 일과에 대한 기대를 가질 수 있는 질문이나 흥미를 유발시켜 영유아가 부모와 편안하게 헤어질 수 있도록 유도해야 한다. 다음은 등원을 거부하는 유아와 이에 대한 교사지원에 관한 사례이다.

<table>
<tr><td>관찰자</td><td>○○○</td><td>관찰일</td><td>20○○년 3월 5일</td></tr>
<tr><td>관찰대상</td><td>김소율</td><td>연령</td><td>만 3세</td></tr>
<tr><td>관찰장면</td><td>울면서 등원하는 유아</td><td>관찰시간</td><td>9시 40분 ~ 10시 00분</td></tr>
<tr><td>관찰기록</td><td colspan="3">소율이는 유치원 입구에 있는 장애인용 봉을 잡고 울면서 “안 가. 안 가.”를 반복하며 운다. 엄마는 소율이의 손을 잡고 봉에서 손을 떼려고 하고 있지만 울면서 버티는 소율이의 손을 떼지 못한다. 엄마는 소율이에게 “소율아, 그만 울어. 선생님들이 모두 나오셔서 기다리고 있잖아.”하고 말하지만 소율이는 “싫어, 안 간다고~” 하며 봉에 매달려 버티고 있다. 교사가 나가서 “소율아, 너무 추우니까 안에 들어가자.”하고 달래보지만 소율이는 계속 소리 지르며 운다. 교사가 소율이를 안고 엄마가 소율이의 손을 봉에서 강제로 뗀 후 교사는 유치원 안으로 들어온다. 엄마는 “소율아, 엄마가 일찍 데리러 올게.” 하고 간다. 소율이는 계속 울면서 발버둥을 치다가 교사가 사무실에 데리고 가서 내려놓자 서서 계속 “안 가. 안 가.” 하며 운다.</td></tr>
<tr><td>해석 및 지원</td><td colspan="3">• 소율이는 엄마가 안 보이자 울지만, 밖으로 나가려고 하지는 않는다.
• 교사가 소율이가 안정될 때까지 안아서 달래 줄 필요가 있다.
• 교사는 소율이에게 시계를 보여 주며 일과를 설명해 준다.
• 점심을 먹고 나면 엄마가 오신다는 것을 반복해서 알려 준다.
• 엄마에게 일찍 오시도록 안내한다.</td></tr>
</table>

영유아가 등원을 거부하는 경우 교사는 영유아의 마음을 읽어 주면서 선생님과 친구들이 오기를 기다리고 있었으며, 함께 놀이하고 싶어 한다는 것을 이야기해 주는 방법으로 상호작용하면서 도움을 줄 수 있다.

2) 급식 및 간식

교사는 급식 및 간식 시간을 통해 영유아가 스스로 손을 씻고 음식을 먹는 위생 지도를 한다. 또한, 음식을 즐겁게, 바른 태도로 섭취하는 습관을 기르도록 하는 것이 좋다. 영유아교육기관에서의 급 · 간식 시간을 통하여 영유아는 편식지도를 받고 음식의 양 조절 및 식사태도를 형성한다. 영유아의 식습관은 연령에 따라 발달하며 다음과 〈표 4-1〉과 같다.

〈표 4-1〉 연령에 따른 식습관 발달

연령	식습관 발달
0~1세	• 모유나 인공유를 먹던 영아가 6개월부터 반유동식을 맛볼 수 있게 되며, 일정 시간에 이유식을 먹을 수 있음 • 8개월 이후부터 고형식을 맛볼 수 있게 되며, 수저를 이용해 스스로 먹어보려 함
1~3세	• 소근육이 발달되면서 점차 혼자서도 숟가락이나 포크를 잡고 음식을 먹을 수 있게 됨 • 스스로 음식을 먹는 것에 즐거움을 느끼지만, 아직 음식을 먹다 흘리는 경우가 종종 있음 • 다양한 맛을 즐기고 먹을 수 있는 음식이 많아지며 맛이나 음식에 대한 선호도가 생김
3~4세	• 신체활동량이 많아지고 신진대사와 소화흡수기능이 좋아지면서 식욕이 증가하고 식사량도 늘어남 • 숟가락, 포크, 컵 등의 식사도구를 스스로 사용할 수 있음 • 자리에 앉아서 바른 태도로 식사에 임할 수 있음
5~6세	• 다양한 식사 재료나 음식에 대한 관심이 점차 많아지고, 골고루 먹는 것이 건강에 미치는 긍정적인 영향에 대해 알게 됨 • 식사도구 사용도 능숙해지고 다양한 맛과 음식에 익숙해지면서 식사 시간을 보다 편안하게 즐기게 됨 • 젓가락을 사용할 수 있지만 아직 능숙하지 않음 • 식사 규칙이나 예절을 구체적으로 배우고 익힐 수 있음

출처: 보건복지부 · 육아정책연구소(2013).

교사는 영유아의 급식 및 간식을 지도하면서 개개인의 발달 사항을 관찰할 수 있다. 다음은 급식 및 간식 관찰평가 예시이다.

관찰유아: ○○○(남) 생년월일: 20○○. ○○. ○○.
관 찰 자: ○○○ 관찰장소: ○○○
관찰일시: 20○○. ○○. ○○.(○요일) 12 : 00 ~ 12 : 10 (10분간)

범주	관찰내용	못함	양호	잘함
스스로 먹기	흘리지 않고 음료를 컵에 따를 수 있다.			
	흘리지 않고 식사를 할 수 있다.			
	수저를 바르게 사용한다.			
편식하지 않기	편식하지 않고 골고루 먹는다.			
바르게 먹기	음식을 입에 담은 채 이야기하지 않는다.			
	자신의 자리에 바르게 앉아서 먹는다.			
	자신이 흘린 것은 자신이 치운다.			
	돌아다니면서 먹지 않는다.			
질서 지키기	손 씻을 때 차례를 지킨다.			
	간식을 탈 때 차례를 지킨다.			
비고				

출처:오영희 외(2002) 재구성.

교사는 급식 및 간식 시간의 관찰평가를 통해 영유아가 흘리지 않고 컵에 물을 따르거나 수저를 바르게 사용하는 것을 관찰하면서 소근육의 현재 발달 상황을 파악할 수 있다. 또한, 간식 시간에 차례를 지키거나 음식을 돌아다니면서 먹지 않는 모습 등을 살피면서 사회적 태도도 관찰할 수 있다.

영유아가 급식 및 간식 시간에 문제행동을 보이는 경우 교사는 상호작용을 통해 지원할 수 있다. 예를 들어, 유아가 음식을 입에 물고 삼키지 않는 경우 교사는 구강건강 동화 및 식습관 동화를 활용해서 유아가 스스로 인식할 수 있게 도움을 줄 수 있다. 영유아가 돌아다니며 먹는 경우, 앉아서 먹을 때 칭찬을 해 주어 긍정적인 행동을 강화할 수 있다. 너무 빨리 먹거나 너무 늦게 먹는 경우에는 “꼭꼭 씹어서 먹어 볼까?”라는 말과 함께 교사가 씹는 모습을 유아가 모델링할 수 있도록 시범을 보인다. 다음은 유아의 급식 시간에 보이는 문제행동과 이에 따른 교사의 지원 사례이다.

관찰자	○○○	관찰일	20○○년 3월 5일
관찰대상	이지민	연령	만 4세
관찰장면	싫은 반찬을 바닥에 버리는 유아	관찰시간	12시 00분 ~ 12시 20분
관찰기록	지민이는 식판을 들고 교사에게 “난 이거(취나물) 싫어요.” 하고 말한다. 교사는 “지민아, 조금만 먹어 보자.” 하며 식판에 나물을 조금만 담아 준다. 지민이는 자리에 앉아서 밥을 먹는다. 지민이는 젓가락으로 나물을 조금 집더니 바닥에 떨어뜨리고 교사에게 “선생님, 이거 떨어졌어요.”라고 말한다. 교사가 “떨어진 건 먹지 마세요.”라고 말하자 떨어진 나물을 주워 책상에 놓는다. 다시 밥을 한 숟가락 먹은 후 남아 있는 나물을 젓가락으로 집어 다시 떨어뜨리고 다시 주워서 좀 전에 놓은 나물 위에 놓고 밥을 먹는다. 옆에 있던 “지우에게 바닥에 떨어진 건 안 먹는 거야.” 한다.		
해석 및 지원	• 지민이는 나물을 싫어하는 것을 바닥에 떨어뜨리는 행동으로 표현한다. • 지민이가 나물을 바닥에 떨어뜨린 행동에 대해서 잘못된 행동임을 알려줄 필요가 있다. • 반찬의 조리법이나 우리 몸에 어떤 점이 좋은지를 알려준다. • 가정과 연계하여 편식 지도를 할 필요가 있다.		

영유아의 간식 및 급식을 관찰하여 평가한 후 식사 예절이나 편식과 같은 행동의 지도가 필요한 경우 영유아와 함께 관련 동화책이나 동영상을 통해서도 지도할 수 있다. 영유아의 식습관 지도를 위한 관련 동영상은 다음과 〈표 4-2〉와 같다.

〈표 4-2〉 식습관 지도 동영상

구분	내용
영유아 식사지도	• 식품의약품안전처 영양표시정보 (http://dge.go.kr) • 식품나라 (http://www.foodnara.go.kr) • 중앙보육정보센터 (http://central.chil dcare.go.kr) • 다큐프라임 아이의 밥상 / EBS (http://www.ebs.cd.kr)
영유아 편식	• 건강송 / 대구광역시 교육청 (http://dge.go.kr) • 아동건강 체조 동영상 3차 / 중앙보육정보센터 (http://central.chil dcare.go.kr) • 샤샤와 함께하는 유아교육(편식하지 않기) (EBS(http://www.ebs.cd.kr) • 신나는 야채송 / 광주광역시서구보건소 (http://seogugwangju.kr/health) • 편식 편 영양동화 / 광주광역시서구보건소 (http://seogugwangju.kr/health)
영유아 식사예절	• 샤샤와 함께하는 유아교육(식사예절) / EBS(http://www.ebs.cd.kr)

출처: 보건복지부 · 육아정책연구소(2013).

교사는 영유아가 즐거운 마음으로 다양한 음식을 시도하고 식사를 할 수 있도록 도움을 지원할 수 있다.

3) 하원

교사는 영유아 하원 지도 시 하루의 일과를 평가하고 영유아교육기관에서 지낸 일들을 되돌아보면서 자신의 감정이나 성취 정도를 정리하고 기관에서 가정으로의 전이를 준비할 수 있다. 교사는 다음 날 이루어질 활동을 소개하면서 영유아의 호기심을 자극하고 활동에 대한 참여도를 높일 수 있다(김희진 외, 2008). 다음은 하원 지도 시 영유아의 행동을 관찰하고 평가할 수 있는 관찰평가의 예시이다.

관찰유아: ○○○(남) 생년월일: 20○○. ○○. ○○.
관 찰 자: ○○○ 관찰장소: ○○○
관찰일시: 20○○. ○○. ○○.(○요일) 17 : 40 ~ 18 : 00 (20분간)
관찰장면: 하원 지도 시 영유아의 행동

※ 하원 지도의 내용 및 운영

(점검상태: 그렇다 ○, 아니다 ×)

범주	내용	관찰여부	비고
하루 일과	유아들이 하루를 지내면서 느낀 감정에 대한 평가를 하는가?		
	학급 운영과 관련한 규칙을 상기시켰는가?		
	하루 일과 중 계획과 달라진 부분에 대한 설명과 대책을 논의하였는가?		
	교사가 하루를 지내면서 가졌던 감정에 대한 평가를 하는가?		
	유아들이 완성한 작품을 언급하였는가?		
공지 사항	다음 날 있을 특별한 활동에 대한 이야기를 하였는가?		
	준비물을 상기시키는가?		
	부모님께 전달해야 하는 사항이나 협조 사항을 전달하였는가?		
	귀가 시 안전에 대한 주의를 하였는가?		
귀가 준비	화장실을 다녀오도록 하였는가?		
	소지품을 챙기도록 지도하였는가?		
	알림장이나 가정통신문을 나누어 주었는가?		
	인사하기(말, 악수, 노래)를 하는가?		

출처: 김희진 외(2008).

영유아의 하원 지도 시 문제행동을 보이는 경우 교사는 이에 관한 관찰을 통해 지원할 수 있다. 다음은 하원 시 부모가 데리러 왔을 때 집에 가지 않으려고 하는 유아에 대한 관찰과 교사의 지원에 관한 사례이다.

관찰자	○○○	관찰일	20○○년 3월 5일
관찰대상	김건우	연령	만 3세
관찰장면	엄마가 오면 집에 가지 않고 돌아다니는 유아	관찰시간	17시 30분 ~ 17시 50분
관찰기록	건우는 교사가 "건우야, 엄마 오셨어. 집에 가자."라고 이야기하자 놀이하던 놀잇감을 바닥에 던진 후 복도를 뛰어나간다. 엄마를 보더니 다시 복도 끝으로 뛰어간다. 엄마가 "건우야, 가자."라고 하자 못 들은 척하며 다시 교실로 뛰어가 블록 영역의 블록 몇 개를 바닥에 던져 놓는다. 교사가 점퍼를 들고 건우에게 "건우야, 엄마 기다리셔. 점퍼 입자"라고 말하자 건우는 점퍼에 한 팔을 끼는 듯하더니 다시 팔을 빼고 복도를 뛰어나간다. 엄마는 "건우야, 집에 가서 엄마가 건우가 좋아하는 뽀로로 비타민 줄게." 하자 건우는 다시 교실과 복도를 뛰어다니며 집에 갈 준비를 하지 않는다. 엄마는 "그럼 엄마 혼자 집에 갈 거야." 하고 말하자 건우는 엄마를 쳐다보며 복도 끝으로 뛰어가 바닥에 엎드린다. 교사가 다가가서 "건우야, 엄마 혼자 가시면 어떻게 해. 빨리 옷 입고 가자~" 하며 건우의 점퍼를 입힌 후 뒤에서 안아서 신발장 앞으로 데려가자 엄마가 신발을 신겨 준다. 엄마가 건우를 안고 빠른 걸음으로 나간다.		
해석 및 지원	• 건우는 엄마가 데리러 와도 가고 싶어 하지 않는 것으로 보인다. • 건우는 놀잇감을 집어 던지는 행동을 통해 관심을 받고 싶어 한다. • 자신이 놀던 놀잇감을 정리해야 하는 것에 대해서 이야기해 준다. • 건우가 하고 싶은 이야기를 말로 표현하는 연습이 필요해 보인다. • 부모상담과 관찰을 통해 건우의 행동을 분석하여 지원할 필요가 있다.		

하원 시 유아는 엄마의 관심을 끌기 위한 행동으로 집에 가지 않고 놀잇감을 던지거나 기관으로 다시 들어가는 모습을 보인다. 교사는 관찰을 하면서 유아의 행동을 분석하고 부모와의 상담을 통해 문제행동을 지원할 수 있다.

2. 신입 영유아의 적응

신입 영유아의 초기적응을 위해서는 교사가 오리엔테이션을 실시하거나 적응기록을 통해 초기적응의 중요성과 적응하는 과정에서 보일 수 있는 영유아의 마음 상태와 행동을 부모에게 안내해야 한다. 또한, 이러한 적응기간과 행동이 영유아마다 다르게 나타날 수 있으며, 적응 과정에서 보일 수 있는 행동임을 설명하여 걱정하는 부모를 배려해야 한다.

신입 영유아의 적응을 알아볼 수 있는 행동으로는 등원 시 부모와 기분 좋게 헤어지고, 울거나 보채지 않으며, 다른 영유아들과 놀이를 잘하는 것이다. 영유아가 기관에 잘 적응하게 되면 교사에게 안아달라거나 매달리지 않고 놀잇감을 가지고 혼자서도 놀이를 하게 된다. 그러나 영유아가 기관에 아직 적응하지 못한 상태라면 등원을 거부하거나 교사에게 반응하지 않고 별다른 신체적 증상이 없는데도 아프다는 표현을 할 수 있다. 영유아의 초기적응을 어렵게 하는 요인으로는 영유아 정보에 대한 부족, 부모와의 협력 부족, 초기적응 전략에 대한 교사의 이해 부족, 영유아 발달에 대한 지식 부족 등을 들 수 있다. 교사는 신입 원아의 기질, 특성, 성격 등에 대한 정보가 부족할 경우 적응 시 나타날 수 있는 영유아의 행동을 이해하고 대처하기가 어렵다. 따라서 부모로부터 영유아의 기질, 일상생활습관, 건강 상태, 주 양육자에 대한 정보를 얻어야 하며, 부모님이 귀가 시간에 늦지 않도록 협조를 요청하여야 한다. 교사는 부모에게 자녀에 대해 안심할 수 있도록 귀가 시 일과에 대한 정보와 영유아가 기관에 적응하고 있는 모습을 설명해 주어야 한다. 다음은 신입 영유아의 적응 모습을 관찰하고 평가할 수 있는 적응관찰 평가의 예시이다.

관찰유아: ○○○(여) 생년월일: 20○○. ○○. ○○.
관찰장소: ○○○○ 관 찰 자: ○○○
관찰일시: 20○○. ○○. ○○.(○요일)

※ 신입 영유아의 초기적응 내용

(영유아가 보이는 행동을 관찰하고 해당하는 곳에 V를 표시한다.)

범주	내용	실시자			비고
		영유아 스스로	교사의 도움으로 영유아가	교사가 전적으로	
하루 일과	등원 및 보호자와의 분리				
	간식과 급식				
	낮잠				
	화장실(배변)				
	귀가				
	기타				

범주	내용	비고
놀이	놀이자료와 놀이에 관심을 보이는가?	
	흥미를 보이는 놀이는 무엇인가?	
	원하는 바를 교사나 친구에게 표현하는가?	

교사는 적응 관찰평가를 통해 영유아가 기관에 잘 적응하고 있는지 증상을 파악하고 초기적응지원의 전략을 세울 수 있다. 예를 들어, 영유아가 등원 시 부모와 헤어지는 과정에서 스스로 헤어진다면 기관에 잘 적응하는 것으로 볼 수 있다. 그러나 교사가 전적으로 개입해서 보호자와 분리해야 한다면 아직 부적응 상태에 있음을 알 수 있다.

영유아의 적응관찰을 위한 또 다른 방법으로 신입 영유아의 적응기록을 활용할 수 있다. 신입 영유아의 적응기록은 영유아가 시간의 흐름에 따라 기관에 적응하는 변화 과정을 보여 준다. 이와 같은 기록은 초기적응을 하는 영유아 지원에 대한 교사의 이해를 넓힐 수 있다. 다음은 신입 영아와 유아의 적응기록 사례이다.

신입 영아 적응기록 사례

신입 영아 적응기록

2020년	만 1세 (풀잎반)	이○○

날짜	구분	내용
3월 6일	등원	엄마 아빠와 함께 등원하였으나, 잠시 머무르다 영아만 둔 채 귀가하셨다.
	급·간식	늦게 등원하여 오전 간식은 먹지 않았고 점심 식사 전에 귀가하였다.
	낮잠	낮잠은 자지 않았다.
	프로그램 참여	실내놀이터에서 놀이하다가 부모님이 사라진 것을 알고 나서부터는 계속 울음을 보였다.
	귀가	아빠가 보이자 울음을 터트리며 달려가 안겼고, 금세 웃음을 보였다.
	기타	적응 기간 동안 영아와 함께 생활하기를 당부드렸다.
3월 7일	등원	아빠와 함께 등원하였다.
	급·간식	사과를 잘 먹었으며, 아빠가 먹여 주는 점심 식사도 매우 잘 먹었다.
	낮잠	낮잠은 자지 않았다.
	프로그램 참여	아빠와 단둘이 주로 놀이를 하며 즐거워하였다.
	귀가	아빠 품에 안긴 채 등원하였다.
	기타	아빠에 대한 애착이 강하며 격리 불안이 나타난다.
3월 10일	등원	아빠 품에 안긴 채 등원하였다.
	급·간식	아빠 옆에 앉아서 스스로 숟가락질을 하며 음식을 먹으려는 모습이 보였다.
	낮잠	낮잠은 자지 않았다.
	프로그램 참여	아빠와 함께 그림책을 보며 놀이하다가 실로폰을 두드리기도 하였다.
	귀가	친구들과 교사에게 손 흔들어 인사하고 아빠 품에 안긴 채 웃으며 귀가하였다.
	기타	음식을 골고루 잘 먹고, 순한 편이다.

3월 11일	등원	아빠 품에 안긴 채 웃으며 등원하였다.
	급 · 간식	콩나물 낙지죽을 매우 잘 먹었다. 추가로 더 제공해 주자 금세 그릇을 또 비웠다.
	낮잠	아빠의 품에 안겨 편안함을 느끼며 잠이 들었다.
	프로그램 참여	친구들과 교사의 노래와 율동에 관심을 보이며 웃음을 보였다.
	귀가	아빠가 모습을 드러내자 갑자기 우는 소리를 내며 다가가 안겼다.
	기타	아빠가 곁에 있으면 활동 범위가 매우 좁아져 있다가 없으면 넓어진다.
3월 12일	등원	엄마와 손을 잡고 등원하였다.
	급 · 간식	바나나를 포크로 잘 찍어서 먹으며, 점심 식사도 숟가락으로 스스로 잘 먹는 편이다.
	낮잠	엄마의 토닥임을 받으며 금세 잠이 들었다.
	프로그램 참여	교사의 노래와 율동을 따라 하며 웃음을 보였다.
	귀가	아빠가 나타나자 "아빠"라고 말하며 달려가 안기고 손 흔들어 인사하고 귀가하였다.
	기타	노래와 율동을 좋아하고 잘 따라 한다.

신입 유아 적응기록 사례

신입 유아 적응기록

2020년	만 4세 (파랑반)	안○○

날짜	구분	내용
3월 2일	등원	교실 앞에서 교실 안을 들여다본다. 교사가 인사를 하자 인사를 한 후 가방 정리를 한다.
	급 · 간식	"○○"라고 이름을 부르자 숟가락포크를 찾아 배식한 식판을 받는다.
	낮잠	여벌 이불을 건네주니 받아서 스스로 편다. 누워서 눈을 감는다.
	프로그램 참여	블록을 꺼내어 친구에게 다가간다. "나랑 이거로 공룡 만들자."라고 말한다.
	귀가	스스로 옷을 입고 가방을 챙긴다. 4시 귀가 지도 교사와 1층으로 내려간다.
	기타	
3월 3일	등원	교실에 들어와 "안녕하세요."라고 말한다. 교실에서 둘러보더니 쌓기 영역에 이름표를 붙인다.
	급 · 간식	스스로 배식을 받아 자리에 앉아 먹는다.
	낮잠	이불을 바르게 한 번, 두 번 접어 이불장 안에 넣어 정리한다.
	프로그램 참여	마이크를 들고 노래를 부른다. 무슨 노래인지 묻자 머리를 긁적거리며 "이거.. 아 기억이 잘 안 난다."라고 말한다.
	귀가	엄마가 와서 손을 잡고 귀가하였다.
	기타	
3월 6일	등원	친구와 같이 교실에 들어온다. 쌓기 영역에 들어가 블록놀이를 한다.
	급 · 간식	다 먹고 난 후 "잘 먹었습니다."라고 말하며 정리한다.
	낮잠	토닥여 주자 눈이 감기며 잠이 든다. 중간에 뒤척여서 이불을 다시 덮어주었다.
	프로그램 참여	색칠놀이 종이를 가져와 책상 자리에 앉는다. 친구와 색연필을 하나 집더니 "이건 갈색이네."라고 말한 후 색칠한다.
	귀가	4시 귀가지도 교사와 1층에 내려가 귀가한다.
	기타	

3월 7일	등원	엄마와 등원하여 신발 정리를 한다. "다녀오세요." 인사 후 손 소독을 한다.
	급·간식	입에 음식이 가득한데 숟가락으로 밥을 떠서 먹는다. 교사가 "천천히 먹어 보자."라고 말하니 고개를 끄덕이며 숟가락을 내려놓는다.
	낮잠	몸을 양쪽으로 뒤척이다가 눈이 감겨 잠이 든다.
	프로그램 참여	장애물 교구를 두 발 모아 점프하여 뛰어넘는다.
	귀가	옷을 스스로 입은 후 지퍼를 올린다. 잘 안 되자 교사에게 다가와 도움을 요청한다. 교사가 도움을 주자 스스로 하겠다며 올린다.
	기타	
3월 8일	등원	선생님과 인사를 하고 교실에 들어온다.
	급·간식	급식을 먹으며 옆 친구와 간지럼 태우며 장난을 친다.
	낮잠	낮잠을 자다가 뒤척인다.
	프로그램 참여	실내놀이터에서 블록을 팔 부분에 끼운다. 위험함을 알려 주자 바로 블록을 빼서 정리한다.
	귀가	선생님과 인사 후 엄마와 함께 귀가하였다.
	기타	

위 사례에서 영유아들은 시간의 흐름에 따라 점차적으로 하루 일과에 적응하면서 행동이나 모습에 변화가 일어나는 것을 볼 수 있다. 같은 초기적응이라 할지라도 영아와 유아는 서로 다른 모습을 보일 수 있다. 영아는 대부분 부모와 떨어지는 마음의 상태를 울음이나 떼쓰는 상태로 표현하는 것에 비하여 유아는 불안한 표정을 짓거나 웃지 않는 상태를 보일 수 있다. 영유아가 교사나 또래에게 웃는 표정을 짓거나 도움을 요청하는 행동을 보인다면 적응이 잘 되는 것일 수 있다. 따라서 교사는 이러한 영유아의 표정이나 행동을 민감하게 관찰하여 반응하고 도움을 제공해야 한다.

교사는 신입 영유아가 적응기간 동안 기관에 적응하는 모습을 관찰하면서 영유아가 흥미를 보이는 놀잇감을 제시하거나 상호작용하면서 적응에 도움을 줄 수 있다. 교사는 이러한 관찰평가를 통해 자신의 교수방법이나 상호작용에 대한 반성적 사고를 할 수 있으며, 이를 통하여 효과적인 계획을 세울 수 있다. 다음은 교사의 신입 영유아 초기적응전략에 대한 목표와 실행에 관한 평가 사례이다.

〈표 4-3〉 신입 영유아 적응에 대한 교사 평가예시

주제	새로운 것이 낯설어요 1		
실시기간	20○○년 3월 4일 ~ 20○○년 3월 30일		
소주제	목표	주간평가	월간평가
어린이집에 왔어요 1	부모(보호자)와 함께 교실을 탐색하며 새로운 환경에 관심을 갖는다.	만 0세반을 수료하고 올라온 영아보다 신입 원아의 비율이 높아 신입 원아들이 적응하는 데 어려움이 없도록 배려하려고 노력함. 자유선택활동 시 영아들이 관심 있어 하는 놀잇감을 가지고 함께 놀이해 주며 상호작용하여 줌	신입 원아가 4명이나 되어 신입 원아 적응프로그램을 진행해 나가는 것이 힘들었지만 신입 원아들이 대체적으로 안정적인 분위기에서 적응할 수 있었던 것 같다. 분리불안을 심하게 느끼는 한 영아가 있어 놀이활동 진행이 힘들기도 했지만 영아들이 선호하는 흥미영역이 무엇인지 파악하고 다양한 흥미영역에서 놀잇감을 탐색하며 놀이할 수 있도록 교사가 함께 놀아주며 놀이 방법을 알려 주었다. 영아들이 교사와의 애착관계를 자연스럽게 형성해 나가고 어린이집에서의 하루 일과에 잘 적응할 수 있도록 교실의 분위기를 밝고 편안하게 해 주려 노력해야 하겠다.
어린이집에 왔어요 2	어린이집에서 놀이와 일상생활을 경험하며 어린이집 일과에 순차적으로 적응한다.	영아가 엄마와 자연스럽게 헤어질 수 있도록 흥미를 자극할 만한 놀잇감을 제시해 주며, 어린이집은 안전하고 즐거운 곳이라는 인식을 가질 수 있게 해 주려 노력함	
만나고 친해져요 1	교사와 영아가 함께 놀이에 참여하면서 영아가 자연스럽게 교사에게 애착을 형성한다.	영아가 어린이집에서 편안하고 안정적인 느낌을 받을 수 있도록 각 영아에 맞는 적응플랜을 어머님께 제시하여 영아가 교사와 애착관계를 형성하는 데 무리가 없게 하려고 노력하였음	
만나고 친해져요 2	친구에게 관심을 갖고 놀이하며 친밀감을 갖는다.	어느 정도 적응을 마친 영아가 어린이집 환경에 익숙해지고 친구들에게도 관심을 보이는 모습을 보이기 시작함. 친구 이름을 불러 주며 함께 놀이하는 가운데 친밀감을 느낄 수 있도록 활동을 계획하고 실행함	

3. 자유놀이 관찰

1) 영아 자유놀이

영아기는 인간발달의 초기 단계로서 신체 · 언어 · 인지 · 정서 · 사회성 발달이 가장 급속히 이루어지는 시기이다. 영아의 자유놀이는 일상적인 양육 활동을 중심으로 개별 영아의 생리적 요구에 맞추어 진행해야 한다. 즉, 영아는 자신의 생각과 느낌을 언어로 표현하기 어려우므로 교사는 영아의 표정, 몸짓, 행동을 잘 관찰하여 영아의 흥미와 요구가 잘 반영될 수 있도록 적절하게 지원해야 한다.

0~2세 영아는 급격한 발달이 이루어지는 시기이며, 개인 간에도 발달의 차이가 크기 때문에 영아의 흥미와 수준에 맞는 개별 활동을 실행하는 것이 요구된다. 교사는 보육과정을 운영하는 실행자로서 표준보육과정을 그대로 실행하는 것이 아니라 자신이 맡고 있는 영아의 수준과 흥미를 해석하여 적합한 보육과정을 실행하여야 한다. 또한, 영아의 개별적 특성이나 지역적 특성, 환경적 특성을 고려하여 어린이집 실정에 맞는 보육과정을 운영해야 한다. 영아의 자유놀이는 영아의 기본적인 욕구를 충족하고 개별적인 요구에 민감하게 반응해야 한다는 점에서 유아의 자유놀이와는 구별된다(염지숙 외, 2016).

(1) 영아의 개별 욕구와 행동관찰

영아는 가정에서 기관으로 오면서 평소에 생활하던 신체 리듬과 다른 변화를 겪게 된다. 따라서 영아가 영유아교육기관에서 잘 적응하고 건강하고 즐겁게 생활할 수 있도록 영유아의 의사 표현을 존중하고 민감하게 반응하면서 지원해야 한다. 즉, 영아의 생각이나 행동, 정서표현의 방식, 개개인의 특성, 기질, 개인차 등을 존중하고 충분히 기다려 주며 지원해 나가야 한다. 특히, 연령이 낮을수록 영아에 따른 개별 일과 운영은 더욱 중요하다. 교사는 영아가 졸려 하거나 피곤해하는 등의 생활 리듬과 행동을 잘 관찰하여 언제든 쉴 수 있도록 배려해야 한다. 또한, 영아가 기관에서 건강하고 즐겁고 안전하게 생활하고 있는지를 활동 가운데 관찰하고 평가해야 한다.

0세 영아는 수유와 배변, 수면 등과 같은 양육 활동 속에서 자신의 욕구나 행동을 몸짓, 행동, 표정, 언어로 표현하게 된다. 교사는 이러한 영아의 표현을 이해하고 공감하면서 영아의 행동을 언어로 표현하여 상호작용할 수 있다. 예를 들어, 수유 활동 가운데 교사는 영아를 편안하게 안고 눈을 마주치면서 "○○이가 꿀꺽꿀꺽 맛있게 먹는구나."와 같이 영아의 욕구를 언어로 표현해 줄 수 있다(보건복지부, 2020). 0~1세의 영아는 2세에 비해 대근육 운동이 활발하지 못하고 성인에게 의존적이며, 언어보다는 비언어적인 상호작용을 많이 하므로 교사는 영아의 개별 요구에 민감하게 반응하면서 상호작용을 해야 한다. 영아의 일상생활 활동은 놀이와 연계하여 통합적인 경험을 할 수 있도록 지원할 수 있다. 예를 들어, 영아의 배변훈련은 놀이와 연계하여 자연스럽게 습득할 수 있다. 다음은 영아의 배변 활동을 놀이와 연계하여 상호작용하는 것을 보여 주는 사례이다.

인형을 변기에 앉히고 응가 흉내를 내 보는 놀이를 해요.

1. 아이가 변기에 앉거나 인형을 아기변기에 앉혀 본다.
   - ○○가 변기에 앉았구나.
   - 곰인형도 변기에 앉아 보고 싶은가 봐요.
   - 이번에는 아기인형도 변기에 앉았구나.
2. 동물인형이나 아기인형이 아기변기에서 쉬, 응가하는 흉내를 내본다.
   - 곰인형이 쉬하고 있어요? 응가도 한대요?
   - 응가, 곰인형이 응가 하고 있나 보네.
   - 쉬~ 쉬도 나오나 봐요.
3. 동물인형이나 아기인형의 엉덩이를 닦아 주는 흉내를 내본다.
   - 응가 했으니까 엉덩이 닦아 줄까요?
   - 휴지로 엉덩이 닦아요?
   - (물 내리는 흉내를 내며) 변기에 물도 내려 줄 거예요. 쏴아아~)

출처: 보건복지부(2013). 어린이집 표준보육과정에 기초한 영아보육프로그램 1세.

영아가 배변에 대한 관심을 자연스럽게 가질 수 있도록 실내 공간에 놀이용 변기를 배치하여 배변훈련을 할 수 있다. 돌 무렵 영아의 경우 대변을 자신의 몸에 일부라고 생각할 수 있으므로 교사는 대변을 보고 지저분한 것을 본 것과 같은 표정이나 말을 사용해서는 안 된다. 영아가 변기에 변을 보고 난 후에는 물을 내리기 전 배변을 변기에 성공적으로 한 것에 대해 칭찬과 함께 물을 내리는 것이 좋다. 영아의 자유놀이는 일상생활에서 경험하는 기본적인 활동이 편안하고 즐겁게 이루어질 수 있도록 세심하게 살펴보고 지원하는 것이 필요하다. 따라서 획일적인 활동보다는 영아 개인의 신체 리듬에 맞는 융통성 있는 놀이와 활동이 될 수 있도록 지원해야 한다.

(2) 영아의 호기심에 따른 탐색 과정 관찰

영아는 감각적 경험에 따른 탐색을 통해서 발달이 이루어지기 때문에 다양한 오감을 경험할 수 있도록 놀이자료와 환경을 통해 호기심을 가지고 자유롭게 탐색할 수 있도록 지원해야 한다. 교사는 영아가 놀이 가운데 즐거움을 충분히 느끼고 새로운 놀이를 탐색할 수 있도록 영아의 반복되는 놀이를 존중하고, 웃음이나 머리를 쓰다듬어 주는 정서적 상호작용이나 손뼉치기 등의 비언어적 표현을 통해 격려할 수 있다. 또한, 영아가 놀이하며 배울 수 있도록 영아의 특성, 안전, 놀이 환경, 날씨, 기관의 사정을 고려하여 지원해야 한다. 예를 들어, 2세 영아는 표상 능력이 발달해 언어, 상상 놀이 상징을 이해하는 능력이 증가하고 '왜'를 사용한 질문을 많이 하며, 간단한 대화를 주고받을 수 있다. 교사는 이러한 발달 특성을 이해하고 놀이를 지원해야 한다. 다음은 영아가 일상생활 속에서 사물에 대한 호기심을 가지고 탐색하며 놀이하는 사례이다.

교사에게 "선생님~ 선생님, 이거 수건이야?"라고 하면서 수건을 만진다. 교사가 "맞아, 수건이야. 언제 수건 사용해 본 적 있어?"라고 하니 "세수할 때."라고 한다. "느낌이 어때?"라고 물으니 "부드러워요."라며 수건을 잡아당기면서 말한다. 교사가 "수건으로 어떻게 놀이할 수 있을까?"라고 하니 영진이는 수건을 위로 들어 흔들어 보이고 빙글빙글 돈다. 영진이가 잡고 있는 수건을 교사가 잡아당기자 좋아하며 "영차, 영차!"라고 반대편으로 수건을 잡아당긴다.

위 사례에서 영진이는 우리 생활 주변에서 자주 사용하는 수건에 대한 호기심을 가지고 자발적으로 탐색하며 놀이를 하였다. 영아는 수건을 이용해 몸을 다양하게 움직이면서 신체활동을 하였고 그러한 활동 가운데 정서적인 즐거움을 느꼈다. 이같이 교사는 영아의 자유놀이를 관찰하면서 호기심을 보이는 사물이나 환경에 대한 자율적인 탐색 놀이가 이루어질 수 있도록 적극적으로 격려하고 상호작용해야 한다.

(3) 영아-영아의 상호작용 관찰

영아의 자유놀이 가운데 교사는 영아–영아, 영아–교사, 영아–환경의 상호작용을 관찰하고 적절한 지원을 해 주어야 한다. 놀이 가운데 영아–영아의 다양한 상호작용을 관찰하면서 격려하거나 영아의 관심이 무엇인지 파악하고 칭찬이나 미소, 언어적 상호작용을 통해 영아의 놀이를 긍정적으로 수용하고 격려해야 한다. 영아의 경우 연령에 따라 발달의 차이가 나타나기 때문에 교사는 이러한 특성을 이해하면서 상호작용을 관찰해야 한다. 0~1세의 영아는 영아–영아의 상호작용이 언어를 통한 상호작용보다 행동이나 몸짓을 통해 나타난다. 다른 영아의 행동이나 표정을 보며 따라 하거나 울음으로 자신의 의사를 표현한다. 예를 들어, 놀이공간에서 0세 영아가 놀잇감을 집으려고 하는 것을 보고 다른 영아가 따라 하거나, 자신이 원하는 대로 잘 안되는 경우 울음을 터뜨릴 수 있다. 교사는 이러한 영아의 상호작용을 관찰하면서 영아를 달래 주거나 공감함으로 지원해 주어야 한다. 2세 영아는 영아-영아의 상호작용이 0~1세에 비해 활발하게 나타나며, 또래와 상호작용하면서 자신의 감정이나 느낌을 표현하고 놀이나 도움을 요청하기도 한다. 다음은 영아가 자유놀이에서 또래와 상호작용하면서 사회적 관계를 형성하는 것을 보여 주는 사례이다.

유림이가 생일케이크를 꺼내어 칼로 썰어서 접시에 한 조각씩 올려놓는다. 진아에게 "진아야, 우리 같이 놀래?"라고 하며 진아의 손을 잡고 역할영역으로 온다. "진아야, 여기 앉자."라고 하고 음식상에 생일케이크, 당근, 샌드위치 음식모형을 올려놓고 "누가 생일 할래?"라고 묻는다. 진아가 "나"라고 하니 "그래, 알았어. '후' 해."라고 하며 생일케이크를 진아 편으로 가져다 놓는다. 유림이는 "아, 생일 노래 불러야지. 생일 축하합니다~ 생일 축하합니다~" 박수를 치며 진아에게 노래를 웃으면서 불러 준다.

위 사례에서 영아는 또래에 관한 관심을 가지며 같이 놀이하자고 요청하는 모습을 볼 수 있다. 또한, 친구가 생일 주인공이 되고 싶다고 하자 받아들이고 자신은 축하해 주는 역할을 맡아 생일 노래를 부르며 친구에게 미소를 보이는 등 긍정적으로 반응하는 것을 관찰할 수 있다. 이같이 영아-영아 상호작용 관찰은 영아가 다른 또래에게 관심을 보이는 모습이나 같이 놀이하기 위해 배려하는 사회적 행동들을 파악할 수 있다. 교사는 영아-영아의 긍정적인 상호작용 관찰 시 그러한 행동이 강화될 수 있도록 격려나 미소로 정서적 지원을 할 수 있다. 그러나 영아-영아가 놀이 가운데 상호작용이 잘 되지 않아 갈등이 발생하는 경우 교사는 영아가 적절하게 의사소통을 할 수 있도록 다른 영아의 기분이나 행동 과정을 언어로 설명하고 자연스럽게 따라 할 수 있도록 상호작용을 해야 한다. 예를 들어, 영아가 다른 영아가 가지고 놀던 블록을 무너뜨려 울 때, 교사는 먼저 우는 영아를 달래 주고, 무너뜨린 영아에게 "○○아, ○○이 장난감을 다른 사람이 마음대로 가지고 가면 싫지? △△이가 만든 걸 ○○이가 무너뜨려서 속상하대. 많이 속상한가 봐. 어떡해?"라고 감정을 언어로 설명해 주어야 한다. 다음은 자유놀이 가운데 친구에게 놀잇감을 주지 않으려는 갈등 상황에 대한 사례이다.

> 윤수는 탁구공과 집게를 가지고 놀이하고 있다. 혜림이가 다가와서 바구니에 있던 나머지 하나의 집게를 집으려고 하자 "잠깐, 잠깐~"이라고 하며 자신의 오른손과 왼손에 집게 2개를 다 잡는다. 혜림이가 "나도 할래. 그거 줘."라고 하지만 윤수는 "아니야, 내가 해 줄게."라고 한다. 혜림이가 집게를 달라고 울먹거리자 윤수는 "너 안 줄 거야."라고 한다. 자신이 집게 2개를 다 잡고 혜림이에게 더 이상 이야기하지 않고 놀이를 한다. 교사가 개입하여 "윤수야, 집게가 하나, 둘. 2개 있네. 혜림이랑 하나씩 나누어 가질까?"라고 하자 윤수는 "아니, 내가 하고~"라고 하면서 집게를 계속 양손에 꼭 쥐고 있다.

영아가 다른 영아와 놀잇감을 나누지 않고 혼자 가지고 놀이하려는 행동으로 인해 영아와 영아 사이에 갈등이 발생하였다. 영아는 크기와 모양, 색이 동일한 2개의 놀잇감 도구가 있지만, 교사 개입에도 불구하고 친구와 함께 나누지 않으려는 모습을 볼 수 있다. 이런 경우 교사는 영아에게 친구와 놀잇감을 나누어 함께 사용해 보는 경험을 제공하고, 혼자 놀이하는 것보다 친구와 놀이할 때가 더 즐거울 수 있다는 것을 경험하도록 지원할 수 있다.

(4) 놀이활동을 통한 배움의 관찰

교사는 영아가 다양한 놀이와 활동을 경험할 수 있도록 실내외 환경을 구성하면서 놀이와 연계한 활동에서 어떠한 배움이 일어나는지를 관찰해야 한다. 영아의 놀이를 존중한다는 것은 영아가 놀이하는 모습을 바라만 보거나 방관하는 것이 아니라 영아의 배움에 필요한 지원 내용을 생각하고 준비하는 과정을 모두 포함한다. 따라서 교사는 영아의 놀이를 관찰하면서 놀이경험에서 나타나는 배움에 주목하여 기록하고 놀이를 계획하고 지원해야 한다(보건복지부, 2020). 그리고 영아 놀이를 관찰하면서 전략적으로 상호작용을 하고 영아의 놀이가 촉진되고 확장될 수 있도록 비구조적인 놀잇감과 감각적 경험을 할 수 있는 다양한 종류의 놀이자료를 제공해야 한다. 다음은 영아가 놀잇감을 가지고 놀이하면서 배움이 일어나는 것을 보여 주는 사례이다.

> 현수는 종이벽돌블록을 가지고 와서 바닥에 놓는다. 여러 개의 종이벽돌블록을 더 가지고 와서 내려놓은 바닥의 블록들 옆에 길게 연결한다. 교사가 "현수, 무엇을 만들고 있는 거야?"라고 물으니 "응, 기차, 칙칙폭폭 기차!"라고 한다. 3개의 블록을 길게 쭉 연결한 후 블록을 하나씩 짚으며 "하나, 둘, 셋!"이라고 큰 소리로 수를 센다. 같은 놀이 영역 내에 있던 수진이를 바라보며 "기차 타. 여기 타."라고 한다. 수진이가 기차에 타자 "칙칙폭폭 칙칙폭폭 출발~"이라고 하고 운전대로 운전하면서 좌우로 몸을 움직이고 수아를 향해 미소를 짓는다.

영아는 벽돌블록으로 기차를 만들며 놀이하는 과정에서 벽돌블록을 손으로 짚으며 "하나, 둘, 셋!" 하며 수를 세는 모습을 관찰할 수 있다. 단순한 기차놀이를 반복하면서 영아가 수를 세는 배움이 일어나고 있음을 볼 수 있다. 교사는 영아의 이와 같은 놀이를 관찰하면서 영아의 수량에 대한 인식과 수세기의 배움이 더 확장될 수 있도록 놀이를 계획하고 지원할 수 있다.

영아는 자유놀이를 통해 즐거움을 느끼고 또래와의 상호작용을 통해 발달이 이루어지면서 자연스럽게 배움을 습득하게 된다. 교사는 영아의 자유놀이를 관찰하면서 영아의 놀이가 지속되고 확장되기 위해 무엇이 필요한지를 살피고 지원해야 한다. 교사가 영아의 놀이에 적합한 지원을 하기 위해서는 영아의 정서적 표현이나 놀이에 대한 흐름과 맥락, 발달에 대한 지식과 이해가 전제되어야 한다. 특히, 영아는 개인적 발달의 차이가 크고 교사에 대한 의존도가 높기 때문에 영아의 신체적 리듬이나 특성, 발달에 따라 민감하게 반응하고 대처해야 한다. 영아의 자유놀이에서 교사는 영아가 안전하고 즐겁게 생활하고 있는지, 사물에 대한 호기심을 가지고 자유롭게 탐색하며 놀이하고 있는지, 영아-영아의 상호작용이 어떻게 일어나고 있는지를 관찰해야 한다. 이러한 관찰은 영아의 자유놀이 가운데 영역별로 어떻게 배움이 일어나는지를 파악할 수 있게 함으로써 다양한 놀이지원을 계획할 수 있다.

영아의 하루 일과는 유아와 달리 일상적인 활동과 연결되어 신체적 리듬이나 개별욕구에 따라 진행된다. 다음은 영아의 하루 일과 관찰기록에 관한 사례이다.

〈표 4-4〉 영아의 하루 일과 관찰기록 사례

영아 관찰기록

토끼반 5월

이름	이샛별	성별	여	생년월일		기록자	
구분	점심 및 간식	낮잠		배변활동		실외놀이	
관찰 내용	점심을 먹다가 갑자기 졸린지 입을 꽉 다물고 입을 열지 않는다. "안 먹을 거야?" 라며 물어도 대답을 하지 않는다. 선생님이 "정리한다~" 하니 고개만 끄덕인다.	매트가 펼쳐지자 책상에 걸터앉아 있는다. 매트에 누워서 "코~~자자."라고 하니 "잠 안 와." 라고 한다. 선생님과 함께 매트에 누워 토닥여 주자 금세 잠이 들어 버린다.		놀이하면서 "샛별아, 쉬~ 해 볼까?"라고 하자 선생님 옆으로 다가와 변기에 쉬를 하고 나서 "다했어요."라고 한다. 잘했다고 칭찬해 주자 웃으며 다른 놀이로 이동을 한다.		놀이터에 나가자 뛰어서 미끄럼틀 위로 올라가더니 미끄럼틀만 바라보고 다시 계단으로 내려온다. "샛별아, 미끄럼틀 타고 내려와."라고 하자 "무서워."라고 한다.	
	신체	언어		역할 · 쌓기		감각 · 탐색	
	종이에 그림을 그리고 나서 종이로 비행기를 접어 달라고 한다. 비행기를 접어 주자 "와~"라고 하고 날리다 종이가 펼쳐지자 만지작거리다가 모양이 이상해지자 "비행기 안 돼."라고 한다.	책을 보면서 "단추 어딨지?"라며 이야기한다. 모양 단추를 보자 "아니야, 아니야."라고 한다. 친구가 책을 가지고 가자 "야~"라며 소리친다.		벽돌블록을 가지고 와서는 벽돌블록에 그려진 뽀로로 비행기 그림을 보면서 "비행기 집에 있어." 라고 이야기한다. 선생님이 "샛별이꺼 하고 똑같지?"라고 하자 "응~" 하고 대답하며 안고 다른 쪽으로 간다.		동물 뚜껑 맞추기를 하면서 동물 이름을 말하고 동물이 어디에 있는지 기억하는지 친구가 "꼬끼오!" 라고 하자 "여기야." 라며 닭을 가리킨다.	
종합 평가	배변훈련 중인데 긴장하지 않으며, 교사의 말을 경청하고 배변을 하였다. 샛별이는 변기에 스스로 쉬를 하고 "다 했어요."라고 의사 표현을 하였다. 실외놀이에서 미끄럼틀을 타지 않고 다시 계단으로 내려오면서 미끄럼틀을 타자는 교사의 제안에 "무서워."라는 자신의 감정 표현을 하였다. 동물 뚜껑 맞추기에서 자신이 아는 것은 자신 있게 표현하고 친구에게 알려 주는 모습을 볼 수 있다.						

영아는 놀이를 하면서 스스로 배워 나갈 수 있다. 위 사례에서 영아는 일상생활 활동과 연결하여 의사소통을 하였다. 교사의 변기에 쉬를 하자는 말을 듣고 따라 하였으며, 자신이 변기에 쉬를 다한 것을 말로 표현하였다. 이같이 영아는 교사와 상호작용하면서 듣고 말하는 의사소통을 습득할 수 있다. 실외놀이에서도 미끄럼틀을 타는 신체활동 가운데 흥미는 있어 시도는 하지만 미끄럼틀을 타고 내려오는 행동에 대해서는 무서운 자신의 감정을 자유롭게 표현하였다. 영아가 놀이 가운데 자신의 감정을 자유롭게 표현하는 것은 정서적 발달을 촉진할 수 있다. 동물 이름 맞추기에서도 자신이 알고 있는 동물의 이름을 다른 영아에게 알려 주면서 상호작용하였다. 따라서 교사는 자유놀이에서 영아의 다양한 발달과 배움의 과정을 관찰할 수 있으며, 이에 관한 지원을 할 수 있다.

배변놀이

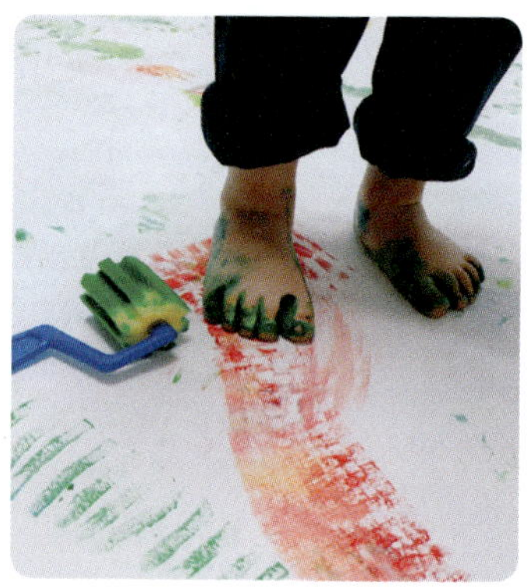
탐색놀이

모방놀이

교사는 영아가 흥미를 가지고 탐색을 하면서 놀이를 확장하고 지속할 수 있도록 관찰을 통해 지원을 할 수 있다. 영아의 자유놀이에서 관찰해야 하는 것으로는 첫째, 영아의 개별적인 욕구와 요구사항에 대해 민감하게 반응하고 지원하는 것이다. 둘째, 영아의 호기심과 탐색에 따른 놀이가 자유롭게 행해지고 있는가이다. 셋째, 영아와 영아의 상호작용의 관찰과 이에 따른 적절한 격려와 정서적 지원을 하는가이다. 넷째, 놀이 가운데 영아의 발달과 자발적인 배움이 어떻게 일어나고 있는지에 대한 관찰이다. 교사는 영아의 자유놀이를 관찰하면서 놀이를 지원하고 자신이 적절한 지원을 하고 있는지에 대한 반성적 사고와 평가를 해야 한다.

다음의 〈표 4-5〉는 영아의 놀이에 대한 교사의 관찰을 평가할 수 있는 놀이 상호작용에 대한 교사평정척도의 예시이다.

〈표 4-5〉 영아의 놀이 상호작용에 대한 교사 관찰평정척도 예시

	내용	전혀 그렇지 않다 1	별로 그렇지 않다 2	보통이다 3	대체로 그렇다 4	매우 그렇다 5
1	영아의 개별 요구를 민감하게 파악하고 능동적으로 반응할 수 있다.					
2	영아의 신체 리듬에 맞는 놀이와 활동을 지원한다.					
3	영아의 발달 수준에 적합한 독립적 행동을 격려해 준다.					
4	영아가 자유롭게 놀이나 다른 활동에 참여할 수 있도록 편안하고 다양한 놀이 환경을 구성해 준다.					
5	영아가 호기심이나 흥미를 보이는 놀이를 격려해 준다.					
6	협력하기, 규칙 지키기, 함께 놀이하기와 같은 영아의 친사회적 행동을 격려한다.					
7	영아의 특성이나 발달에 따른 행동을 이해하고 다양한 방법을 통해 지원한다.					

2) 유아 자유놀이

유아의 자유놀이는 유아가 흥미와 관심에 따라 자유롭게 놀이에 참여하며 즐길 수 있어야 한다. 유아의 자유놀이는 다양한 경험을 통해 자연스럽게 신체 · 언어 · 인지 · 사회 · 정서에 대한 지식을 스스로 습득하게 한다. 누리과정에서는 유아가 놀이하며 즐거움을 충분히 느끼고, 자발적인 배움이 일어날 수 있도록 관찰을 통해 유아가 필요로 하는 놀이자료, 공간, 상호작용을 지원하는 놀이지원자로서의 교사 역할을 제시하고 있다. 따라서 교사는 유아의 자유놀이 가운데 유아가 현재 놀이를 하면서 무엇을 원하고 어떠한 배움이 일어나고 있는지를 살피며, 관찰과 기록을 통해 유아의 놀이를 지원해 주어야 한다. 교사의 민감한 관찰은 유아의 놀

이에 대한 맥락을 이해하여 효과적인 지원을 함으로써 유아의 놀이를 확장시키고 지속시킬 수 있다. 다음은 교사가 유아 자유놀이에서 관찰해야 하는 부분에 대한 내용이다.

(1) 통합적 경험의 관찰

유아는 놀이하면서 5개 영역의 내용을 통합적으로 경험할 수 있다. 즉, 유아의 놀이는 영역 간의 경계 없이 통합적으로 이루어지는 경험이다. 예를 들어, 유아는 모래놀이를 하면서 신체를 움직이고 친구들과 이야기하면서 그림을 그릴 수도 있다. 따라서 교사는 누리과정에 포함된 5개 영역의 각 내용이 유아가 놀이하며 통합적으로 경험하는 과정임을 이해해야 한다. 다음은 둘 이상의 서로 다른 영역들 간의 내용 및 요소들이 융합함으로써 또 하나의 활동으로 재구성되어 놀이하는 유아의 통합적 경험으로서 자유놀이에 대한 사례이다(오연주 외, 2020).

❶ 역할놀이와 모래놀이의 통합

모래는 다양한 형태로 조작하기 쉬운 비구조적 특성으로 인해 유아에게 상상력을 갖게 한다. 유아들은 모래놀이에서 모래를 스파게티로 가작화하면서 자신의 경험에 근거한 역할놀이를 하였다. 즉, 유아들은 모래놀이를 하면서 모래를 스파게티로 가작화하는 상상놀이를 연결하여 놀이를 하고 있다.

> 유아들이 다양한 크기의 용기, 스푼을 가지고 모래놀이를 한다. 지민이가 그릇에 풀을 담은 것을 보여 주면서 "얘들아, 우리 이 풀로 뭐 만들까?"라고 묻는다. 승아는 지민이가 내민 그릇을 보면서 "물하고 모래랑 섞어. 비벼 비벼어~ 요리! 요리 스파게티 요리~이!" 하며 외친다. 유아들이 풀과 모래를 섞으면서 스파게티라고 한다. 승아가 "내가 손님 할까?"라고 지민이에게 묻는다. 지민이가 "어서 오세요. 뭐 드릴까요? 손님." 하자 승아가 "스파게티 주세요. 그런데 음료수는 안 파나요?"라고 묻는다. 지민이가 "유치원에서 가져온 냉차는 진짜로 마셔도 되니까. 냉차 사 먹어." 하자 승아는 "네. 그럼, 맛있게 해서 만들어 주세요."라고 말한다.

유아는 이러한 놀이를 통해 먹을 수 있는 것과 먹을 수 없는 것에 대한 현실적 인지를 동시에 하게 된다. 유아는 놀이하면서 동시에 두 차원에서 조작하는 것을 배우게 된다. 하나는 사물과 행동의 가작화의 의미를 배우며, 다른 차원에서는 놀이에 사용되는 사물과 활동의 현실적인 의미를 동시에 배우게 된다.

❷ 물놀이와 과학놀이의 통합

유아들의 흙과 물을 이용한 물놀이는 기존에 가지고 있던 더럽다는 이미지를 탈피해 색다른 경험을 제공해 주었다. 유아들은 흙이 물을 만나면 딱딱했던 성질이 미끌미끌하고 부드러운 성질로 변한다는 것을 놀이를 통해 체험하게 되었다.

유아들은 흙에서 물과 함께 놀이를 한다. 성진이가 땅바닥 위를 폴짝폴짝 뛰며 "지난번에 물을 넣어 뒀는데 다시 땅이 딱딱해졌어."라고 말한다. 주은이가 위로 점프를 하면서 "정말 땅이 딱딱하다. 선생님 빨리 물 넣어주세요." 하자 교사가 "그래, 이제 물 들어간다."라고 말하며 유아들이 서 있는 곳에 호스를 연결해 물을 넣는다. 유아들은 물이 고인 땅을 발로 문지르며 "아! 아~~하하하." 소리를 내며 웃는다. 성진이가 발을 앞으로 쭈욱 내밀며 "딱딱했던 땅이 점점 미끌미끌해진다."라고 말한다. 교사는 유아들을 보며 "정말 흙이랑 물이랑 만나니까 딱딱했던 땅이 점점 부드러워지면서 미끄러워진다." 하며 발로 땅을 민다. 주은이가 갑자기 물이 고인 땅바닥에 앉는다. "얘들아, 그런데 앉아 봐. 엄청 따뜻해~~"라고 주은이가 외치자 다른 유아들도 따라서 앉는다. 성진이가 "오~ 따뜻하고 좋은데!"라고 말하자 "정말 물이 따뜻하다. 왜 이렇게 따뜻한 거야?"라고 교사가 묻는다. 교사의 물음에 주은이가 "햇빛 때문에 그런 거죠. 이렇게 햇빛이 물을 따뜻하게 해 주니까."라고 대답한다.

유아의 흙을 이용한 물놀이는 고여 있던 물이 햇빛을 받으면 따뜻해진다는 감각적 경험을 통해 땅의 성질과 물의 온도와 같은 과학적 개념을 자연스럽게 습득하게 하였다.

❸ 신체놀이와 음률놀이의 통합

유아들은 악기를 탐색하고 연주해 보는 기회를 통해서도 음악적 요소인 박자와 리듬을 발견한다. 또한, 음악적 경험과 언어 또는 신체적 표현을 혼합한 통합적 활동은 유아에게 즐거움을 주며 정서적 발달을 촉진한다.

> 유아들이 다양한 악기를 탐색하며 직접 두드린다. 혜린이가 북을 손바닥으로 두드리면서 "우와~ 재미있다." 하자 유진이가 "선생님, 나도 그거 해 볼래요."라고 말하며 혜린이가 들고 있는 북을 만지려 한다. 혜린이가 북을 주지 않으려 하자 유진이는 "나도 하고 싶어~" 하며 외친다. 교사는 모든 유아들이 하나의 악기를 치고 싶어 하는 것을 본 후, 놀이를 제안한다. 한 명의 유아가 신체로 표현하는 몸짓을 보고, 몸짓에 따라 다른 유아들이 악기를 작게도, 크게도 두드리기로 약속한다. 승준이가 혜린이가 손으로 작게 표현하는 몸짓을 보며 "야~ 아주 작게 쳐야 해. 더 작게 쳐!"라고 속삭인다. 교사가 혜린이가 손으로 크게 표현하는 몸짓을 보고는 "얘들아, 혜린이가 어떻게 하고 있을까?"라고 묻자 유진이가 "점점 커지고 있어요. 우아! 크게 크게 쳐야 해!"라고 외친다.

유아들은 악기를 탐색하면서 자유롭게 두드리는 활동을 통해 서로 다른 소리의 크기를 경험하였다. 유아들의 악기와 신체표현의 연결은 음악적 즐거움과 또래와의 상호작용을 증가시켜 주었다. 친구의 동작을 관찰하면서 표현하는 몸짓을 통해 자신의 악기를 크게, 작게 두드리는 활동은 유아들의 신체조절 능력과 음악적 요소인 리듬감을 자연스럽게 발견하게 하였다.

교사는 유아의 각 영역의 통합적인 경험이 발생하는 자유놀이의 맥락을 이해하고 지원하여 유아의 놀이가 확장될 수 있도록 해야 한다.

(2) 놀이를 통한 발달 관찰

교사는 유아의 놀이를 관찰하면서 또래와의 상호작용을 통해 자연스럽게 발달이 이루어지는 것을 관찰할 수 있다. 즉, 또래에게 도움을 요청하여 문제를 해결하는 사회성 발달이나 자신의 감정과 생각을 상황에 따라 적절하게 자기의사로 표현할 수 있는 언어발달 등을 볼 수 있다. 유아의 놀이로 인한 즐거움과 자발성은 효과적인 학습이 이루어지게 하며, 전인적인 발달과 사회성을 촉진하는 수단이 된다. 놀이는 유아에게 즐거운 정서적 경험을 하게 함으로써 내적 동기를 갖게 하고 적극적인 참여를 하게 한다. 또한, 사물에 대한 자발적인 탐구와 자유롭고 융통성 있는 다양한 시도는 유아의 창의성을 발달하게 한다. 따라서 유아의 놀이는 유아의 발달을 촉진하고 배움을 넓혀주는 교육적 가치를 갖는다고 할 수 있다. 다음은 유아가 자유놀이를 하는 과정에서 발달이나 배움을 습득하는 것을 볼 수 있는 사례이다.

다윤이는 가방 검사대를 만들기 위해 친구들과 함께 상자에 색지를 붙인다. 자를 이용하여 상자의 길이를 잰 뒤 가위로 색지를 오린다. 색지를 붙이려는데 색지가 자꾸 여기저기로 휜다. 그러자 옆 친구에게 "이것 좀 같이 잡아 줘. 혼자 하니까 너무 길어서 자꾸 움직여."라며 도움을 요청한다. 옆 친구가 다윤이를 도와 색지를 잡고 함께 붙이자 "도와줘서 고마워."라며 웃는다.

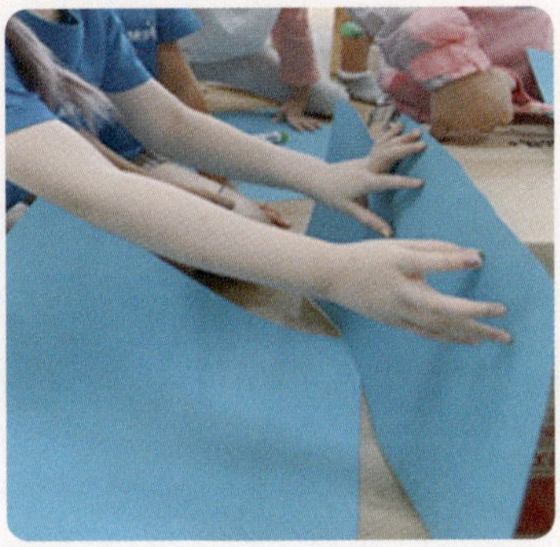

위 사례에서 가방 검사대를 만드는 과정에서 문제가 발생하자 또래에게 도움을 요청하는 것을 볼 수 있다. 유아는 친구와 협력해 문제를 해결하는 친사회적 행동과 도움을 주었을 때 "도와줘서 고마워."라고 상황에 맞는 의사 표현을 하였다. 또한, 상자의 크기를 자로 재서 색지를 오리는 모습을 통해 유아가 측정에 대한 개념과 방법을 이해하고 있음을 알 수 있다. 이처럼 유아의 놀이를 통해 또래와의 사회적 관계와 의사소통, 사물에 대한 탐구와 이해하는 수준을 관찰할 수 있다.

유아들의 주도적이고 자율적인 놀이는 성인의 관점에서 본다면 주제나 흐름이 없어 보일 수 있다. 그러나 유아들은 놀이 과정에서 스스로 협력을 통해 문제를 해결하고 주제를 만들면서 사회성을 발달시킨다. 또한, 또래와 상호작용을 하면서 정보나 모델링을 통해 자연스럽게 지식을 습득하게 된다.

정민이는 다른 반 친구들을 초대하여 함께 놀이한다. 여행을 가려고 하는데 다른 반 친구가 "어? 나는 가방이 없는데?"라고 하자 정민이가 "잠깐만."이라고 하더니 미술 영역에서 종이와 색연필, 가위를 챙겨 온다. "여기에 가방 그려서 만들면 되지 않을까?"라고 한 뒤 친구의 가방 만드는 것을 도와준다. 가방을 완성한 뒤 비행기를 타러 가는 친구에게 정민이가 "가방 먼저 검사를 하고 가야 돼! 이렇게~"라며 가방 검사하는 방법을 보여 준다.

놀이에 초대한 친구가 가방이 없어 같이 놀이를 할 수 없는 상황이 발생하자 유아는 문제를 해결할 수 있는 방안을 제시하고 도움을 제공하였다. 유아의 놀이는 자신과 타인의 사회적 관계의 학습, 즉 사회성을 개발하는 중요한 역할을 한다. 유아는 자신이 특별하다는 것을 알 뿐만 아니라 다른 사람과 더불어 사는 방법을 배움으로써 책임 있는 사회인으로 성장하게 한다.

(3) 유아-유아, 교사-유아, 유아-환경의 상호작용 관찰

유아는 자유놀이를 통해 유아–유아, 교사–유아, 유아–환경의 상호작용과 다양한 상호작용을 한다. 이러한 상호작용에 관찰은 유아의 사물과 사람에 대한 태도와 관계성을 이해할 수 있게 한다. 교사는 유아의 다양한 상호작용을 격려하고 유아의 놀이를 지지하고 공감하면서 긍정적으로 교감해야 한다. 또한, 유아가 환경과 능동적으로 상호작용하게 함으로써 다양한 놀이와 활동을 할 수 있도록 지원해야 한다. 다음은 유아의 자유놀이에서 나타나는 유아–유아, 교사–유아, 유아–환경의 상호작용 관찰에 관한 내용이다.

❶ 유아-유아의 상호작용

유아는 놀이 가운데 다른 유아와 긍정적 · 부정적으로 상호작용하면서 자신의 감정과 생각을 표현하고 전달한다. 다음은 유아가 다른 유아에게 관심을 보이며 상호작용하는 것을 볼 수 있는 사례이다.

교사가 "친구랑 손을 잡고 산책 가 볼까?"라고 하자 윤수는 "나는 진아랑 손잡을래."라고 말하고 진아의 손을 잡는다. 진아와 손을 잡고 걸으면서 "진아야, 꽃이 많이 폈지? 예쁘다. 그렇지?"라고 말하고 진홍색 영산홍을 바라보며 "진아야, 나는 이 핑크색 꽃이 좋아. 너는?"이라고 말하며 진아를 바라본다. 진아가 "나도 핑크색 꽃 좋아."라고 하자 "진짜? 나랑 똑같네. 우리 둘이 똑같네."라고 마주 보고 웃는다. 바닥에 떨어진 영산홍을 주워 진아에게 건네준다.

유아는 자신이 관심 있는 또래에게 관심을 나타내면서 자신의 감정을 표현하였다. 유아와 유아의 상황에 적합한 자유로운 정서 표현은 서로에 대한 공감대를 형성하게 하며, 긍정적인 상호작용과 관계 형성을 하게 한다.

❷ 교사-유아의 상호작용

교사는 유아의 놀이를 관찰하면서 유아의 관심과 흥미가 어디 있는지를 파악하고 언어적 · 비언어적인 상호작용을 통해 유아의 놀이를 수용하고 격려할 수 있다. 또한, 유아의 상상을 통한 의인화와 가작화한 놀이표현을 지지하고 공감하면서 상호작용해야 한다. 교사는 유아와 함께 놀이하는 사람으로서 놀이에서 발생하는 갈등이나 문제를 유아와 함께 해결하면서 상호작용을 할 수 있다. 다음은 교사가 유아의 활동을 관찰하면서 유아에게 도움을 제공하고 상호작용하는 사례이다.

윤진이는 도화지 위에 검은색 색연필을 가지고 좌우로 불규칙적인 선을 그리고 크게 동그라미를 그린다. 교사에게 "선생님. 이것 좀 봐 봐요."라고 말한다. 교사가 무엇을 그렸는지 소개해 줄 수 있는지 묻자 "이거 엘모버스에요."라고 말하고 자신의 가방을 가리키며 가방에 걸린 고리를 들어 보이며 "이거에요."라고 말한다. 분홍색 색연필을 꺼내어 커다란 동그라미 안과 주변을 좌우로 움직이며 색을 칠한다. "더 더 예뻐지죠? 엄마한테 줄래요."라고 말하며 거의 빈틈없이 분홍색으로 칠한다. 다 칠한 후 "선생님. 내가 했으니까 ㅇ윤진이라고 여기다 써 줘."라고 한다. 교사가 "ㅇ윤진"이라고 쓰면서 읽으니 윤진이도 "ㅇ윤진"이라고 따라 한다.

유아가 자율적으로 그림을 그리는 놀이를 하면서 교사에게 자신의 이름을 써 달라고 도움을 요청하자 교사는 글자를 써 주며 유아가 글자에 흥미를 가질 수 있도록 읽어 주었다. 교사는 유아의 놀이가 지속될 수 있도록 유아가 요청하는 놀이자료나 도움을 지원하면서 상호작용할 수 있다. 또한, 유아가 놀이하면서 갈등이나 문제가 발생했을 때 제안하거나 함께 놀이하며 상호작용할 수 있다. 예를 들어, 유아의 자유놀이를 관찰하면서 유아가 실외놀이 시 계속 놀이공간을 벗어나 뛰어다니는 경우, 유아와 범위를 정하고 "우리 어디까지만 놀이를 할 수 있는지 표시해 볼까?" 하고 교사가 확인할 수 있는 안전거리 내에서 유아가 놀이를 할 수 있도록 지도할 수 있다. 그리고 유아가 다른 친구들의 노는 모습만 지켜본다면 교사는 유아들의 놀이에 함께 참여하면서 "○○아, 우리도 놀이 같이해 볼까?", "얘들아, ○○이는 ~을 아주 잘할 수 있어!"라고 말하면서 소외된 유아가 놀이에 참여할 수 있도록 지원할 수 있다. 유아가 사회성이 부족하여 표현을 못 할 경우에는 "○○이가 친구들과 같이 놀이하고 싶구나! 그럼 친구들에게 다가가 '나도 같이 놀자'라고 이야기해 보는 건 어떨까?" 하며 유아에게 말로 표현할 수 있도록 제안할 수 있다.

❸ 유아-환경의 상호작용

유아의 놀이자료는 위험하거나 유해하지만 않다면 일상의 사물, 자연물, 자연현상과 같은 모든 것이 놀이를 위한 자료가 될 수 있다. 유아는 주변의 생물과 자연물을 놀이하는 과정에서 경험하며 관심을 갖게 된다. 유아와 환경의 능동적인 상호작용은 다양한 놀이와 탐색을 통해 스스로 배움을 갖게 한다.

> 친구들과 같이 손을 잡고 어린이집 주변을 산책한다. 쌍룡 근린공원으로 이동하는 중에 바닥에 있는 지렁이를 발견한다. "선생님, 이것 좀 보세요. 지렁인데 죽었어요. 하늘나라 갔어요."라고 한다. "그러네. 그런데 지렁이가 왜 이렇게 됐을까?"라고 물으니 "음, 밥을 안 먹었나 봐."라고 한다. 교사가 "그렇구나. 지렁이는 물을 좋아하는데 지금 햇볕이 너무 쨍쨍해서 말라서 이렇게 된 것 같아."라고 해 주니 "아, 선생님. 여기 또 있어요."라고 말하며 지렁이를 물끄러미 바라보며 몸을 기울여 앉아서 관찰한다.

유아를 자세히 관찰하는 것은 유아가 어떠한 도움을 필요로 하는지를 알 수 있게 하며, 효과적인 교사의 지원은 놀이를 지속시켜 줌과 동시에 자연과 일상의 경험을 풍부하게 한다. 유아는 다양한 놀이자료를 탐색하면서 배움이 일어난다. 따라서 교사는 다양한 놀이자료를 경험할 수 있도록 지원하고 유아가 주도적으로 놀이자료를 탐색할 수 있도록 지지해 주어야 한다.

식물 탐색

상상놀이

곤충 탐색

교사는 유아의 자유놀이를 관찰하면서 놀이를 지원하고 자신이 적절한 지원을 하고 있는지에 대한 반성적 사고와 평가를 해야 한다. 다음의 〈표 4-6〉은 유아 놀이에 대한 교사의 관찰을 평가할 수 있는 놀이 상호작용에 대한 교사평정척도의 예시이다.

〈표 4-6〉 유아의 놀이 상호작용에 대한 교사 관찰평정척도 예시

	내용	전혀 그렇지 않다 1	별로 그렇지 않다 2	보통 이다 3	대체로 그렇다 4	매우 그렇다 5
1	유아의 통합적 놀이활동을 이해하고 지원한다.					
2	유아의 발달에 맞는 놀이와 활동을 지원한다.					
3	유아가 자유롭게 놀이나 다른 활동에 참여할 수 있도록 편안하고 다양한 놀이 환경을 마련해 준다.					
4	유아가 호기심이나 흥미를 보이는 놀이를 격려해 준다.					
5	협동하기, 규칙 지키기, 문제해결 의논하기 같은 유아의 친사회적 행동을 격려한다.					
6	유아가 힘으로 문제를 해결하는 대신 의사소통으로 해결하도록 한다.					
7	유아 발달에 맞는 사회적 행동을 기대한다.					

3) 영유아 놀이와 상호작용

교사는 영유아의 놀이를 관찰하면서 적절하게 상호작용을 하면서 놀이를 확장시키거나 배움이 지속될 수 있게 할 수 있다. 교사의 상호작용으로는 관찰, 제안, 놀이참여, 질문, 정서적 지원이 있으며, 내용은 다음과 같다(오연주, 2020).

(1) 관찰하기

유아가 누구와 놀이를 하는지 어떤 관계를 맺고 있는지, 어떤 놀이를 좋아하는지에 대한 관찰을 통해 놀이를 지원할 수 있다. 교사는 유아의 놀이를 관찰하면서 각자의 특성을 파악하여 적절한 지원을 제공할 수 있다.

- 유아가 놀이에서 어떠한 것에 흥미를 보이고 탐색하는지 관찰한다.
  - ㊞ 신문지(찢기, 움켜잡기, 던지기, 뿌리기 등)를 이용해 놀이를 하고 있다. 교사는 유아들이 놀이하는 모습을 지켜보며 조금씩 웃고 있다.

(2) 제안하기

유아의 놀이 과정에서 안전이나 규칙의 문제가 발생했을 때, 또는 놀이를 확장하기 위해 제안하여 지원할 수 있다.

> '꼬불꼬불 마을 길' 놀이를 하던 유아가 "선생님, 자꾸 싸워서 안 되겠어요. 약속을 적어 넣고 놀이를 해야겠어요."라고 교사에게 이야기한다. 교사는 유아들이 약속을 기록할 수 있도록 기록지와 필기구를 준비하고 유아 스스로 기록할 수 있게 도움을 지원한다.

(3) 놀이참여하기

유아의 놀이에 교사가 함께 참여함으로써 유아는 공감대를 형성하고 즐거움을 갖게 된다. 또한, 어떤 유아가 의사소통에 어려움이 있어 또래놀이에 참여하지 못하는 경우, 교사가 같이 참여하여 또래들과 함께 놀이 할 수 있는 계기를 만들 수 있다.

> 유치원 주차장 만들기 놀이를 하는 유아들 사이로 ㅇㅇ가 또래와 어울리지 못한 채 주차장 만들기를 하고 있다. 유아 한 명이 교사에게 다가와 "선생님, ㅇㅇ이가 우리 유치원 만드는데 자꾸 방해해요."라고 말한다. 교사는 ㅇㅇ에게 다가가 "ㅇㅇ아, 주차장 만들고 싶어?"라고 묻자 ㅇㅇ는 "왜 나만 못 만들게 해요?"라고 말한다. 교사는 ㅇㅇ에게 친구들이 무엇을 만들려고 하는지에 대해 설명하고 유아들 놀이에 함께 참여한다.

(4) 질문하기

유아의 놀이 관찰을 기반으로 놀이가 지속되거나 확장될 수 있도록 질문을 할 수 있다. 교사는 유아의 놀이에 개방적 · 인지적 질문을 함으로써 스스로 문제해결을 할 수 있도록 지원할 수 있다.

유아들이 재배한 벼를 추수하려고 한다. 추수할 도구인 낫이 유아가 사용하기에는 어려워 교사가 유아들 스스로 해결방안을 찾을 수 있도록 질문을 한다.

교 사: 어떤 도구를 사용하면 안전하게 벼를 자를 수 있을까?
유아 1: 아! 가위요. 자르는 것이니까.
유아 2: 그러게. 가위는 우리가 사용할 수 있어.
유아 3: 가위로 이렇게 잡아서 자르면 되네. 히히~

(5) 정서적 지원하기

유아의 놀이에 감탄 어린 말과 격려와 같은 언어적 상호작용, 미소와 끄덕거림 같은 비언어적 상호작용을 통해 정서적 지원을 할 수 있다.

교사와 유아들이 신문지를 탐색하고 찢으며 놀이를 한다. 한 유아가 신문지를 만지작거리며 망설인다.

교사: ㅇㅇ야, 우리 신문지 같이 찢어 볼까?
유아: (신문지를 들고 물끄러미 바라본다)
교사: 자 선생님이 찢어 볼게. (교사가 신문을 찢는다.)
　　　와! 지지직! 소리도 난다. ㅇㅇ이도 해 볼까?
유아: (조금 자르며 교사의 눈치를 살핀다.)
교사: ㅇㅇ이가 자를 때는 조그마한 소리로 스스슥 하네.
(ㅇㅇ이가 신문을 찢기 시작한다. 점점 신문을 길게 자르며 얼굴에 미소도 커진다.)

교사의 상호작용은 언어적 · 비언어적으로 영유아의 놀이를 지지하고 격려할 수 있다.

유아 놀이 및 활동 지원 관찰예시

평가내용		예시
교사는 놀이와 활동이 영유아의 자발적 선택에 의해 주도적으로 이루어지도록 격려한다. ☐Y ☐N	영아	• 의도적인 대집단 활동을 실시하지 않음
		긍정적 신호: 미소, 끄덕임, 부드러운 시선 주기, 공감하기, ○○를 해 보고 싶구나, ~를 ○○ 해 보니 재미있구나 등의 언어적 표현하기
	유아	• 대집단 활동은 필요한 경우에 최소한으로 실시함 • 교사는 유아의 놀이 과정을 언어로 표현하여 유아의 놀이 선택과 시도를 인정하고 격려함
		예 1: 동물원에 호랑이들이 살고 있구나! 예 2: 호랑이가 서 있게 하려고 다리를 튼튼하게 만들고 있구나.
교사는 개별 영유아가 좋아하는 놀이와 활동을 주도적으로 진행하도록 격려한다. ☐Y ☐N	영아	• 모양조각을 맞추어 끼워 놓는 놀잇감을 꺼낸 영아가 모양조각을 조작하지 않고 쏟는 것을 즐길 때, 교사가 영아와 함께 조각을 통에 담고, 쏟아질 때의 소리를 함께 즐기며 언어를 확장
		예: 통 안에 담았네. 우르르 쏟아졌네.
	유아	• 교사가 일방적인 설명이나 통제, 지시로 일관하며, 유아의 호기심과 동기유발을 방해하지 않음 예: 유아가 모래놀이터에서 물웅덩이를 만들고 싶어하지만, 물이 자꾸 없어진다며 화를 내는 경우
		[적절한 상호작용] 예 1: ○○가 물웅덩이를 만들고 싶구나. 예 2: 물이 왜 없어질까? 예 3: 물은 어디로 가는 걸까? 예 4: 물이 모래 속으로 들어가지 않게 할 수 있는 방법이나 또는 재료가 있을까? [부적절한 상호작용 예] 예 1: ○○아, 모래는 물을 흡수하니까 물웅덩이를 만들 수 없어. 예 2: 선생님처럼 모래 위에 비닐을 깔고 물을 부어야 해, 따라서 해 봐.

<table>
<tr><th>평가내용</th><th colspan="2">예시</th></tr>
<tr><td rowspan="7">놀이에 참여하지 못하고 배회하거나 방관하는 영유아가 있는 경우, 영유아가 놀이에 자발적인 흥미를 가질 수 있도록 지원한다.

□Y □N</td><td rowspan="2">영아</td><td>영아가 흥미를 가질 만한 놀잇감이나 다양한 자료를 탐색해볼 수 있도록 권유함</td></tr>
<tr><td>예 1: (신문지 등 종이를 구겨 들려주며) 바스락바스락, 사각사각, 종이에서 소리가 나네, 우리 ○○도 한 번 만져 볼까?
예 2: (땅속 구멍을 보며) 이 구멍에 뭐가 있을까?</td></tr>
<tr><td rowspan="5">유아</td><td>교사는 놀이에 참여하지 못하는 유아에게 또래가 하고 있는 놀이나 활동에 대해 안내하고 참여 의사를 확인</td></tr>
<tr><td>예 1: △△가 게임을 하고 있어. ○○도 하고 싶으면 언제든 말해 줘.</td></tr>
<tr><td>예 2: 순무 동극을 하고 있는데 할아버지 역할을 할 사람이 없네.
예 3: 자동차 길을 만들고 있는데 터널을 만들어 줄 사람이 필요해.</td></tr>
<tr><td>유아가 또래가 하고 있는 놀이에 자연스럽게 참여할 수 있도록 필요한 역할을 권유함</td></tr>
<tr><td>예 1: (자동차 놀이를 하는 유아에게) 기름은 어디에 넣어요?
예 2: (놀이를 찾지 못하고 있는 유아에게) 친구들이 주유소를 찾고 있대. ○○가 주유소에서 기름을 넣어줄 수 있겠니?</td></tr>
</table>

출처: 한 번에 끝내는 어린이집 평가제(2020) 재구성.

유아 놀이 및 활동 지원 관찰 작성해 보기

평가내용	예시	
교사는 놀이와 활동이 영유아의 자발적 선택에 의해 주도적으로 이루어지도록 격려한다. □ Y □ N	영아	[상황예시]
	유아	[상황예시]
교사는 개별 영유아가 좋아하는 놀이와 활동을 주도적으로 진행하도록 격려한다. □ Y □ N	영아	[상황예시]
	유아	[상황예시]

<table>
<tr><th>평가내용</th><th colspan="2">예시</th></tr>
<tr><td rowspan="4">놀이에 참여하지 못하고 배회하거나 방관하는 영유아가 있는 경우, 영유아가 놀이에 자발적인 흥미를 가질 수 있도록 지원한다.

□Y □N</td><td rowspan="2">영아</td><td></td></tr>
<tr><td>[상황예시]</td></tr>
<tr><td rowspan="2">유아</td><td></td></tr>
<tr><td>[상황예시]</td></tr>
</table>

생각을 모아요

실습에서 관찰한 하루 일과의 내용을 기록해 보세요.

영아반 하루 일과의 관찰

관찰일시: 20○○.○○.○○.
관찰학급: 파랑반(만 1세반)
관 찰 자: ○○○

일과		관찰내용
등원	영아들이 처음 교실에 와서 하는 행동은?	
	영아들과 선생님이 아침인사를 하는 방법은?	
	인사를 마치고 영아들이 하는 활동은?	
간식·급식	식사 시간이 길어지는 영아를 독려하는 선생님의 방법은?	
	편식하는 영아에 대해서 선생님은 어떻게 대처하나요?	
	과하게 먹으려고 하는 영아에게 선생님은 어떻게 대처하나요?	
	먼저 식사를 마친 영아들은 무엇을 하나요?	
자유놀이	놀이자료와 놀이에 관심을 보이나요?	
	흥미를 보이는 놀이는 무엇인가요?	
	원하는 바를 교사나 친구에게 표현하나요?	
낮잠 및 휴식	낮잠 준비를 어떻게 하나요?	
	낮잠 자기를 싫어하는 영아를 어떻게 하나요?	
	낮잠을 자기 위한 환경은 어떤가요?	
	일찍 일어나는 영아들은 무엇을 하나요?	
하원	귀가 준비를 위해서 영아들은 무엇을 하나요?	
	선생님과 영아들이 귀가 전에 하는 이야기를 간단하게 정리해 보세요.	
	내일의 활동에 대한 기대를 주기 위해 무엇을 하나요?	

생각을 모아요

실습에서 관찰한 하루 일과의 내용을 기록해 보세요.

유아반 하루 일과의 관찰

관찰일시: 20○○.○○.○○.
관찰학급: 보라반(만 5세반)
관 찰 자: ○○○

일과		관찰내용
등원	유아들이 처음 교실에 와서 하는 행동은?	
	유아들과 선생님이 아침인사를 하는 방법은?	
	인사를 마치고 유아들이 하는 활동은?	
간식 · 급식	유아들은 어떻게 식사준비를 하나요?	
	식사 시간이 길어지는 유아를 독려하는 선생님의 방법은?	
	편식을 하는 유아에 대해서 선생님은 어떻게 대처하나요?	
	과하게 먹으려고 하는 유아에게 선생님은 어떻게 대처하나요?	
	먼저 식사를 마친 유아들은 무엇을 하나요?	
자유 놀이	놀이자료와 놀이에 관심을 보이나요?	
	흥미를 보이는 놀이는 무엇인가요?	
	원하는 바를 교사나 친구에게 표현하나요?	
하원	귀가 준비를 위해서 유아들은 무엇을 하나요?	
	선생님과 유아들이 귀가 전에 하는 이야기를 간단하게 정리해 보세요.	
	내일의 활동에 대한 기대를 주기 위해 무엇을 하나요?	

유아 자유놀이 시 교사의 지원 관찰

교사의 놀이지원 내용		관찰내용
자유놀이	교사는 유아가 자발적인 놀이를 할 수 있도록 적절히 지원했는가?	
	교사는 유아들이 충분히 놀이할 수 있도록 시간을 제공하였는가?	
	놀이자료는 충분히 제공되었는가?	
	놀이자료는 유아가 수월하게 꺼내어 사용할 수 있도록 배치되었는가?	
	다양한 상호작용이 일어날 수 있는 기회를 제공하였는가?	
	교사는 놀이상황을 자세히 살피고 적절히 개입했는가?	
	교사는 놀이 중 유아에게 개방적인 질문을 통해 놀이를 촉진시켰는가?	
	교사는 놀이 중 유아가 도움을 요청 시 민감하게 반응하였는가?	
	유아가 활동에 몰입하지 못할 때 도와주기 위해 행동으로 참여하였는가?	
	발달 수준에 맞는 최소한의 약속과 규칙을 설정하였는가?	
	교사는 유아가 약속과 규칙을 자율적으로 지켜가도록 반복적이고 일관적으로 격려했는가?	
	유아가 또래와의 관계에서 다양한 해결방안을 사용하도록 격려하고 지원했는가?	

현장관찰실습에티켓

현장관찰 실습을 통하여 예비교사로서 성장하기 위한 자기점검입니다.

현장 관찰자 에티켓

	현장 관찰자 에티켓	그렇다	아니다
1	관찰기관에 5분 전 도착하여 웃으며 인사한다.		
2	관찰하는 동안 밝고 고운 말을 사용한다.		
3	유아의 개별적 욕구를 존중한다.		
4	개별 유아의 발달상태, 문제상황, 특기 등을 파악하려 노력한다.		
5	관찰 후의 활동도 성실히 임하여 반드시 일자를 시간별로 작성한다.		
6	현장관찰에서 알게 된 원아 신상, 원 내의 이야기는 절대 외부에서 이야기하지 않는다.		
7	현장관찰생은 관찰기관의 교육방침을 이해하여 적극적으로 협력하고 그 기관의 규정을 엄수하도록 한다.		
8	현장관찰 종료 시 지도교사에게 보고하고 인사한 후에 귀가하는가?		
9	유아 부모 교사를 존중한다.		
10	현장관찰 시 관찰기록작성에 어려운 면이 있었는지 점검하고 어려운 점을 개선하려는 노력을 할 각오를 갖는가?		

CHAPTER

5 영아의 관찰과 평가의 이해

학습목표 4차 표준보육과정을 기반으로 한 영아관찰을 통해 놀이지원을 계획할 수 있다.

- 4차 표준보육과정의 이해와 평가
- 4차 표준보육과정을 기반으로 영아 놀이를 지원하는 능력
- 영아의 흥미와 자발성을 존중하는 태도

1. 표준보육과정에 기초한 영아관찰

제4차 어린이집 표준보육과정은 2019년 개정 누리과정을 시작으로 '3차 어린이집 표준보육과정을 개정하여 0~1세와 2세의 보육과정을 개정하고 영아 관련 내용을 보완하였다. 내용 구성 체계에 있어 기존의 6개 영역을 유지하면서 0~1세의 4수준, 2세의 2수준으로 구분하였던 세부 내용을 통합하고 간략화하였다. 영유아의 관찰 및 평가 결과는 영유아에 대한 이해와 표준보육과정 운영 개선을 위한 자료와 학부모상담 자료로 활용할 수 있다(보건복지부, 2020).

1) 기본생활 영역

(1) 기본생활 영역 범주와 내용

기본생활 영역은 영아가 편안하고 자연스럽게 건강하고 안전한 일상생활을 경험하는 것을 목표로 한다. 기본생활 영역의 '건강하게 생활하기'는 몸을 깨끗이 할 때의 기분 좋음과 위생과 청결에 대한 기본적인 감각을 기르는 것이다. '안전하게 생활하기'는 안전한 상황에서 놀이하고 생활하도록 하는 내용이다(보건복지부, 2020). 다음은 기본생활 영역의 범주와 내용이다.

〈표 5-1〉 기본생활 영역 범주와 내용

연령	범주	내용
0~1세	건강하게 생활하기	도움을 받아 몸을 깨끗이 한다.
		음식을 즐겁게 먹는다.
		하루 일과를 편안하게 경험한다.
		배변 의사를 표현한다.
	안전하게 생활하기	안전한 상황에서 놀이하고 생활한다.
		안전한 상황에서 교통수단을 이용해 본다.
		위험하다는 말에 주의한다.

연령	범주	내용
2세	건강하게 생활하기	자신의 몸을 깨끗이 해 본다.
		음식에 관심을 가지고 즐겁게 먹는다.
		하루 일과를 즐겁게 경험한다.
	안전하게 생활하기	일상에서 안전하게 놀이하고 생활한다.
		교통수단을 안전하게 이용해 본다.
		위험한 상황에 대처하는 방법을 경험한다.

(2) 기본생활 영역의 관찰 사례

영아의 신체의 청결과 위생, 즐거운 식사, 배변 습관의 경험, 안전한 놀이와 생활, 위험한 상황에서의 대처 등은 건강하고 안전한 생활습관의 기초를 형성할 수 있다(보건복지부, 2020). 다음은 기본생활에 영역에 관한 관찰 사례이다.

기본생활 영역 관찰 사례

관찰 영아	○○○(만 1세)	성별	여	생년월일	20○○년 ○○월 ○○일 오전 11시
관찰자	담임교사: ○○○			관찰장소	노랑반 교실
영역	건강하게 생활하기 〉 배변 의사를 표현한다.				
관찰	수민이는 블록놀이를 하다가 바지의 앞섶을 잡고 교사 앞에 가만히 선다. 교사는 수민이를 바라보며 "수민아 왔어?"라고 말한다. 수민이는 바지 앞섶을 손으로 계속 만지작거리면서 "응응"거린다. 교사는 수민이의 표정을 살피고 "수민아, 쉬 마려우니?" 하면서 수민의 기저귀를 확인한다. 교사는 수민이를 기저귀 갈이대에 눕히며 "수민아, 기저귀가 축축해서 기저귀를 갈고 싶었구나" 하며 젖은 기저귀를 갈아준다.				
해석 및 지원	영아가 배변 의사를 표정과 바지의 앞섶을 잡는 행동을 통해 표현하면서 교사와 상호작용하였다. 교사는 영아의 '도와 달라'는 신체적 요구를 민감하게 알아차리고 즉각적으로 반응하고 도움을 제공하였다. 영아가 배변에 관심을 보이고 배변 의사를 표현하므로 배변과 관련된 책과 놀잇감을 준비하여 관심을 확장하고 변기에 배변할 수 있는 기회를 마련해 주었다.				

교사는 영아가 편안하고 안전한 일상생활을 경험할 수 있도록 민감하게 관찰하고 건강한 생활습관을 기를 수 있도록 영아의 요구와 표현에 반응해 주어야 한다.

2) 신체운동 영역

(1) 신체운동 영역 범주와 내용

신체운동 영역은 영아가 주변 자극에 반응하고 자신의 신체를 인식하며, 실내외 신체활동을 즐기도록 하는 것에 목표를 두고 있다. 신체운동 영역의 '감각과 신체 인식하기'는 감각으로 주변의 사물과 환경을 인식하며, 자신의 신체를 즐겁게 탐색해 보며 인식하는 것이다. '신체활동 즐기기'는 대소근육을 이용한 기본운동을 시도하고 신체를 이용해 실내외 신체활동을 즐기는 것이다(보건복지부, 2020). 다음은 신체운동 영역의 범주와 내용이다.

〈표 5-2〉 신체운동 영역 범주와 내용

연령	범주	내용
0~1세	감각과 신체 인식하기	감각적 자극에 반응한다.
		감각으로 주변 환경을 탐색한다.
		신체를 탐색한다.
	신체활동 즐기기	대소근육을 조절한다.
		기본운동을 시도한다.
		실내외 신체활동을 즐긴다.
2세	감각과 신체 인식하기	감각 능력을 활용한다.
		신체를 인식하고 움직인다.
	신체활동 즐기기	대소근육을 조절한다.
		기본운동을 시도한다.
		실내외 신체활동을 즐긴다.

(2) 신체운동 영역의 관찰 사례

영아는 몸을 움직이면서 자신의 신체와 주변 사물 환경에 대한 인식을 한다. 또한, 신체를 이용해 즐겁게 신체활동을 하면서 대소근육을 조절할 수 있다. 다음은 영아가 놀이에서 자신의 주변 환경을 감각적으로 탐색하고 신체를 자유롭게 움직이면서 대소근육을 조절하는 모습을 보여 주는 사례이다.

신체발달 영역 관찰 사례

관찰 영아	○○○(만 1세)	성별	남	생년월일	20○○년 ○○월 ○○일 오전 11시
관찰자	담임교사: ○○○			관찰장소	초록반 교실
영역	감각과 신체 인식하기 〉 감각으로 주변 환경을 탐색한다.				
관찰	교실 놀이공간에 대형전자제품을 넣었던 큰 박스가 놓여 있다. 영아들은 교실에 있는 박스에 관심을 보이며 주변을 탐색한다. 지후가 박스 안을 살피더니 안으로 들어간다. 다른 영아들도 지후를 따라서 박스 안으로 들어간다. 박스 안으로 들어간 세 명의 영아들은 박스 안에서 머리를 내밀며 깔깔댄다. 잠시 후 지후가 박스 안에서 나오자 다른 영아들도 나온다. 지후는 박스 주변을 뱅글뱅글 돌더니 박스에 코를 대고 킁킁거리며 냄새를 맡는 행동을 한다. 그리고 상자에 귀를 가만히 대고 소리를 듣는다. 영아들이 박스 안에 들어갔다 나갔다 하는 행동을 반복해서 계속한다. 영아들이 박스 안에서 움직이자 한쪽 귀퉁이가 툭 하고 뜯어지더니 상자가 부서졌다.				
해석 및 지원	영아들은 교실에 있는 큰 박스에 대한 흥미를 보이며 탐색을 하였다. 상자 안에 들어갔다가 나오는 활동과 상자의 냄새를 맡거나 소리를 듣는 감각적인 탐색을 하며 호기심을 보였다. 영아들이 상자를 가지고 단순한 놀이만 반복하는 모습을 보이므로 영아의 놀이를 좀 더 확장해 주기 위해서 상자 안에 물건을 넣어 주어 다양한 탐색을 할 수 있도록 지원하였다. 또한, 영아들이 쉽게 조작할 수 있는 작은 상자를 제공하여 택배놀이와 같은 새로운 놀이와 연결될 수 있도록 하였다.				

0~1세 영아는 자신의 주변 환경을 감각적으로 탐색하면서 자신의 신체를 인식한다. 따라서 교사는 영아의 놀이를 관찰하면서 자유롭게 사물을 탐색하고 경험할 수 있도록 다양한 놀이자료를 제공해야 한다.

3) 의사소통 영역

(1) 의사소통 영역 범주와 내용

의사소통 영역은 의사소통 능력의 기초를 형성하는 것으로 영아가 일상생활에서 다른 사람의 말이나 이야기를 듣고 말하는 것을 즐기며, 다양한 책과 이야기를 접하며 상대방의 표현을 이해하고 자신의 의사를 표현하는 과정을 통해 의사소통에 관심을 가지는 것을 목표로 한다. 의사소통 영역의 '듣기와 말하기', '읽기와 쓰기에 관심 가지기'는 영아가 듣기, 말하기, 읽기, 쓰기의 의사소통 방식에 관심을 가지고 활용하는 것이다. '책과 이야기 즐기기'는 책과 이야기에서 상상하는 즐거움을 경험하는 것이다(보건복지부, 2020). 다음은 의사소통 영역의 범주와 내용이다.

〈표 5-3〉 의사소통 영역 범주와 내용

<table>
<tr><th>연령</th><th>범주</th><th>내용</th></tr>
<tr><td rowspan="7">0~1세</td><td rowspan="3">듣기와 말하기</td><td>표정, 몸짓, 말과 주변의 소리에 관심을 갖고 듣는다.</td></tr>
<tr><td>상대방의 이야기를 들으면서 말소리를 낸다.</td></tr>
<tr><td>표정, 몸짓, 말소리로 의사 표현을 한다.</td></tr>
<tr><td rowspan="2">읽기와 쓰기에 관심 가지기</td><td>주변의 그림과 상징에 관심을 가진다.</td></tr>
<tr><td>끼적이기에 관심을 가진다.</td></tr>
<tr><td rowspan="2">책과 이야기 즐기기</td><td>책에 관심을 가진다.</td></tr>
<tr><td>이야기에 관심을 가진다.</td></tr>
<tr><td rowspan="7">2세</td><td rowspan="3">듣기와 말하기</td><td>표정, 몸짓, 말에 관심을 갖고 듣는다.</td></tr>
<tr><td>상대방의 이야기를 듣고 말한다.</td></tr>
<tr><td>표정, 몸짓, 단어 또는 문장으로 말한다.</td></tr>
<tr><td rowspan="2">읽기와 쓰기에 관심 가지기</td><td>주변의 그림과 상징, 글자에 관심을 가진다.</td></tr>
<tr><td>끼적이며 표현하기를 즐긴다.</td></tr>
<tr><td rowspan="2">책과 이야기 즐기기</td><td>책에 관심을 가지고 상상한다.</td></tr>
<tr><td>말놀이와 이야기에 재미를 느낀다.</td></tr>
</table>

(2) 의사소통 영역의 관찰 사례

영아는 유아와 달리 언어로 표현하는 것이 발달하지 않아 비언어적인 표정, 몸짓, 말소리로 의사 표현을 한다. 상대방의 말소리에 관심을 가지고 들으면서 말소리를 낸다. 다음은 영아들이 자신의 의사 표현을 몸짓이나 표정, 울음으로 표현하는 것을 보여 주는 사례이다.

의사소통 영역 관찰 사례

관찰 영아	○○○(만 1세)	성별	남	생년월일	20○○년 ○○월 ○○일 오전 10시
관찰자	담임교사: ○○○			관찰장소	분홍반 교실
영역	읽기와 쓰기에 관심 가지기 〉 끼적이기에 관심을 가진다.				
관찰	진수가 '마음대로 그려요' 끼적이기판에서 색연필로 그림을 그리고 교사에게 말하는 것을 보고 와서 수정이는 "나도, 나도."라고 하면서 빨간색 색연필을 집는다. 끼적이기판에 빨간색 색연필을 가지고 좌우로 빠르게 끼적이면서 "선생님, 이거 봐 봐."라고 말한다. 교사가 "수정이 빨갛게 그린 거 뭐야?"라고 물으니 "응, 응, 몰라."라고 한다. 그리고는 다시 좌우로 끼적거리기를 한다.				
해석 및 지원	자발적인 참여보다는 친구가 하는 것에 관심을 가지고 모방하여 끼적이기를 한다. 끼적인 종이에 나타난 흔적에 대해 무엇을 의도적으로 끼적였는지 명명하지 않고 무분별한 끼적이기 자체를 흥미로워하며 반복해서 시도한다. 앞으로 끼적이기에 더 흥미를 갖고 즐길 수 있도록 여러 가지 도구를 지원한다.				

한 영아가 끼적이기에 관심을 보이며 색연필로 끼적이자 다른 영아가 따라서 끼적이기 활동을 하는 것을 볼 수 있다. 영아들의 단순하고 반복되는 끼적이기 놀이는 어떤 대상을 구현하기보다는 끼적이는 것 그 자체에 흥미를 느끼며 하는 것이다. 또한, 다른 영아가 하는 것을 쳐다보고 따라 하는 행동을 하면서 의사소통을 하였다. 교사는 이러한 영아의 행동 맥락을 이해하고 다양한 놀이자료와 언어로 반응해 주어 의사 표현을 할 수 있도록 지원할 수 있다.

4) 사회관계 영역

(1) 사회관계 영역 범주와 내용

사회관계 영역은 영아가 다른 사람의 말을 듣고 표정을 보며 상호작용하는 것을 통해 나를 알고 친숙한 성인과 안정적인 애착을 형성하여 어린이집에서 또래, 교사와 편안하게 지내는 것을 목표로 한다. 사회관계 영역의 '나를 알고 존중하기'는 자신이 다른 사람과 다르다는 것을 알고 자신을 긍정적으로 인식하기 위한 태도를 기르는 것이다. '더불어 생활하기'에서는 0~1세는 친숙한 사람과 안정적인 애착을 형성하며 기관 안에서 편안하게 지내는 것을 중점을 두고 있으며, 2세는 다른 사람과 더불어 생활하는 경험 속에서 다른 사람의 감정과 행동에 주의를 기울이며 약속과 규칙을 지키는 것에 중점을 두고 있다(보건복지부, 2020).

〈표 5-4〉 사회관계 영역 범주와 내용

연령	범주	내용
0~1세	나를 알고 존중하기	나를 인식한다.
0~1세	나를 알고 존중하기	나와 요구와 감정을 나타낸다.
0~1세	나를 알고 존중하기	나와 친숙한 것을 안다.
0~1세	더불어 생활하기	안정적인 애착을 형성한다.
0~1세	더불어 생활하기	또래에게 관심을 가진다.
0~1세	더불어 생활하기	다른 사람의 감정과 행동에 주의를 기울인다.
0~1세	더불어 생활하기	반에서 편안하게 지낸다.
2세	나를 알고 존중하기	나와 다른 사람을 구별한다.
2세	나를 알고 존중하기	나의 감정을 표현한다.
2세	나를 알고 존중하기	내가 좋아하는 것을 한다.
2세	더불어 생활하기	가족에게 관심을 가진다.
2세	더불어 생활하기	또래와 함께 놀이한다.
2세	더불어 생활하기	다른 사람의 감정과 행동에 반응을 보인다.
2세	더불어 생활하기	반에서 규칙과 약속을 알고 지킨다.

(2) 사회관계 영역의 관찰 사례

영아는 다른 사람의 말이나 행동, 표정을 보고 상호작용을 하면서 나에 대한 인식이나 친숙한 성인과 안정적인 애착을 갖는다. 또한, 또래에 대한 관심을 가지면서 다른 사람의 행동에 주의를 기울이게 된다. 다음의 사례는 영아가 다른 영아의 감정을 이해할 수 있도록 상호작용하고 다른 사람의 감정과 행동에 반응하게 되는 것을 보여 주는 사례이다.

사회관계 영역 관찰 사례

관찰 영아	○○○(만 2세)	성별	남	생년월일	20○○년 ○○월 ○○일 오전 10시
관찰자	담임교사: ○○○			관찰장소	빨강반 교실
영역	더불어 생활하기 〉 다른 사람의 감정과 행동에 반응을 보인다.				
관찰	하윤이는 교실의 매트에 앉아 블록으로 팽이를 만들기 시작한다. 규민이가 하윤이가 만드는 팽이를 만지려 하자 하윤이는 "안 돼!" 하고 외친다. 규민이는 하윤이의 팽이를 강제로 잡아당기다가 부서뜨린다. 하윤이는 부서진 팽이를 보며 운다. 교사는 규민이를 향해 "규민아, 네가 만든 장난감을 다른 친구가 망가뜨리면 속상하지? 하윤이도 팽이 만든 걸 규민이가 부서트려서 속상하대."라고 말한다. 규민이는 말없이 고개를 숙이고 서 있는다. 교사는 규민이를 향해 "규민아, 하윤이가 많이 속상해하는데 어떻게 해야 할까?"라고 하자 규민이는 하윤이를 보며 "미안."하고 말한다. 하윤이가 부서진 팽이를 보며 계속 울자 옆에 있던 태은이가 다가와 하윤이의 눈물을 닦아 준다. 태은이는 하윤이를 보며 "내가 도와줄까?"라고 말한다. 하윤이는 말없이 고개를 끄덕인다. 태은이는 부서진 블록들을 다시 끼우기 시작한다. 완성된 블록 팽이를 하윤이에게 "자!" 하고 내민다. 교사는 하윤이에게 다가와 "태은이가 하윤이를 도와줬구나."라고 말하자 하윤이는 고개를 끄덕인다.				
해석 및 지원	하윤이가 만든 팽이를 규민이가 부서뜨리자 하윤이는 속상한 마음을 울음으로 표현하였다. 규민이는 교사의 상호작용을 통해 하윤이의 감정과 행동에 대해 미안하다는 의사 표현을 하였다. 태은이는 하윤이의 행동에 관심을 가지면서 눈물을 닦아 주고 블록 만드는 것을 도와주는 반응과 행동을 보이고 있다. 영아들은 다른 영아들과의 상호작용을 하면서 말이나 행동, 표정을 통해서 다른 영아의 감정과 행동에 관심을 보이며 반응을 하였다. 규민이는 하윤이가 만든 팽이를 보고 자신도 가지고 싶어서 빼앗는 행동을 한 것으로 보인다. 영아들이 다른 사람과 놀이를 하는 과정에서 상대방이 싫어하는 것과 좋아하는 것에 대한 감정과 행동을 이해하고 반응을 할 수 있도록 상황 역할극 놀이나 상호작용을 통해 지원한다.				

영아는 발달과정상 자기중심적인 사고를 하기에 타인에 대한 이해와 공감을 하기 어려운 부분이 있다. 따라서 교사는 영아들이 놀이 가운데 서로 뺏거나 부서뜨리는 행동을 하는 경우, 상대방의 감정을 이해할 수 있도록 언어로 상호작용하면서 지원할 수 있다. 영아들이 놀이 가운데 사회관계가 잘 형성되지 않고 갈등이 계속 발생할 경우, 약속이나 규칙을 지키는 것에 중점을 두고 실행하는 과정을 통해 사회적 발달을 촉진할 수 있다.

5) 예술경험 영역

(1) 예술경험 영역 범주와 내용

예술경험 영역은 영아가 아름다움에 관심을 갖고 자연과 주변 사물에서 아름다움을 느끼고 즐기면서 자신이 경험한 느낌과 생각을 다양하게 표현하는 것을 목표에 두고 있다. 예술경험 영역의 '아름다움 찾아보기'는 영아가 자연과 생활에서 아름다움을 느끼며 아름다움에 관심을 갖는 것이다. '창의적으로 표현하기'는 0~1세는 영아가 자연과 실생활 속에서 느끼는 경험에 반응하고 모방행동을 즐기는 것에 중점을 두고 있다. 2세는 아름다움에 대한 자신의 생각과 느낌을 노래나 미술, 상상놀이와 같은 다양한 방법으로 표현하고 즐기는 것에 중점을 두고 있다(보건복지부, 2020). 다음은 예술경험 영역의 범주와 내용이다.

〈표 5-5〉 예술경험 영역 범주와 내용

연령	범주	내용
0~1세	아름다움 찾아보기	자연과 생활에서 아름다움을 느낀다.
		아름다움에 관심을 가진다.
	창의적으로 표현하기	소리와 리듬 노래에 반응한다.
		감각적으로 미술경험을 한다.
		모방행동을 즐긴다.
2세	아름다움 찾아보기	자연과 생활에서 아름다움을 느낀다.
		아름다움에 관심을 가진다.
	창의적으로 표현하기	익숙한 노래와 리듬을 표현한다.
		움직임과 춤으로 자유롭게 표현한다.
		미술 재료와 도구로 표현해 본다.
		일상생활 경험을 상상놀이로 표현한다.

(2) 예술경험 영역의 관찰 사례

영아는 자연과 생활 속에서 아름다움을 느끼면서 관심을 가지게 된다. 영아는 실생활 속에서 경험하는 아름다움을 모방이나 다양한 방법을 통해 표현할 수 있다. 다음은 영아들이 일상생활 속에서 경험을 상상놀이로 표현하는 것을 보여 주는 사례이다.

예술경험 영역 관찰 사례

관찰 영아	○○○(만 2세)	성별	남	생년월일	20○○년 ○○월 ○○일 오전 11시
관찰자	담임교사: ○○○			관찰장소	푸른반 교실
영역	창의적으로 표현하기 〉 일상생활 경험을 상상놀이로 표현한다.				
관찰	교실에 놀이자료로 보자기를 제공하자 영아들은 보자기를 머리에 쓰거나 어깨에 망토처럼 묶고 돌아다닌다. 한참을 보자기를 쓰면서 놀이를 하던 영아들은 공룡책을 읽으면서 흥미가 보자기에서 공룡으로 바뀐다. 교사는 영아들에게 놀이자료로 종이컵을 제공하자 영아들은 종이컵을 가지고 와서는 색칠하는 놀이를 한다. 영아의 놀이를 관찰하던 교사는 보자기를 자신의 어깨에 메고 공룡처럼 소리를 낸다. 공룡 소리를 들은 영아들이 고개를 들어 교사를 쳐다본다. 교사는 영아들을 바라보며 “선생님이 공룡 하고 싶은데 어떻게 하지?”라고 물어본다. 철호가 종이컵을 가지고 와서 교사에게 보자기에 붙여 달라고 한다. 교사는 스테이플러로 종이컵 여러 개를 보자기에 일렬로 찍어서 붙여 준다. 철호는 “공룡 혹이에요”라고 말하며 공룡 흉내를 낸다. 그러자 다른 영아들이 교사에게 달려와 자신도 보자기에 종이컵을 붙여달라고 내민다. 교사가 영아가 내민 종이컵과 보자기를 받아서 붙여 주자 영아들은 공룡놀이를 한다. 한쪽에서는 영아들이 종이컵을 백업에 달아서 공룡 꼬리치기를 하기도 하고 공룡알을 묶었다고 하면서 끌고 다니기도 한다.				
해석 및 지원	• 교사가 보자기에 종이컵을 붙여주자 공룡놀이라는 상상놀이를 했다. • 공룡놀이는 점차 확장되어 백업과 종이컵을 연결시켜 공룡 꼬리를 만들거나 공룡알을 만들었다. • 공룡을 활용한 역할놀이와 상상놀이로 확장될 수 있도록 지원한다.				

출처: 염지숙 외(2016) 재구성.

영아의 다양한 생각과 감정이 자유롭게 표현될 수 있도록 교사는 상호작용하면서 다양한 자료나 상황을 제시할 수 있다. 위 사례에서 교사는 영아들이 놀이자료인 보자기를 가지고 단순하게 놀이하는 것을 확장시키기 위해 영아들이 관심 있어 하는 공룡놀이와 연결하여 제시하였다. 교사는 영아의 상상에 의한 다양한 표현을 적극적으로 수용하고 도움을 주었다. 이와 같이 교사는 영아들이 자신의 감정과 생각을 자유롭게 표현할 수 있도록 영아의 요구에 민감하게 반응하고 격려하는 행동을 통해 영아의 놀이를 지원할 수 있다.

6) 자연탐구 영역

(1) 자연탐구 영역 범주와 내용

자연탐구 영역은 영아가 자신을 둘러싸고 있는 주변 세계와 자연에 호기심을 가지고 일상에서 탐색하기를 즐기며, 주변의 동식물과 날씨의 변화에 관심을 가지는 것을 목표로 한다. 자연탐구 영역의 '탐구과정 즐기기' 주변 환경과 자연을 탐색하는 과정을 관심을 갖고 즐기는 것이다. '생활 속에서 탐구하기'는 생활 속에서 친숙한 물체의 특성과 변화를 감각적으로 탐색하며 관심을 갖고 즐기는 것이다. '자연과 더불어 살기'는 주변의 동식물에 관심을 갖고 날씨와 계절의 변화를 감각으로 느끼는 것이다(보건복지부, 2020). 다음은 자연탐구 영역의 범주와 내용이다.

〈표 5-6〉 자연탐구 영역 범주와 내용

연령	범주	내용
0~1세	탐구과정 즐기기	주변 세계와 자연에 대해 호기심을 가진다.
		사물과 자연을 탐색하기를 즐긴다
	생활 속에서 탐구하기	친숙한 물체를 감각으로 탐색한다.
		물체의 수량에 관심을 가진다.
		주변 공간과 모양을 탐색한다.
		규칙성을 경험한다.
	자연과 더불어 살기	주변의 동식물에 관심을 가진다.
		날씨의 변화를 감각으로 느낀다.

연령	범주	내용
2세	탐구과정 즐기기	주변 세계와 자연에 대해 호기심을 가진다.
		사물과 자연을 탐색하기를 즐긴다.
	생활 속에서 탐구하기	친숙한 물체의 특성과 변화를 감각으로 탐색한다.
		물체의 수량에 관심을 가진다.
		주변 공간과 모양을 탐색한다.
		규칙성에 관심을 가진다.
		주변 사물을 같고 다름에 따라 구분한다.
		생활도구에 관심을 가진다.
	자연과 더불어 살기	주변의 동식물에 관심을 가진다.
		날씨의 변화를 감각으로 느낀다.

(2) 자연탐구 영역의 관찰 사례

영아는 주변 세계와 사물에 대한 흥미와 호기심을 가지며 친숙한 물체를 감각으로 탐색한다. 또한, 사물과 자연 탐색하는 것을 즐긴다. 다음은 이러한 것을 보여주는 사례이다.

자연탐구 영역 관찰 사례

관찰 영아	○○○(만 2세)	성별	여	생년월일	20○○년 ○○월 ○○일 오전 11시
관찰자	담임교사: ○○○			관찰장소	파랑반 교실
영역	탐구과정 즐기기 〉 사물과 자연을 탐색하며 즐긴다.				
관찰	영아들에게 삶기 전의 국수를 제공하고 만져 보게 하자 영아들은 국수를 부러뜨리기도 하고 입에 넣어 먹기도 한다. 교사가 국수를 만져 본 느낌에 대해서 묻자, 수빈이가 "딱딱해요."라고 말한다. 국수를 부러뜨리고 입에 넣은 철민이는 "맛없어요." 하며 입에 있는 국수를 뱉으려 한다. 철민이를 보고 따라서 국수를 입에 넣은 성준이는 "아무 맛도 안 나는데~" 하며 과자처럼 씹어 먹는다. 철민이는 국수를 다시 부러뜨려 입에 넣고 씹으며 "진짜 아무 맛도 안 나네." 한다. 교사는 영아들을 바라보며 "국수를 삶으면 어떻게 변할까?"라고 질문하자 영아들은 국수를 삶으며 물렁물렁해질 것 같다고 이야기한다. 교사는 국수를 삶아서 영아들이 탐색할 수 있도록 교실 책상 위에 올려놓는다. 영아들은 교사가 책상 위에 올려놓은 국수를 쳐다보다가 한 명씩 국수를 가지고 탐색을 한다. 철민이가 국수를 손바닥에 올려놓고는 손가락을 가지고 빙글빙글 돌린다. 그리고는 꾹꾹				

관찰	눌러도 본다. "진짜 물렁물렁해졌다!"라고 철민이가 말하자 수빈이도 따라서 국수를 손바닥에 올려놓고 꾹꾹 누른다. "물렁해도 느낌이 좋아."라고 수빈이가 말한다. 다른 영아들도 따라서 국수를 만지거나 꾹꾹 누르거나 입에 넣는다. 한 영아가 국수를 입술 위에 올려놓고 "흐흐 나 아빠다!" 하자 다른 영아도 국수를 입술 위에 올려놓는다. 영아들은 삶은 국수 한 가닥을 책상 위에 넓게 펼쳐 모양을 만들기도 하고 국수 뭉텅이를 요리하는 것처럼 흉내 내기도 한다.
해석 및 지원	영아들은 삶은 국수와 삶지 않은 국수를 비교하면서 재료의 특성 변화와 차이점을 경험할 수 있었다. 이같이 영아들은 친숙한 사물을 감각적으로 탐색하면서 즐길 수 있기 때문에 일상의 다양한 물체를 지원하여 감각적인 경험을 할 수 있도록 한다.

출처: 오연주(2020).

영아들은 사물에 대한 흥미와 관심을 가지고 탐색하는 과정을 통해 즐거움을 느끼게 된다. 위 사례에서 영아들은 사물인 국수를 탐색하면서 삶기 전과 삶은 후의 변화 과정을 경험하였다. 이와 같은 경험은 영아에게 감각적인 즐거움을 느끼게 하였으며, 사물의 변화와 그 특성을 자연스럽게 인식할 수 있었다. 교사는 영아가 흥미를 보이는 것을 관찰하고 다양하게 탐색할 수 있도록 놀이를 지원할 수 있다.

2. 영아관찰 평가

제4차 어린이집 표준보육과정의 평가는 어린이집의 영유아 놀이중심 보육과정 운영에 도움이 되고자 평가를 간략화하였고 각 어린이집의 자율적인 평가를 강조하였다. 따라서 관찰평가는 영유아의 특성 및 변화 정도와 보육과정 운영의 질을 진단하고 개선하기 위해서 계획하고 자율적으로 실시해야 한다. 교사는 영유아의 평가 시, 단순히 놀이영역별 성취기준에 따른 발달 여부만을 체크하지 않도록 유의해야 하며, 영유아의 자연스러운 놀이 상황 속에서 나타나는 발달과 변화 과정을 이해하는 평가를 해야 한다. 또한, 교사는 영유아를 개별적으로 관찰하기보다는 배움이 나타나는 또래 사이의 놀이나 활동 등을 통해 자연스러운 상황 속에서 특성과 변화를 이해하고 평가해야 한다(보건복지부, 2020).

1) 6개 영역 관찰평정척도

교사는 영아의 놀이와 일상생활에 대한 충분한 관찰을 기반으로 영아가 어떠한 놀이경험을 하는지, 현재의 발달 수준은 어떠한지에 대한 평가를 할 수 있어야 한다. 이러한 교사의 평가는 영아의 발달 특성에 맞는 내용으로 놀이와 연결하여 활동을 계획할 수 있다. 다음은 4차 표준보육과정의 6개 영역의 범주에 따른 관찰평정척도를 예시하였다. 관찰기간을 결정하여 영아의 놀이를 관찰하면서 6개 영역의 관찰평정척도 내용에 따라 그렇다(3점), 보통(2점), 미흡(1점)으로 평가하고 점수를 더한다. 이와 같은 6개 영역의 관찰평정척도는 영아의 발달을 영역별로 전체적으로 볼 수 있으며, 부모의 상담 자료로도 활용될 수 있다.

범주	내용	평가	범주	내용	평가
영아명(성별)	○○○ (여)		생년월일	20○○년 ○○월 ○○일 (1세)	
관찰자	○○○		관찰기간	20○○년 4월 1일 ~ 5월 30일	
※ 영아관찰 결과 그렇다(3점), 보통(2점), 미흡(1점)으로 표기한다.					
기본생활	도움을 받아 몸을 깨끗이 한다.		사회관계	나를 인식한다.	
	음식을 즐겁게 먹는다.			나와 요구와 감정을 나타낸다.	
	하루 일과를 편안하게 경험한다.			나와 친숙한 것을 안다.	
	배변 의사를 표현한다.			안정적인 애착을 형성한다.	
	안전한 상황에서 놀이하고 생활한다.			또래에게 관심을 가진다.	
	안전한 상황에서 교통수단을 이용해 본다.			다른 사람의 감정과 행동에 주의를 기울인다.	
	위험하다는 말에 주의한다.			반에서 편안하게 지낸다.	
신체운동	감각적 자극에 반응한다.		예술경험	자연과 생활에서 아름다움을 느낀다.	
	감각으로 주변 환경을 탐색한다.			아름다움에 관심을 가진다.	
	신체를 탐색한다.			소리와 리듬 노래에 반응한다.	
	대소근육을 조절한다.			감각적으로 미술경험을 한다.	
	기본운동을 시도한다.			모방행동을 즐긴다.	
	실내외 신체활동을 즐긴다.		자연탐구	주변 세계와 자연에 대해 호기심을 가진다.	
의사소통	표정, 몸짓, 말과 주변의 소리에 관심을 갖고 듣는다.			사물과 자연을 탐색하기를 즐긴다	
	상대방의 이야기를 들으면서 말소리를 낸다.			친숙한 물체를 감각으로 탐색한다.	
	표정, 몸짓, 말소리로 의사 표현을 한다.			물체의 수량에 관심을 가진다.	
	주변의 그림과 상징에 관심을 가진다.			주변 공간과 모양을 탐색한다.	
	끼적이기에 관심을 가진다.			규칙성을 경험한다.	
	책에 관심을 가진다.			주변의 동식물에 관심을 가진다.	
	이야기에 관심을 가진다.			날씨의 변화를 감각으로 느낀다.	

영아명(성별)	○○○ (남)	생년월일	20○○년 ○○월 ○○일 (2세)
관찰자	○○○	관찰기간	20○○년 4월 1일 ~ 5월 30일

※ 영아관찰 결과 그렇다(3점), 보통(2점), 미흡(1점)으로 표기한다.

범주	내용	평가	범주	내용	평가
기본생활	자신의 몸을 깨끗이 해 본다.		사회관계	내가 좋아하는 것을 한다.	
	음식에 관심을 가지고 즐겁게 먹는다.			가족에게 관심을 가진다.	
	하루 일과를 즐겁게 경험한다.			또래와 함께 놀이한다.	
	건강한 배변 습관을 갖는다.			다른 사람의 감정과 행동에 반응을 보인다.	
	일상에서 안전하게 놀이하고 생활한다.			반에서 규칙과 약속을 알고 지킨다.	
	교통수단을 안전하게 이용해 본다.			자연과 생활에서 아름다움을 느낀다.	
	위험한 상황에 대처하는 방법을 경험한다.			아름다움에 관심을 가진다.	
신체운동	감각적 자극에 반응한다.		예술경험	익숙한 노래와 리듬을 표현한다.	
	감각으로 주변 환경을 탐색한다.			움직임과 춤으로 자유롭게 표현한다.	
	신체를 탐색한다.			미술 재료와 도구로 표현해 본다.	
	대소근육을 조절한다.			일상생활 경험을 상상놀이로 표현한다.	
	기본운동을 시도한다.			주변 세계와 자연에 대해 호기심을 가진다.	
	실내외 신체활동을 즐긴다.			사물과 자연을 탐색하기를 즐긴다.	
의사소통	표정, 몸짓, 말에 관심을 갖고 듣는다.		자연탐구	친숙한 물체의 특성과 변화를 감각으로 탐색한다.	
	상대방의 이야기를 듣고 말한다.			물체의 수량에 관심을 가진다.	
	표정, 몸짓, 단어 또는 문장으로 말한다.			주변 공간과 모양을 탐색한다.	
	주변의 그림과 상징, 글자에 관심을 가진다.			규칙성에 관심을 가진다.	
	끼적이며 표현하기를 즐긴다.			주변 사물을 같고 다름에 따라 구분한다.	
	책에 관심을 가지고 상상한다.			생활도구에 관심을 가진다.	
	말놀이와 이야기에 재미를 느낀다.			주변의 동식물에 관심을 가진다.	
	나와 다른 사람을 구별한다.			날씨의 변화를 감각으로 느낀다.	
	나의 감정을 표현한다.				

2) 영아 발달 관찰평가

영아의 발달 관찰평가는 시간의 흐름에 따른 영아의 발달 변화를 볼 수 있으며, 영아의 발달 행동 가운데 미약한 부분을 알 수 있다. 관찰기간은 1회, 2회 두 번으로 나누어서 관찰하며, 관찰기간에 관찰하려는 행동을 잘했을 경우 ○, 보통은 △, 못하는 경우는 ×로 표시한다.

(1) 기본생활 관찰평가

영아의 일상생활 영역인 배변, 수면, 식습관의 발달을 평가할 수 있다.

0~1세 기본생활 관찰평가 사례

관찰영아: 김○○(남)　　생년월일: 20○○. ○○. ○○. (만 1세)
관 찰 자: ○○○　　관찰일시: 4월 21일, 6월 20일

(관찰평가: 잘함 ○, 보통 △, 못함 ×)

관찰문항	1회	2회	비고
1. 말이나 몸짓을 사용해 화장실에 갈 의사를 표시한다.	X	X	
2. 변기나 아기변기에 잠시 동안 앉아 있으며 변기에서 소변을 보는 것을 꺼리지 않는다.	X	△	
3. 모자를 쓰고 벗으며 양말을 벗는다.	△	○	
4. 단추를 풀어 주었을 때 외투를 벗는다.	○	○	
5. 도움 없이 컵으로 마신다.	○	○	
6. 혼자서 숟가락을 사용하여 음식을 먹는다.	○	○	
비고	소변이나 배변을 하고 싶을 때 화장실에 가고 싶다는 의사 표현을 하지 않는다. 아기변기에 앉는 것에 대해 거부감을 표현하지는 않으나 스스로 변기에 앉아 배변을 보려고 하지 않는다.		

2세 기본생활 관찰평가 사례

관찰영아: 이○○(여)　　생년월일: 20○○. ○○. ○○. (만 2세)
관 찰 자: ○○○　　관찰일시: 10월 20일, 12월 10일

(관찰평가: 잘함 ○, 보통 △, 못함 ×)

관찰문항	1회	2회	비고
1. 약간 흘리면서 숟가락이나 컵으로 스스로 먹는다.	○	○	
2. 수건을 주었을 때 도움 없이 손을 닦는다. 손과 얼굴을 씻으려 한다.	○	○	
3. 어른의 행동을 모방하여 이를 닦는다.	○	○	
4. 낮 동안에 옷 입은 채로 변을 보기 전에 화장실에 가자고 한다.	X	X	
5. 혼자서 옷을 입거나 벗으려고 한다.	△	△	
6. 부모의 지시에 따라 인사할 수 있다.	○	○	
7. 뾰족한 가구 모퉁이나 난간 없는 층계 등 위험물을 피한다.	△	△	
8. 주전자에서 도움 없이 물을 컵에 붓는다.	X	○	
비고	교실에서 놀이를 하면서 소변이 마려운 경우 화장실에 가자는 의사를 표현하지 않고 참다가 종종 실수하는 모습을 보인다. 등원 시 교실에 들어와 외투를 벗을 때 스스로 벗지 않고 교사에게 도움을 요청한다.		

영아는 개별적인 발달의 차이가 크기 때문에 교사는 이 점을 염두하면서 관찰해야 한다.

(2) 신체발달 관찰평가

신체발달 관찰평가는 영아의 대소근육의 협응과 던지기, 차기, 밀기와 같은 기본적인 동작을 통한 근육조절 능력을 알 수 있다.

0~1세 신체발달 관찰평가 사례

관찰영아: 김○○(남) 생년월일: 20○○. ○○. ○○. (만 1세)
관 찰 자: ○○○ 관찰일시: 4월 22일, 6월 21일

(관찰평가: 잘함 ○, 보통 △, 못함 ×)

관찰문항	1회	2회	비고
1. 혼자 걷는다.	○	○	
2. 손이나 난간 등을 잡고 계단을 오른다.	○	○	
3. 서 있는 자세에서 몸을 굽혀 물건을 집어 올릴 수 있다.	△	△	
4. 공을 굴리거나 차려고 하거나 던질 수 있다.	×	×	
5. 무릎을 구부리고 쭈그리고 웅크리고 앉았다가 일어선다.	○	○	
6. 기어 올라가기를 즐기며 계단을 기어오른다.	×	×	
7. 미숙하게 뛰기 시작한다.	○	○	
8. 작은 의자에 혼자 앉는다. 목마나 흔들의자에서 몸을 앞뒤로 흔든다.	○	○	
9. 근육의 발달로 들기, 밀기, 당기기, 두드리기, 오르기 등 운동 기능 연습을 즐긴다. 모퉁이 돌기나 가다가 멈추기 등의 근육조절 능력이 생긴다.	△	△	
10. 한 발로 몸의 균형을 잡을 수 있다.	×	×	
11. 장난감을 밀고 당길 수 있어 끈에 매달린 장난감을 끌면서 달린다.	△	△	
12. 손가락을 사용하며 손의 조작능력이 발달한다.	△	△	
13. 뒷걸음질을 할 수 있다.	○	○	
14. 나무토막 2개를 잘 쌓을 수 있다.	○	○	
15. 한 번에 두 세장씩 책장을 넘긴다.	○	○	
16. 1~3조각 그림 맞추기가 가능하다.	○	○	
17. 상자 안에 물건을 넣었다가 꺼낼 수 있다.	○	○	
18. 손가락으로 그림을 그린다.	△	△	

관찰문항	1회	2회	비고
19. 낙서를 한다.	△	△	
20. 가로 긋기가 가능하다.	X	X	
21. 크레용이나 연필을 손으로 쥐고 긁적거린다.	○	○	
22. 신문지나 종이를 손으로 찢는 것을 좋아한다.	△	△	
23. 소리를 듣고 소리가 나는 물체를 찾아낸다.	○	○	
24. 먼 거리에서 아는 사람을 알아볼 수 있다.	○	○	
25. 따뜻한 것과 높은 곳을 식별할 수 있다.	○	○	
비고	공을 발로 차거나 던지지 못하고 기어오르는 행동을 잘하지 못한다. 몸에 균형을 잘 잡지 못하고 걸을 때 비틀거리거나 넘어진다. 연필을 가지고 끄적거리는 것은 하나 선을 가로 긋는 것은 하지 못한다. 소근육을 사용하는 손가락 그림이나 낙서는 시도는 하나 잘하지는 못한다.		

2세 신체발달 관찰평가 사례

관찰영아: 이○○(여) 생년월일: 20○○. ○○. ○○. (만 2세)
관 찰 자: ○○○ 관찰일시: 10월 21일, 12월 11일

(관찰평가: 잘함 ○, 보통 △, 못함 ×)

관찰문항	1회	2회	비고
1. 어른의 손이나 난간을 붙잡고 계단을 잘 올라가며 곧 어른의 도움 없이 난간을 붙잡지 않고 계단을 올라간다.	○	○	
2. 넘어지지 않고 잘 달린다.	△	△	
3. 양발을 모으고 제자리에서 높이 점프한다.	△	△	
4. 바닥에 있는 공을 앞으로 찬다.	X	X	
5. 발끝으로 걷게 되며 서서히 뒤로도 걸을 수 있게 된다.	○	○	
6. 1.5m 떨어진 곳에 있는 어른에게 공을 던진다.	X	X	
7. 5~6개 블록으로 담을 쌓는다.	△	△	
8. 그림책을 한 장씩 넘긴다.	△	△	
9. 옷에 달린 똑딱단추를 푼다.	○	○	
10. 방문 손잡이나 꼭지를 돌린다.	○	○	

관찰문항	1회	2회	비고
11. 사탕이나 바나나의 껍질을 벗길 수 있다.	△	△	
12. 종이 반접기를 모방한다.	X	X	
13. 빨대 없이 음료수를 마신다.	○	○	
14. 수도꼭지를 돌릴 수 있다.	X	X	
15. 엄지 · 중지 · 집게손가락을 이용하여 연필을 잡는다	△	△	
16. 단추나 벨트를 풀어주면 혼자서 옷을 입는다.	○	○	
17. 무거운 것과 가벼운 것을 구별할 수 있다.	○	○	
18. 밝고 어두운 것을 구별할 수 있다.	○	○	
19. 단맛과 짠맛을 구별할 수 있다.	○	○	
비고: 신체활동 시 친구들이 공을 주면 발로 차지 않고 피한다. 교사와 공 던지기 하는 과정에서 주저하며 공을 던지지 않고 계속 안고만 있다. 종이를 반으로 접을 때 머뭇거리다가 접지 못하고 교사에게 도움을 요청한다.			

영아의 신체활동 시 공을 던지거나 발로 차는 행동에 대해 회피하거나 미숙한 모습을 보이는 경우 교사는 신체적 발달의 미숙으로 인한 회피인지 심리적인 회피인지에 대해 민감하게 관찰하고 지원해 주어야 한다. 만일, 심리적인 이유라면 부모님과의 상담을 통해 원인을 찾아 도움을 줄 수 있다.

(3) 언어발달 관찰평가

영아의 언어발달 관찰평가는 영아가 자신의 감정과 생각을 읽기, 쓰기, 말하기, 듣기의 언어능력을 통해 의사 표현을 할 수 있는지에 대한 평가이다.

0~1세 언어발달 관찰평가 사례

관찰영아: 김○○(남)　　**생년월일**: 20○○. ○○. ○○. (만 1세)
관 찰 자: ○○○　　**관찰일시**: 4월 22일, 6월 21일

(관찰평가: 잘함 ○, 보통 △, 못함 ×)

관찰문항	1회	2회	비고
1. 특정한 음에는 특정한 의미가 있다는 것을 알게 된다.	X	X	
2. 혼자서 중얼거린다.	○	○	
3. 사물의 명칭에 관심이 많으며, 친숙한 것을 가리키며 이름을 말할 수 있다.	○	○	
4. 자신을 가리킬 때 자신의 이름을 사용한다.	X	X	
5. 단어와 소리의 이해력이 향상된다. 단어를 듣고 그 말을 반복할 수 있다.	△	△	
6. 말을 연결시켜 문장을 만들려고 시도한다. 동사, 형용사를(예: 간다, 우와, 지지), 혹은 동사, 형용사를 명사와 결합하여 사용할 수 있다. (예: 손 지지, 아빠 맴매, 빵 줘)	X	X	
7. 두 단어 문장을 사용한다.	X	X	
8. 동물 소리를 내거나 동물 이름 대신에 그 소리를 사용한다.	△	△	
9. 의사소통에 관심을 갖는다. 어른의 말이나 남의 말을 흉내 내려 한다.	○	○	
10. '있다', '없다' 등과 같은 사물의 존재 여부를 확인할 수 있다.	○	○	
11. '멈춰라', '앉아라' 등의 간단한 두 가지 지시어를 따를 수 있다.	○	○	
12. 긍정 혹은 부정의 질문에 '예/아니오'로 대답한다.	△	△	
13. 제법 어려운 성인의 말도 이해할 수 있다.	△	△	
14. 그림책 보기와 듣기를 좋아한다.	△	△	
15. 자신의 욕구를 말로 표현한다.	X	X	
비고	'엄마'와 같은 간단한 단어는 말할 수 있으나 말을 연결시켜 문장으로 표현하는 것은 하지 못하며, 자신의 의사를 말로 표현하지 않는다. 교사의 지시 사항이나 말은 이해하지만 이에 대한 자신의 표현을 문장보다는 간단한 단어나 몸짓으로 한다.		

2세 언어발달 관찰평가 사례

관찰영아: 이○○(여) 생년월일: 20○○. ○○. ○○. (만 2세)
관 찰 자: ○○○ 관찰일시: 4월 21일, 6월 20일

(관찰평가: 잘함 ○, 보통 △, 못함 ×)

관찰문항	1회	2회	비고
1. 간단한 질문(예: 누구, 어디에, 언제 등)에 답할 수 있다.	○	○	
2. 소유를 표현하기 위해서 두 단어를 연결하여 말한다.	△	△	
3. "이게 뭐야?"라고 질문을 할 수 있다.	○	○	
4. 잘못 발성된 소리를 고쳐 주면 따라 한다.	○	○	
5. 상황에 따라 음성 크기 및 음색의 강약을 조절할 수 있다.	X	X	
비고	친구들과 놀이 시 "뭘 이 정도 가지고.", "속상하게 해서 미안해." 등 다소 복잡한 문장을 사용한다. 교사가 하는 말을 듣고 따라 하거나 자신의 상황에 따른 의사 표현이 가능하다. 가끔 빨리 말하려고 하다가 말을 더듬는 모습을 보인다.		

영아의 언어발달은 개인차가 크며, 영아의 기질이나 특성, 환경적인 요인으로 인해 똑같은 상황에서도 다른 반응을 보일 수 있다. 교사는 영아의 이러한 개인적 특성을 이해하고 영아의 행동과 언어를 맥락 속에서 관찰해야 한다. 영아가 또래와의 놀이 가운데 언어를 전혀 사용하지 않고 행동으로만 표현하거나 교사의 지시 따르기에 반응을 하지 않는 경우, 언어발달상 문제가 있는지를 구체적으로 살펴보고 평가해야 한다.

(4) 사회성 발달 관찰평가

영아는 자신과 친숙한 주변 사람들과 사물, 환경과 상호작용하면서 사회적 관계를 인식하고 배워 나가게 된다. 따라서 영아가 또래와 사물에 대해 어떻게 반응하는지를 관찰하고 평가해야 한다.

0~1세 사회발달 관찰평가 사례

관찰영아: ○○○(남)
관 찰 자: ○○○

생년월일: 20○○. ○○. ○○. (만 1세)
관찰일시: 5월 10일, 7월 2일

(관찰평가: 잘함 ○, 보통 △, 못함 ×)

관찰문항	1회	2회	비고
1. 격리불안이 나타나기 시작한다.	△	△	
2. 가장 애착을 갖는 사람을 안전의 근거로 삼아 주변의 환경을 탐색한다.	○	○	
3. 웃음과 관심을 끌 행동을 반복한다.	△	△	
4. 자기주장을 하기 시작한다.	○	○	
5. 혼자서 지내는 비사회적인 활동시간이 많아진다.	○	○	
6. 걷거나 사물에 대한 관심이 이전보다 강해진다.	○	○	
7. 사람에 대한 관심이 일시적으로 줄어든다.	○	○	
8. 사람들이 하는 일에 관심이 많으며, 단순한 일에 어른을 모방한다.	○	○	
9. 자신을 보살펴 주는 사람들의 욕구를 깨닫고 행동을 통제할 수 있다. (순간적인 통제이다)	○	○	
10. 감정을 명확히 표현한다.	△	△	
11. 사회성의 기본이 형성된다. 잘 아는 또래 아동이나 친숙한 어른들에게 인사를 하며, 성인이 얘기하면 다른 어린이와 물건, 음식을 나누어 갖거나 먹는다.	△	△	
12. 다른 사람에게 어떤 행동이나 물건을 보여 주기 위해 사람을 끌어당긴다.	△	△	
13. 각기 별개의 행동을 하면서 다른 영아와 논다. 자기 것이나 마음에 드는 것에 집착하여 친구들과 싸운다.	△	△	
14. 공놀이 같은 사회적 게임을 시작한다.	X	X	
15. 즐거운 감정이 나타나며, 불안 및 공포의 감정도 나타난다.	○	○	
16. 고집을 피우기도 하며 싫어하는 감정도 나타낸다. 형제에 대해 질투하는 감정이 나타난다.	○	○	
17. 리듬에 맞추어 몸을 움직이거나 흥얼거린다.	○	○	
18. 자신의 감정을 동작 또는 언어로 나타낼 수 있다.	△	△	
19. 음악 듣기, TV 보기, 그림책 보기를 좋아한다.	○	○	
비고	친구들에게 먼저 다가가 웃거나 장난을 치며 친밀감을 잘 나타낸다. 친구들과는 신체를 이용한 놀이를 주로 하며, 자동차를 좋아해 주로 가지고 논다. 공놀이와 같은 사회적 게임은 하지 않는다. 자기주장과 감정을 잘 드러내 놀이 도중 친구들과 갈등이 간혹 발생한다.		

2세 사회발달 관찰평가 사례

관찰영아: 이○○(여) 생년월일: 20○○. ○○. ○○. (만 2세)
관 찰 자: ○○○ 관찰일시: 4월 21일, 6월 20일

(관찰평가: 잘함 ○, 보통 △, 못함 ×)

관찰문항	1회	2회	비고
1. 간단한 집단놀이(박수치기, 춤, 노래 등)에 참여하며 다른 사람과 함께 협동적으로 놀이한다.	○	○	
2. 성인의 간단한 지시에 잘 따른다.	△	△	
3. 사랑, 분노, 슬픔, 즐거움 등과 같은 감정을 드러내 보인다.	○	○	
4. 놀이할 때 친구들과 어울리는 즐거움을 알게 되며, 자연현상에 대해 불안 및 공포의 감정을 나타낸다.	○	○	
5. 해야 할 일에 대해 고집을 피우기도 하며 형제에 대해 질투하는 감정도 보인다.	○	○	
6. 방해받으면 싫어하고 저지당하면 화를 낸다.	○	○	
7. "아냐.", "싫어.", "내 거야." 등의 거부적인 언행을 자주 보인다.	○	○	
8. 낯선 사람에게 수줍은 감정을 드러낸다.	△	△	
9. 엄마, 아빠 이외에 친척(할머니, 할아버지, 이모, 고모, 삼촌) 등을 따른다.	○	○	
10. 교통 놀잇감을 좋아하며, 그림책을 좋아한다.	○	○	
11. 이야기 듣기를 좋아하게 되며, 약 10분 정도 음악이나 이야기를 들을 수 있다.	○	○	
12. 다른 사람과 함께 협동적으로 놀이하기 시작한다.	△	△	
비고: 친구들과 놀이 시 먼저 다가가며 놀이를 유도한다. 놀이 도중 속상하거나 마음에 들지 않으면 손사래를 치며 소리를 지른다. 친구들과 놀잇감을 가지고 갈등이 발생하다가도 친구가 넘어지거나 힘든 상황을 보면 도와주려고 한다.			

0~1세 영아는 사회적인 상호작용을 또래의 행동이나 표정을 관찰하고 따라 하면서 배우게 된다. 교사는 영아의 행동이나 몸짓을 이해하고 관찰하면서 평가해야 한다. 2세의 경우 놀이활동이 활발해지는 것에 비해 자신의 감정이나 생각을 상대방에게 전달하는 부분이 미숙해 갈등이 발생할 수 있으므로 교사는 관찰 영아뿐만 아니라 주변 환경과 상황에 대한 맥락을 관찰하고 평가해야 한다.

(5) 창의성 발달 관찰평가

영아는 사물과 주변 환경에 대한 다양한 감정과 생각을 상상하거나 모방하면서 표현한다. 영아의 창의성 발달평가는 영아가 자발적으로 사물을 탐색하고 흥미를 보이면서 다양한 방법으로 자신의 감정과 생각을 표현할 수 있는가에 대한 평가를 할 수 있다.

0~1세 창의성 발달 관찰평가 사례

관찰영아: 김○○(남)　　**생년월일**: 20○○. ○○. ○○. (만 1세)
관 찰 자: ○○○　　**관찰일시**: 4월 21일, 6월 20일

(관찰평가: 잘함 ○, 보통 △, 못함 ×)

관찰문항	1회	2회	비고
1. 음악이나 악기 소리에 맞추어 몸을 움직인다.	○	○	
2. 악기를 연주하는 일에 관심을 보이며 흥미가 생기면 오랫동안 관심을 갖는다.	X	X	
3. 감각적인 경험을 통해 자신의 감정을 다양하게 표현한다. (예: 노래, 몸짓, 언어, 춤)	○	○	
4. 여러 가지 재료를 가지고 다양한 방법으로 만들고 꾸밀 수 있다.	○	○	
비고	악기 소리나 노래를 들려주면 소리에 따라 몸을 움직인다. 실로폰을 치거나 탬버린을 손바닥으로 두드리는 등 악기를 연주하는 것에 관심을 보이나 금세 흥미를 잃고 다른 활동에 관심을 보인다.		

2세 창의성 발달 관찰평가 사례

관찰영아: 이○○(여)　　**생년월일**: 20○○. ○○. ○○. (만 2세)
관 찰 자: ○○○　　**관찰일시**: 4월 21일, 6월 20일

(관찰평가: 잘함 ○, 보통 △, 못함 ×)

관찰문항	1회	2회	비고
1. 음악이나 악기 소리에 맞추어 다양한 표현을 한다.	○	○	
2. 악기를 연주하는 일에 관심을 보이며 스스로 선택하여 연주한다.	○	○	
3. 자신의 생각과 느낌을 그림으로 표현하면서 확장해 나간다.	○	○	

관찰문항		1회	2회	비고
4. 여러 가지 재료를 다양하게 활용하면서 꾸미거나 만들기를 할 수 있다.		○	○	
5. 놀이 도중 상상의 친구를 만들어 놀이를 한다.		X	X	
비고	자신이 연주하고 싶은 악기를 스스로 선택하여 연주를 한다. 탬버린 위에 인형을 눕히고 손으로 토닥거리며 놀이를 한다. 친구들과 놀이 하면서 상상의 친구를 만들기보다는 "넌 아빠야. 난 엄마." 등과 같이 실제의 역할에 맞는 역할놀이를 주로 한다.			

영아의 창의력은 자발적으로 놀이활동을 즐기면서 나타난다. 따라서 놀이를 관찰하면서 영아가 자발적으로 실행하며 즐기고 있는지에 관한 관찰평가를 해야 한다.

(6) 인지발달 관찰평가

영아의 인지발달 관찰평가는 영아가 사물을 가지고 놀이하는 가운데 보이는 수 개념, 비교, 짝짓기, 사물의 명칭에 대한 이해의 수준을 파악하고 평가할 수 있다.

0~1세 인지발달 관찰평가 사례

관찰영아: 김○○(여)　　**생년월일**: 20○○. ○○. ○○. (만 1세)
관 찰 자: ○○○　　**관찰일시**: 4월 21일, 6월 20일

(관찰평가: 잘함 ○, 보통 △, 못함 ×)

관찰문항	1회	2회	비고
1. 신체의 한 부분을 가리킨다.	○	○	
2. 새로운 것을 탐색하려고 하며, 호기심을 갖고 사물을 계속 탐색한다.	○	○	
3. 숨겨진 놀잇감에 흥미를 갖는다. 놀이하고 있는 장난감이 없어졌을 때 찾아낸다.	△	△	
4. 갖고자 하는 물건에 다가가기 위해 방해물을 치울 줄 안다. 원인과 결과를 이해하기 시작한다.	△	△	
5. 어떤 행동을 보고 그 행동을 재현하는 자연모방이 가능하다.	△	△	
6. "누구는 어디 있니?"라고 물을 때 자신을 가리킨다.	○	○	
7. 자신의 가족을 알게 된다.	○	○	
8. 매일매일 달라지는 것에 관심을 갖는다.	△	△	

관찰문항	1회	2회	비고
9. 그림을 그릴 수 있는 것과 없는 것을 구분할 수 있다.	X	X	
10. 수를 세기 시작하며, 둘(2)은 정확히 안다.	X	X	
11. 같은 물건을 짝짓는다.	△	△	
12. 종이에 끄적거리고 표시한다. 크레용이나 색연필로 아무렇게나 선을 긋는다.	X	X	
13. 책에 나오는 물건을 알아보며, 이름을 불러주면 그림을 찾는다.	△	△	
14. 나서려는 행동을 보인다.	○	○	
비고	블록 1개를 가지고 '하나'라고 말하며 자리에 놓고, 다른 블록을 집어 들고 위에 끼우며 '하나'라고 말하며 반복해서 블록을 쌓는다. 자유롭게 그림을 그리는 활동에서는 놀이자료 가운데 종이와 플라스틱 용품을 구분하지 않고 그리려고 시도를 한다. 종이에 색연필로 끄적거리기는 하나 선을 '위'에서 '아래'로 끝까지 긋지는 못한다.		

2세 인지발달 관찰평가 사례

관찰영아: 이○○(여)　　　**생년월일**: 20○○. ○○. ○○. (만 2세)
관 찰 자: ○○○　　　**관찰일시**: 4월 21일, 6월 20일

(관찰평가: 잘함 ○, 보통 △, 못함 ×)

관찰문항	1회	2회	비고
1. 동물의 소리와 사물의 소리를 흉내 낼 수 있다.	△	△	
2. 소리를 듣고 그 대상이나 물건의 명칭을 안다.	△	△	
3. 줄긋기를 할 수 있으며, 점차 십자 긋기를 모방한다.	X	X	
4. 물어볼 때 큰 것과 작은 것을 가리킨다.	△	△	
5. 지시할 때 물건을 '위'나 '아래'에 놓는다.	△	△	
6. 외출 시간 및 실외놀이 시간을 안다.	○	○	
7. 양이 많고 적음을 구별할 수 있다.	○	○	
비고	색연필로 그림을 그리기는 하나 선을 옆으로 긋는 줄긋기는 잘 하지 못한다. 사물의 명칭을 안다.		

영아들의 인지발달 평가를 통해 영아의 인지 수준을 이해할 수 있으며, 발달에 적합한 과제나 놀이를 계획하고 지원할 수 있다.

3. 영아 놀이관찰 활용 사례

교사는 영아의 놀이를 관찰하면서 다양한 감각적 경험을 할 수 있도록 놀이자료나 놀이공간을 지원할 수 있다. 다음은 영아들의 놀이 관찰을 통해 놀이활동을 계획하고 지원하는 사례이다.

만 2세 놀이 관찰을 통한 지원계획

월요일

스카프에 관심을 보이며 영아들이 자발적으로 스카프를 탐색하였고, 스카프로 얼굴을 가리며 까꿍 놀이를 즐기고 있었다. 교사가 「가을 길」 동요를 영아들에게 들려주자, 자연스럽게 몸을 흔드는 반응을 보였고, 들고 있던 스카프를 흔들기도 하였다. 다른 영아들도 관심을 보이며 함께 교사 주변으로 모여 점프하거나 두 팔을 흔드는 등 여러 신체 표현이 나타났다. 동요가 끝나자 "한 번 더 듣자~" 하며 반복하여 듣기를 원하였고, 영아들의 흥미에 따라 「가을 길」 동요를 계속해서 들려주었다. 스카프를 마음껏 흔들며 정말 즐거워하였고, 신체 표현뿐만 아니라 정서적 해소에도 도움이 되는 활동이었다.

놀이지원계획

새로운 동요에 집중하며 흥미를 보여 계속해서 「가을 길」 동요를 들려줄 계획이다. 또한, 가을에 볼 수 있는 자연물에도 흥미를 가질 수 있도록 바깥놀이 시 나뭇잎을 영아들과 주운 후, 교실 바닥에 가을 길을 구성하여 제공할 계획이다.

<table>
<tr><th colspan="2">만 2세 놀이 관찰을 통한 지원계획</th></tr>
<tr><td rowspan="3">화요일</td><td>
지역사회연계활동으로 어린이집 주변에 있는 까치공원에 가서 가을 계절을 느끼며 자연물을 탐색하였다. 공원에서 「가을 길」 동요를 들려주었고, 실제 나뭇잎을 주우며 자연물을 탐색하는 시간을 가졌다. 영아들이 나뭇잎을 교사에게 가져와 "빨간색 나뭇잎이야~" 하며 색깔을 인지하고 표현하기도 하였다. 어제 동요를 들었던 경험이 있어서 교사가 불러 주는 동요에 몸을 흔들며 즐거워하였고 반복해서 듣기를 원하였다. 실외활동인 만큼 영아들의 안전에 유의하여 놀이하였으며, 산책을 하면서 나뭇잎, 나뭇가지, 풀 등 다양한 자연물의 변화를 직접 느낄 수 있는 시간이었다.</td></tr>
<tr><td>놀이지원계획</td></tr>
<tr><td>공원에서 주워 온 나뭇잎을 교실 바닥에 가을 길로 환경 구성할 계획이다.</td></tr>
<tr><td rowspan="3">수요일</td><td>
영아들이 공원에서 주워 온 나뭇잎으로 교실 바닥에 가을 길을 만들어 구성하였다. 영아들이 등원하여 나뭇잎을 가리키며 가을 길에 관심을 많이 보였다. "나뭇잎이 많이 있네~" 하며 나뭇잎을 만지려 하였고 나뭇잎 위에 앉는 시도도 나타났다. 나뭇잎을 따라 가을 길을 걸어 보며 다양하게 움직여 탐색하였고 「가을 길」 동요를 들려주자 스카프를 가져와 흔들며 놀이하였다. 스카프 외에도 마라카스를 가져와 흔드는 영아도 있었다. 동요를 들으며 나뭇잎 길 위에서 놀이하니 영아들이 가을 나뭇잎에 더 관심을 가질 수 있었고 가을 길 위에서 흔들고 뛸 때 바스러지는 나뭇잎을 흥미를 느낄 수 있었다.</td></tr>
<tr><td>놀이지원계획</td></tr>
<tr><td>한티 공원에서 영아들과 주운 커다란 플라타너스 나뭇잎을 흔들며 영아들이 자연물로 신체표현을 나타낼 수 있도록 격려해야겠다.</td></tr>
</table>

<table>
<tr><th colspan="2">만 2세 놀이 관찰을 통한 지원계획</th></tr>
<tr><td rowspan="3">목요일</td><td>
플라타너스 나뭇잎을 탐색할 수 있도록 바구니에 넣어 제시하였고, 영아들이 다양한 모양과 크기의 나뭇잎에 관심을 보이며 탐색하였다. 나뭇잎을 보며 “내가 주워 온 나뭇잎이야~”, “노랑!”, “개미한테 줄 거야!” 등 다양한 언어표현이 나타났으며, 영아들의 표현을 긍정적으로 반응해 주며 놀이가 진행되었다. 영아가 스스로 나뭇잎을 얼굴에 가리면서 까꿍 놀이하는 것을 즐겼고, 다른 영아들도 따라 놀이하는 모습도 나타났다. 교사와 친구들과 함께 나뭇잎으로 까꿍놀이를 즐기며 놀이하였고, 교사가 「가을 길」 동요를 불러 주었더니 영아가 동요에 친숙한 반응을 보이며 박수를 치고, 나뭇잎을 흔들면서 여러 신체 움직임이 나타났다. 또한, 동요를 들으며 스카프를 가져와 흔드는 영아도 있었고, 바닥에 나뭇잎 길을 가리키는 영아도 있었다. 영아들의 다양한 표현을 존중하며 개별로 상호작용을 나누었고, 즐겁게 놀이가 이루어졌다.</td></tr>
<tr><td>놀이지원계획</td></tr>
<tr><td>나뭇잎에 대한 영아들의 흥미가 지속될 수 있도록 여러 모양과 색깔의 낙엽 그림을 제시하여 끼적이기 놀이를 지원할 계획이다.</td></tr>
<tr><td rowspan="3">금요일</td><td>
빨강, 노랑, 주황 색깔의 다양한 낙엽 그림을 커다란 종이 위에 제시하니 영아들이 관심을 보였다. 여러 끼적이기 도구도 함께 제시하였더니 영아들이 도구를 사용하여 스스로 끼적이는 시도가 나타났다. 낙엽 그림을 가리키며 “이게 뭐야~?” 묻는 영아도 있고 “이거 빨간색이야!” 하며 색에 관심을 표현하는 영아도 있었다. 바깥에서 나뭇잎을 주웠던 경험을 회상하며 상호작용을 나누었고, 영아들이 낙엽 그림 외에 도토리 그림에도 호기심을 보였다. 도토리 열매 그림도 함께 탐색하였고, 열매 그림 안에 동그라미 모양으로 끼적이는 형태가 나타났다. 교사가 가을과 관련된 동요를 들려주며 영아들이 끼적이기에 더 흥미를 느낄 수 있도록 지원하였다.</td></tr>
<tr><td>놀이지원계획</td></tr>
<tr><td>다음 주에는 실내놀이보다 바깥놀이에 좀 더 비중을 두어 가을을 직접 온몸으로 느낄 수 있도록 지원할 계획이다.</td></tr>
</table>

출처: 구립보람어린이집.

교사는 영아의 놀이를 관찰하면서 다양한 감각적 경험을 할 수 있도록 활동을 계획하고 지원하였다. 「가을 길」 동요에 흥미를 보이는 영아들에게 실외놀이에서 나뭇잎을 관찰하고 탐색하는 활동을 통해 동요의 노랫말과 실제 나뭇잎을 연결하는 활동을 할 수 있었다. 영아들의 나뭇잎 탐색 경험을 실내에서도 연계될 수 있도록 교실 바닥에 나뭇잎을 깔아 주어 영아들의 놀이가 확장되었다. 영아들은 교실 바닥에 깔린 나뭇잎을 관찰하면서 나뭇잎의 색깔과 생김새를 탐색할 수 있었다. 이러한 활동은 영아들에게 가을에 대한 느낌을 다양한 방법으로 탐색할 수 있게 하였다.

생각을 모아요

실습을 다녀온 후 다양한 상황에 대한 교사의 지원방법에 대해서 토론해 보세요.

놀이상황(만 0세)

굴러가는 놀잇감을 탐색하며 동화 '탈 것'에 대한 사운드북을 제시하니 영아가 손으로 눌러 소리 나는 것에 흥미를 보여 교사가 언어로 표현할 수 있도록 지원하였으나 눌러서 소리 나는 것과 자동차 그림에만 관심을 보였다. 여러 종류의 탈 것의 그림을 제시하고 자동차 모양의 끼적이기판에 자동차 그림을 붙여 보며 끼적이기를 하였더니 자동차에 관심을 더 많이 가지며 자동차를 들고 다니며 놀이하는 모습을 볼 수 있었다. 베베블록을 제시하였더니 관심을 보이며 만져 보고 두드려 보며 탐색하는 모습을 볼 수 있었다.

교사의 고민

- '탈 것'에 대한 사운드북에서 소리와 그림에만 관심을 보이는 여아에게 어떻게 언어표현을 할 수 있도록 지원할 수 있을까?
- 자동차에 관심을 보이는 영아의 놀이를 확장할 수 있는 방법은 무엇일까?
- 베베블록을 자동차와 연계하여 놀이를 확장할 수 있는 방법은 무엇일까?

교사의 지원

놀이상황(만 1세)

한 영아가 동화책을 가지고 와서 교사에게 주며 옆에 앉자 교사는 동화책을 펼친다. 그러자 다른 영아가 와서 교사의 무릎에 앉는다. 교사가 동화책을 넘기려고 하자 옆에 있던 영아가 책상 위로 올라선다. 교사는 책과 무릎에 앉은 영아를 내려놓고 책상 위에 올라간 영아에게 내려와서 함께 동화책을 보자고 한다. 교사가 동화책을 읽어 주자 5명의 영아가 모두 교사의 주변에 앉거나 선다. 무릎에 앉아 있던 영아가 계속 동화책을 손으로 짚으며 이야기를 하자 교사가 책 읽어 주기가 어렵다. 다른 영아들이 계속해서 교사의 무릎 위로 엉덩이를 대며 무릎에 앉으려고 한다. 책 읽기에 흥미가 없어진 영아들은 블록이나 인형 등의 다양한 놀잇감을 가지고 와서 교사의 얼굴 앞에 내민다.

교사의 고민

- 혼자만 무릎에 앉으려고 하는 영아를 어떻게 해야 할까?
- 책을 읽어 주는 동안 계속되는 질문이 책 읽기에 방해가 되는데 영아의 자율성으로 인정하고 상호작용해 주어야 할까?
- 한 영아와 상호작용을 하는 도중 다른 영아들이 책 읽기에 흥미가 없어져서 다른 놀잇감을 보여 줄 때 어떻게 반응해야 할까?
- 책 읽어 주는 동안 계속 교사의 무릎에 앉으려고 하는 영아들에게 어떻게 반응해 주어야 할까?
- 모든 아이들의 행동에 반응해 주려고 하니 놀이의 집중도가 떨어지는 것에 대해서 어떻게 해야 할까?

교사의 지원

생각을 모아요

영유아교육기관의 다양한 놀이상황에 대한 교사의 지원방법을 토론해 보세요.

놀이상황(만 2세)

교실에서는 영아들의 다양한 놀이가 이루어진다. 쌓기놀이 영역에서는 3명의 영아가 블록을 이용하여 긴 칼과 기차를 만들고 있고, 미술영역에서는 두 명의 유아가 투명한 병에 종이를 넣고 있다. 한 영아가 종이를 구겨서 넣다가 안 들어가자 병으로 책상을 두드리다가 종이와 풀, 가위를 그대로 두고 다른 영역으로 이동한다. 블록으로 칼을 만든 영아 둘이 칼을 들고 휘두르며 교실을 뛰어다닌다. 또 한 영아는 다른 영아들이 놀이하고 있는 놀잇감을 가지고 싶다고 교사를 따라다닌다.

교사의 고민

- 자신이 사용한 물건을 스스로 정리하고 놀이할 수 있도록 어떻게 지원할 수 있을까?
- 다른 영아가 놀이하는 놀잇감을 가지고 싶다고 계속 교사를 따라다니며 요구하는 영아에게 어떤 지원을 해 줄 수 있을까?
- 영아들의 놀이가 지속되지 않고 너무 자주 바뀌는 부분에 대해 영아의 자율성을 인정해야 하는가? 교사가 개입을 해야 하는가?

교사의 지원

실습지에서 경험한 사례를 함께 토론해 보세요

실습을 다녀온 영유아교육기관의 놀이상황에 대한 교사지원을 토론해 보세요.

놀이상황(만 세)

교사의 고민

-
-
-
-
-

교사의 지원

CHAPTER

6 개정 누리과정의 관찰과 평가의 이해

학습목표 개정 누리과정을 기반으로 유아관찰을 통한 평가와 지원을 계획할 수 있다.

- 개정 누리과정의 이해와 평가
- 개정 누리과정을 기반으로 유아 놀이를 지원하는 능력
- 유아의 흥미와 자발성을 존중하는 태도

1. 3~5세 개정 누리과정의 이해

개정 누리과정의 핵심 내용은 유아중심, 놀이중심 교육과정으로 유아가 놀이를 통해 배우고 교사는 유아의 흥미와 관심에 초점을 맞춘 놀이중심 교육과정을 재구성하여 운영하는 것이다.

개정 누리과정은 유아중심 · 놀이중심의 실행중심 교육과정으로 유아가 경험할 내용에 중심을 두고 있다. 교사 역할은 유아가 놀이경험을 바탕으로 스스로 배울 수 있도록 지원하는 역할이다. 개정 누리과정의 교육과정은 국가 수준에서 제시한 공통교육과정을 숙지하면서 자신의 학급 유아의 연령, 발달 수준과 흥미를 고려한 범주에 따라 재구성해야 한다. 따라서 교사의 유아 발달에 대한 지식과 민감한 관찰은 무엇보다 중요하다. 기존 누리과정의 생활주제별 교육과정이 유아의 발달 수준 향상을 위한 교사 주도적 계획과 관찰이었다면 개정 누리과정에서는 유아의 흥미와 놀이 관찰을 통해 적합한 계획을 세우는 유아중심 계획과 관찰이다. 교사는 유아의 발달 수준을 주변 환경과 다른 유아와의 상호작용을 통한 전체적 맥락 속에서 이해하고 관찰해야 한다. 예를 들어, 유아가 개미에 관한 호기심과 흥미를 보인다면 교사는 유아 스스로 개미를 자유롭게 탐색할 수 있도록 실내외 환경과 일과를 계획하고 지원할 수 있다. 즉, 유아가 개미를 관찰할 수 있는 탐구 영역을 배치하거나 개미와 관련된 책이나 사진을 제공하는 것이다. 기존 누리과정의 교육과정도 이와 유사하지만 다른 점은 교사가 의도적으로 계획하고 제한하는 것이 아니라는 점이다. 유아의 흥미에 따라 놀이활동이 내용과 시간이 자유롭게 연장되거나 축소될 수 있고 공간의 제약을 받지 않는다. 교사가 유아의 흥미와 발달에 적합한 교육과정을 재구성하고 실행하기 위해서는 유아 발달에 대한 지식과 국가 수준에서 고시한 공통 교육과정인 누리과정의 목표 및 내용에 대한 이해가 필요하다. 다음은 개정 누리과정의 5개 영역에 대한 범주 내용과 이를 적용한 관찰 사례이다.

1) 신체운동 · 건강 영역

(1) 신체운동 · 건강 영역의 내용

신체운동 · 건강 영역은 '신체활동 즐기기', '건강하게 생활하기', '안전하게 생활하기'의 세 범주로 구성되어 있으며, 기존 누리과정의 '신체 인식하기', '신체 조절과 기본운동하기', '신체활동에 참여하기'는 '신체활동 즐기기'로 범주를 기술하였다. 세부 내용은 다음과 같다.

〈표 6-1〉 신체운동 · 건강 영역 범주와 내용

범주	내용
신체활동 즐기기	신체를 인식하고 움직인다.
	신체 움직임을 조절한다.
	기초적인 이동운동, 제자리 운동, 도구를 이용한 운동을 한다.
	실내외 신체활동에 자발적으로 참여한다.
건강하게 생활하기	자신의 몸과 주변을 깨끗이 한다.
	몸에 좋은 음식에 관심을 가지고 바른 태도로 즐겁게 먹는다.
	하루 일과에서 적당한 휴식을 취한다.
	질병을 예방하는 방법을 알고 실천한다.
안전하게 생활하기	일상에서 안정하게 놀이하고 생활한다.
	TV, 컴퓨터, 스마트폰 등을 바르게 사용한다.
	교통안전 규칙을 지킨다.
	안전사고, 화재, 재난, 학대, 유괴 등에 대처하는 방법을 경험한다.

(2) 신체운동 · 건강 영역의 관찰 사례

놀이하는 유아는 몸을 움직이고 감각적인 체험을 하면서 자신의 신체 조절을 할 수 있는 대소근육의 협응력이 발달하게 된다. 또한, 놀이에 따라 또래와 상호작용하면서 자신의 몸을 어떻게 안전하게 보호해야 하는지에 스스로 배우게 된다.

관찰유아	○○○(만 4세)	성별	남	생년월일	20○○년 ○월 ○일 오전 10시
관찰자	담임교사: ○○○			관찰장소	유치원 근처 숲
영역	신체운동 · 건강 〉 안전하게 생활하기 〉 일상에서 안전하게 놀이하고 생활한다.				
관찰	숲으로 산책을 간 유아들은 꽃 위에 있는 작은 꿀벌을 보면서 관심을 보인다. 지수가 꽃 위에 있는 꿀벌을 가리키며 "벌이다."라고 외친다. 지수의 말을 들은 수찬이는 지수가 가리키는 꽃에 가까이 다가가며 "어디 어디? 정말 벌이네!"라고 말하며 벌을 만지려고 시도한다. 은진이가 지수의 손을 잡으며 "벌은 가까이 가면 위험해."라고 말한다. 지수는 꿀벌을 보면서 "벌은 지금 꿀 먹는 거야~"라고 말하자 은진이가 "그래? 그런데 네가 어떻게 알아?"라고 묻는다. 지수는 퉁명스러운 목소리로 "야! 꿀벌이니까 그렇지~"라고 대답한다.				
해석 및 지원	유아들은 자유롭게 숲을 탐색하다가 꽃 위에 벌을 발견하였다. 지수와 수찬이가 꿀벌이 있는 꽃에 가까이 다가가려 하자 은진이는 '벌은 가까이 가면 위험하다'고 이야기하면서 다른 유아들에게 위험함을 알렸다. 또한, 유아들은 벌을 탐색하면서 벌에 대한 흥미와 관심을 가지게 되었다. 유아들의 벌에 대한 흥미와 관심이 탐구로 확장될 수 있도록 벌에 관한 책과 사진을 교실에 비치하고 컴퓨터로 벌의 정보를 검색할 수 있도록 지원한다. 또한, 유아들의 안전을 위해 바깥놀이 활동 가운데 어떠한 부분을 조심해야 하는지를 함께 이야기하고 약속을 정한다.				

유아들은 자유로운 놀이 가운데 스스로 안전한 놀이가 될 수 있도록 협상과 제안을 하는 상호작용이 이루어질 수 있다. 위 사례에서도 벌을 만지면 위험하다는 사실을 알고 있는 유아가 다른 유아에게 정보를 전달하며 안전하게 놀이가 진행되는 모습을 볼 수 있다. 따라서 교사는 유아의 놀이를 관찰하면서 안전이라는 이유로 놀이를 지나치게 통제하기보다는 유아 스스로 안전하게 놀이하고 생활할 수 있도록 지원하도록 한다.

2) 의사소통 영역

(1) 의사소통 영역의 내용

의사소통 영역은 '듣기와 말하기', '읽기와 쓰기에 관심 가지기', 문학과의 연계성을 위한 '책과 이야기 즐기기' 세 부분으로 범주가 구성되어 있으며, 세부 내용은 다음과 같다.

〈표 6-2〉 의사소통 영역 범주와 내용

범주	내용
듣기와 말하기	말이나 이야기를 관심 있게 듣는다.
	자신의 경험, 느낌, 생각을 말한다.
	상황에 적합한 단어를 사용하여 말한다.
	상대방이 하는 이야기를 듣고 관련해서 말한다.
	바른 태도로 듣고 말한다.
	고운 말을 사용한다.
읽기와 쓰기에 관심 가지기	말과 글의 관계에 관심을 가진다.
	주변의 상징, 글자 등의 읽기에 관심을 가진다.
	자신의 생각을 글자와 비슷한 형태로 표현한다.
책과 이야기 즐기기	책에 관심을 가지고 상상하기를 즐긴다.
	동화, 동시에서 말의 재미를 느낀다.
	말놀이와 이야기 짓기를 즐긴다.

(2) 의사소통 영역의 관찰 사례

유아는 놀이에서 또래에게 묻고 질문에 대답하면서 자신의 생각을 표현할 수 있다. 유아의 이러한 생각과 감정 표현의 자유는 언어발달을 촉진하게 된다. 유아는 의사소통을 통해 자신의 일을 해결할 수 있는 기초능력을 기를 수 있으며, 자신이 선택한 것을 스스로 할 수 있을 때 자부심을 느끼게 된다.

<table>
<tr><td>관찰유아</td><td>○○○(만 4세)</td><td>성별</td><td>남</td><td>생년월일</td><td>20○○년 ○월 ○일 오전 11시</td></tr>
<tr><td>관찰자</td><td colspan="3">담임교사: ○○○</td><td>관찰장소</td><td>행복반 교실</td></tr>
<tr><td>영역</td><td colspan="5">의사소통 〉 듣기와 말하기 〉 자신의 경험, 느낌, 생각을 말한다.</td></tr>
<tr><td>관찰</td><td colspan="5">전통 놀이와 관련해 딱지접기와 딱지치기 놀이를 소개하자, 유아들이 놀이자료를 활용해 전통 딱지를 만들고 있다. 영수는 자신이 만든 딱지를 교사에게 보여 주며 "선생님, 저 딱지 만들었어요."라고 말한다. 은찬이는 신문지를 크게 접어서 만든 딱지를 보여 주며 "저는 엄청 큰 딱지 만들었어요."라고 말한다. 영수는 다시 두꺼운 도화지로 딱지를 만들고 내밀고는 "내건 딱딱해서 엄청 세!"라고 자랑한다. 은찬이는 자신이 만든 딱지를 내밀고는 "내 딱지가 더 크니까 내가 더 세!"라고 영수에게 말한다. 영수는 은찬이에게 딱지놀이 시합을 해서 누구의 딱지가 더 센지 알아보자고 제안하자 은찬이는 "좋아"라고 말하며 가위바위보로 순서를 정하자고 한다. 은찬이와 영수가 동시에 가위바위보를 한다. 은찬이가 주먹, 영수가 보자기를 내밀었다. 영수는 "내가 이겼으니까 먼저 친다. 하나, 둘, 셋 하면 치는 거야."라고 말한 뒤 바닥에 있는 은찬이의 딱지를 힘껏 내리친다. 뒤집어진 은찬이의 딱지를 보며 영수는 "우아! 내가 이겼다."라고 외친다. 은찬이는 인상을 찌푸리며 "나 안 할 거야~"라고 말하며 자신의 딱지를 집어 들고 나간다.</td></tr>
<tr><td>해석 및 지원</td><td colspan="5">유아들은 다양한 놀이자료(신문지, 두꺼운 도화지)를 이용해 자신만의 딱지를 만들었고, '엄청 큰 딱지', '딱딱한'이라는 단어를 통해 사물의 크기와 성질을 표현하였다. 유아들은 딱지 시합을 통해 자료 성질에 기초한 자신의 생각이 실제와는 다른 것을 경험하였다.
유아들에게 딱지를 만들 수 있는 다양한 재료를 제공하고 자료의 느낌과 단어를 연결하여 생각하고 표현할 수 있도록 질문을 한다. 또한, 다양한 재료를 이용해 만든 딱지를 가지고 딱지 시합을 하면서 다양한 결과를 예측하고 경험할 수 있도록 한다.</td></tr>
</table>

위 사례에서는 유아들이 자신이 생각하는 사물의 크기와 성질을 언어로 표현하는 것을 보여 주고 있다. 유아들은 다양한 자료를 이용해 자신만의 딱지를 만들며 딱지의 특성에 대한 느낌과 생각을 또래와 상호작용하면서 의사소통을 하였다. 이와 같은 유아의 의사소통은 상대방에게 자신의 감정과 생각을 전달하는 방법을 배울 수 있게 한다. 교사는 유아의 놀이와 활동을 관찰하면서 다양한 경험을 통한 유아의 생각과 느낌을 언어로 표현할 수 있도록 놀이자료를 지원하거나 상호작용을 할 수 있다.

3) 사회관계 영역

(1) 사회관계 영역의 내용

사회관계 영역은 유아가 사람과 자연을 존중하고 배려하며 소통할 수 있는 태도를 기르기 위한 영역이다. 유아는 작은 것도 주의 깊게 살피며 아끼고 돌볼 수 있다. 또한, 세상과 소통하고 배려하면서 돌보는 유능함을 가지고 있다(교육부 · 보건복지부, 2019).

사회관계 영역은 '나를 알고 존중하기', '더불어 생활하기', '사회에 관심을 가지기'의 세 부분으로 범주가 구성되어 있다. '나를 알고 존중하기'는 자신 스스로를 존중하는 것에 관한 내용이며, '더불어 생활하기'와 '사회에 관심을 가지기'는 유아의 주변 사람과 우리나라를 비롯한 다른 문화까지 관심을 가지고 폭넓게 이해하고 편견 없이 바라볼 수 있는 내용이다.

이처럼 사회관계는 유아기 사회생활에서 직면하는 문제해결 능력을 중심으로, 유아가 자신의 생활 속에서 여러 사람을 이해하고 또한 집단 안에서 일어나는 문제에 대해 지혜롭게 대처하고, 신중한 태도를 발달시키는 것이며, 바람직한 민주시민으로 성장하기 위해 요구되는 사회적 지식, 태도, 가치, 기술을 발달시키는 것이라 할 수 있다(홍길회 외, 2019). 다음은 사회관계 영역의 범주와 세부 내용이다.

〈표 6-3〉 사회관계 영역 범주와 내용

범주	내용
나를 알고 존중하기	나를 알고 소중히 여긴다.
	나의 감정을 알고 상황에 맞게 표현한다.
	내가 할 수 있는 것을 스스로 한다.
더불어 생활하기	가족의 의미를 알고 화목하게 지낸다.
	친구와 서로 도우며 사이좋게 지낸다.
	친구와의 갈등을 긍정적인 방법으로 해결한다.
	서로 다른 감정, 생각, 행동을 존중한다.

범주	내용
더불어 생활하기	친구와 어른께 예의 바르게 행동한다.
	약속과 규칙의 필요성을 알고 지킨다.
사회에 관심을 가지기	내가 살고 있는 곳에 대해 궁금한 것을 알아본다.
	우리나라에 대해 자부심을 가진다.
	다양한 문화에 관심을 가진다.

(2) 사회관계 영역의 관찰 사례

유아는 다른 유아와 상호작용하면서 협력하고 조절하고 배려하는 것을 배우며 사회성을 기르게 된다. 이러한 사회적 협력과 타인을 배려하는 사회성은 유아에게 다른 사람과 더불어 사는 사람으로 성장하게 한다.

관찰유아	○○○(만 5세)	성별	여	생년월일	20○○년 ○월 ○일 오전 11시
관찰자	담임교사: ○○○			관찰장소	사랑반 교실
영역	사회관계 〉 더불어 생활하기 〉 친구와 서로 도우며 사이좋게 지낸다.				
관찰	유아들이 미술 영역에서 색종이를 접어 모양 만들기를 하고 있다. 지수는 색종이가 잘 안 접히자 색종이를 펴고 접는 것을 반복하고 있다. 수진이는 지수를 말없이 보다가 자신이 접은 색종이를 보여 주며 "색종이를 이렇게 접어야 모양을 잘 만들 수 있어."라고 말한다. 지수는 자신의 색종이를 펴면서 "나도 알아~"라고 퉁명스럽게 말한다. 수진이는 지수에게 다가가 "내가 색종이 접는 거 도와줄까?"라고 묻는다. 지수는 자신의 색종이를 수진이에게 내밀며 "그래."라고 대답한다. 수진이는 지수에게 색종이를 받아서 하트를 접으며 "이렇게 접으면 돼! 예쁘게 접혔다. 그렇지?"라고 말한다. 지수는 수진이가 접은 하트 색종이를 받으며 "고마워~ 색종이 접는 거 힘들었는데 너랑 하니까 금방 했어."라고 말하며 웃는다. 지수의 말을 들은 수진이는 빙그레 웃으면서 "나도 색종이 접는 거 힘들었는데 자꾸 하니까 지금은 잘해. 너도 계속하면 잘할 거야~"라고 말한다.				
해석 및 지원	지수가 색종이 접는 것을 힘들어하자 수진이는 지수의 어려움을 살피고 도움을 주려고 하였다. 수진이는 자신이 색종이 접는 것을 보여 주면서 직접 모델링을 하였다. 지수는 수진이에게 자신의 감정을 표현하였고 수진이는 감정을 공감하며 격려를 하였다. 수진이는 타인의 감정에 대한 이해 수준에서 더 나아가 자신의 지식을 전달하는 모델링과 도움을 제공하는 배려의 모습을 나타내었다. 유아들은 도움을 주고받는 과정에서 감정을 공감하고 서로 협력하는 사회관계가 형성되도록 지원한다.				

유아는 또래를 도와주거나 협력을 하면서 다른 사람을 배려하고 공감할 수 있는 사회성을 배울 수 있다. 위 사례에서 유아가 다른 유아와 활동하는 가운데 색종이 접는 것에 대한 어려움을 공감하고 지식을 전달하는 가운데 상호 타인에 대한 배려와 협력을 배우는 기회가 되었다. 교사는 유아들의 활동을 관찰하면서 유아-유아 상호작용 가운데 협력과 배려가 발생하는 경우 감탄 어린 말들과 격려를 통해 정서적인 지원을 할 수 있다.

4) 예술경험 영역

(1) 예술경험 영역의 내용

유아는 주변의 친근한 환경에서 발생하는 소리, 모양, 색깔, 냄새를 통해 자신을 둘러싼 환경 속에서 아름다움을 발견하고 공감하며 다양한 방법으로 표현하는 유능함을 가지고 있다. 유아는 감각적 경험을 통해 아름다움을 표현하고 자신의 느낌과 생각을 창의적으로 표현할 수 있다. 예술경험 영역은 유아가 자연과 주변의 다양한 경험을 통해 발견한 아름다움을 느끼고, 느낀 것을 창의적으로 표현하고 즐기는 것에 중요성을 가지고 있다. 따라서 예술경험 영역의 목적은 유아가 자연과 생활에서 느낀 아름다움을 자유롭게 표현하고, 다양한 예술 감상을 하면서 상상하기를 즐기는 역량을 기르는 것에 있다. 예술경험 영역의 범주에 따른 세부 내용을 살펴보면 다음과 같다.

〈표 6-4〉 예술경험 영역 범주와 내용

범주	내용
아름다움을 찾아보기	자연과 생활에서 아름다움을 느끼고 즐긴다.
	예술적 요소에 관심을 갖고 찾아본다.
창의적으로 표현하기	노래를 즐겨 부른다.
	신체, 사물, 악기로 간단한 소리와 리듬을 만들어 본다.
	신체나 도구를 활용하여 움직임과 춤으로 자유롭게 표현한다.
	다양한 미술 재료와 도구로 자신의 생각과 느낌을 표현한다.
	극 놀이로 경험이나 이야기를 표현한다.
예술 감상하기	다양한 예술을 감상하여 상상하기를 즐긴다.
	서로 다른 예술을 감상하여 상상하기를 즐긴다.
	우리나라 정통 예술에 관심을 갖고 친숙해진다.

(2) 예술경험 영역의 관찰 사례

유아는 자연과 생활 속에서 아름다움을 발견하고 이에 관한 느낌을 자신만의 생각과 언어로 표현할 수 있다. 유아의 비현실성은 놀이를 통해 이러한 경험을 창의적으로 표현하게 된다. 즉, 자신이 경험한 것을 놀이에 적용해 창의적으로 표현할 수 있다.

관찰유아	○○○(만 4세)	성별	여	생년월일	20○○년 ○월 ○일 오후 2시
관찰자	담임교사: ○○○			관찰장소	행복반 교실
영역	예술경험 〉 아름다운 찾아보기 〉 자연과 생활에서 아름다움을 느끼고 즐긴다.				
관찰	산책 활동에서 꽃향기에 관심을 보였던 유아들에게 꽃냄새를 탐색할 수 있도록 투명한 통에 꽃을 담아 놀이영역에 놓았다. 투명한 통을 발견한 진수는 통을 들고 이리저리 살펴본다. 투명한 통의 뚜껑을 열어 냄새를 맡으며 "음~ 좋은 냄새가 난다."라고 혼자 중얼거린다. 지나가던 성민이가 진수가 들고 있는 투명한 통을 가리키며 "그게 뭐야?"라고 묻는다. 진수는 투명한 통을 흔들어 몸에 뿌리면서 "이거 향수야! 우리 엄마가 뿌리는 것 봤거든." 하면서 향수를 바르는 흉내를 낸다. 성민이가 "나도 향수 알아. 그런데 향수는 물이야."라고 말하자 진수는 투명한 통을 보다가 선생님에게 질문을 한다. "선생님 여기 물 넣어도 돼요?"라고 묻자 선생님은 "그럼. 괜찮지."라고 대답한다. 선생님의 말을 들은 성민이는 교사를 향해 "우리 향수 만들 거예요."라고 말하며 히히히 웃는다.				

해석 및 지원	꽃향기의 냄새를 맡으며 자신이 경험했던 향수 냄새와 연결하여 '꽃이 담긴 투명한 통'을 '향수병'으로 가작화하였다. 가작화를 하면서 유아들의 상상놀이는 더욱 구체화되었다. 즉, '꽃이 담긴 투명한 통'을 '향수병'으로 가정하는 상황에서 성민이의 "향수는 물이야."라는 말을 통해 '꽃이 담긴 투명한 통'은 물을 담아 구체화되었다. 자연과 생활에서 발견하는 아름다움을 창의적으로 표현할 수 있도록 지원한다.

위 사례에서 유아들은 자연에서 느낀 아름다움을 놀이에 적용해 구체적인 사물로 상상하여 표현하고 있다. 즉, 자연에서 느낀 꽃향기를 엄마의 향수 냄새와 연결해 꽃이 담긴 통을 향수병으로 가작화하였다. 교사는 유아의 다양한 표현을 존중하고 유아가 발견한 아름다움을 다양하게 표현할 수 있도록 놀이자료를 지원하고 관찰하면서 상호작용할 수 있다.

5) 자연탐구 영역

(1) 자연탐구 영역의 내용

자연탐구 영역은 유아가 일상생활에서 발견하는 궁금증이나 문제를 다양한 방법으로 해결하면서 과학적·수학적 개념과 태도를 기르는 것이다. 유아의 자발성을 기초로 현상에 대한 상상력과 창의력을 길러 주며, 상황에 대한 예측과 추론을 통해 과학적·수학적 기초능력을 확장시킬 수 있다. 자연탐구 영역의 범주에 따른 세부 내용은 다음과 같다.

〈표 6-5〉 자연탐구 영역 범주와 내용

범주	내용
탐구과정 즐기기	주변 세계와 자연에 대해 지속적으로 호기심을 가진다.
	궁금한 것을 탐구하는 과정을 즐겁게 참여한다.
	탐구과정에서 서로 다른 생각에 관심을 가진다.

범주	내용
생활 속에서 탐구하기	물질의 특성과 변화를 여러 가지 방법으로 탐색한다.
	물체를 세어 수량을 알아본다.
	물체의 위치와 방향, 모양을 알고 구별한다.
	주변에서 반복되는 규칙을 찾는다.
	일상에서 모은 자료를 기준에 따라 분류한다.
	도구와 기계에 관심을 가진다.
자연과 더불어 살기	주변의 동식물에 관심을 가진다.
	생명과 자연환경을 소중히 여긴다.
	날씨와 계절의 변화를 생활과 관련짓는다.

(2) 자연탐구 영역의 관찰 사례

유아의 주변에 대한 관찰과 호기심은 자발적인 탐색이 이루어지게 한다. 또한, 궁금한 것을 해소하기 위해 탐구를 하면서 자연스럽게 지식을 습득하게 된다.

관찰유아	○○○(만 5세)	성별	남	생년월일	2020년 ○월 ○일 오전 11시
관찰자	담임교사: ○○○			관찰장소	유치원 근처 숲
영역	자연탐구 〉 자연과 더불어 살기 〉 주변의 동식물에 관심을 가진다.				
관찰	숲으로 산책을 나간 유아들이 개미를 발견하고 관찰한다. 예찬이가 풀숲 사이로 가고 있는 개미를 손가락으로 가리키며 "개미다~"라고 외치며 만지려 하자 지민이가 "개미는 지금 일하고 있어. 만지지 마."라고 말한다. 예찬이는 지민이의 말을 듣고 "일? 무슨 일?" 하고 묻는다. 지민이는 예찬이에게 "먹을 거 가지고 집에 가는 일을 하고 있어."라고 대답한다. 지민이의 말을 듣고 옆에 있던 영찬이가 고개를 끄덕이며 "어! 맞아. 일하고 있어. 책에서 봤어~"라고 말한다. 유아들의 이야기를 잠자코 듣고 있던 교사가 "그런가. 개미는 먹을 거를 모으는 일만 할까?"라고 질문한다. 유아들이 교사의 질문에 대답을 하지 못하고 있자 예찬이가 큰 목소리로 "선생님! 우리 교실 가서 알아봐요."라고 말한다.				
해석 및 지원	유아들은 개미를 탐색하면서 개미에 관한 호기심과 흥미를 갖게 되었다. 이러한 자발적인 탐색은 개미에 대해 더욱 자세히 관찰하게 하였고 개미가 하는 일에 대해 관심을 갖게 하였다. 개미의 동작을 관찰하면서 지민이는 일하는 중이라고 예측하였고, 이에 대해 영찬이는 자신이 경험한 지식에 근거하여 지민이의 의견에 동의하였다. 교사의 질문을 통해서 유아들은 스스로 개미에 관한 탐구를 하고자 하였다. 유아들의 개미에 대한 흥미를 지식과 연계되도록 개미와 관련된 서적을 교실에 비치하고, 컴퓨터를 이용해 궁금한 것을 찾아볼 수 있도록 지원한다.				

유아의 탐색은 호기심에서 비롯되며, 이러한 호기심이 확장되어 탐구로 자연스럽게 이어지게 된다. 교사는 유아의 사물에 대한 호기심과 흥미가 확장될 수 있도록 다양한 놀이 환경과 놀이자료를 제시하여 지원할 수 있다.

2. 유아관찰 평가

누리과정의 유아 평가는 누리과정의 목표와 내용에 근거하여 유아의 특성과 변화 정도를 파악하기 위해 유아의 지식, 기술, 태도, 일상생활과 누리과정 활동 전반에 대해 평가하는 것이다. 평가의 방법으로는 관찰, 활동 결과 분석, 부모면담을 사용하며, 종합적으로 평가하고 기록하여 유아에 대한 이해와 누리과정 운영 개선 및 부모와의 면담 자료로 활용할 수 있다(이진희 외, 2019).

1) 5개 영역 범주에 따른 관찰척도

유아의 평가는 유아의 발달 수준과 특성을 이해하고 이에 적합한 놀이계획과 지원을 할 수 있게 한다. 개정 누리과정 유아관찰척도는 신체, 건강, 의사소통, 사회관계, 예술탐구, 자연탐구의 세부 내용에 있어 유아가 어느 정도 수준에 있는지를 평가할 수 있다. 교사는 이러한 평가를 통해 유아의 발달 특성과 수준에 맞는 내용으로 놀이를 연결할 수 있다. 다음은 개정 누리과정 KICCE 유아관찰척도(강은진 외, 2020) 중 신체운동 · 건강영역의 관찰척도 예시이다. 교사는 관찰문항에 따른 유아의 관찰 수준을 관찰하고 해당하는 수준에 체크할 수 있으며, 관찰 수준에 대한 관찰 사례를 기록할 수 있다. 이와 같은 관찰척도평가를 통해 유아의 누리과정 영역에 대한 현재 이해와 발달 수준이 어떠한지를 파악할 수 있으며, 적절한 도움을 지원할 수 있다.

(1) 유아 관찰척도

범위	관찰문항	관찰요소	관찰수준	평가
신체활동 즐기기	신체를 인식하고 움직인다.	신체 인식	1. 신체 각 부분의 이름을 알지 못한다.	
			2. 도움을 받아 신체 각 부분의 이름을 안다.	V
			3. 신체 각 부분의 이름을 일부 알 수 있다.	
			4. 신체 각 부분의 모든 이름을 안다.	
			※ 비고: 「손은 어디 있나」 노래를 부르면서 교사가 "팔꿈치를 가리켜 보자."라고 말하면서 시범을 보이자 팔꿈치를 가리킨다.	
	신체 움직임을 조절한다.	소근육 협응, 조절력	1. 신체를 조절하여 움직이는 데 어려움을 갖는다.	
			2. 도움을 받아 신체를 조절하여 움직인다.	
			3. 신체를 조절하여 움직일 수 있다.	
			4. 신체를 조절하여 능숙하게 움직인다.	
	기초적인 이동운동, 제자리 운동, 도구를 이용한 운동을 한다.	수행력, 운동능력	1. 기본운동을 수행하는 데 어려움이 있다.	
			2. 도움을 받으면 기본운동을 시도한다.	
			3. 기본운동을 할 수 있다.	
			4. 기본운동을 능숙하게 한다.	
	실내외 신체활동에 자발적으로 참여한다.	자발성, 참여 정도	1. 실내외 신체활동에 참여하지 않는다.	
			2. 도움을 받으면 실내외 신체활동에 참여한다.	
			3. 실내외 신체활동에 참여한다.	
			4. 실내외 신체활동에 자발적으로 참여한다.	

범위	관찰문항	관찰요소	관찰수준	평가
건강하게 생활하기	자신의 몸과 주변을 깨끗이 한다.	자율성, 건강	1. 자신의 몸과 주변을 깨끗이 하는 데 관심이 없다.	
			2. 도움을 받으면 자신의 몸과 주변을 깨끗이 하는 데 관심을 갖는다.	
			3. 자신의 몸과 주변을 깨끗이 할 수 있다.	
			4. 스스로 자신의 몸과 주변을 깨끗이 한다.	
	몸에 좋은 음식에 관심을 가지고 바른 태도로 즐겁게 먹는다.	자율성, 바른 식습관	1. 몸에 좋은 음식에 관심을 갖지 않거나 꺼린다.	
			2. 도움을 받으면 몸에 좋은 음식에 관심을 갖고 먹는다.	
			3. 몸에 좋은 음식을 바른 태도로 먹을 수 있다.	
			4. 스스로 몸에 좋은 음식을 바른 태도로 먹을 수 있다.	
	하루 일과에서 적당한 휴식을 취한다.	자율성, 건강	1. 하루 일과에서 휴식을 취하지 않는다.	
			2. 도움을 받으면 하루 일과에서 적당한 휴식을 취한다.	
			3. 하루 일과에서 적당한 휴식을 취할 수 있다.	
			4. 스스로 하루 일과에서 적당한 휴식을 취한다.	
	질병을 예방하는 방법을 알고 실천한다.	자율성, 건강	1. 질병을 예방하는 방법을 모른다.	
			2. 질병을 예방하는 방법을 알지만 실천하지는 않는다.	
			3. 질병을 예방하는 방법을 알고 도움을 받아 실천할 수 있다.	
			4. 스스로 질병을 예방하는 방법을 알고 실천한다.	

범위	관찰문항	관찰요소	관찰수준	평가
안전하게 생활하기	일상에서 안전하게 놀이하고 생활한다.	자율성, 안전	1. 일상에서 안전하게 놀이하거나 생활하지 못한다.	
			2. 도움을 받으면 일상에서 안전하게 놀이하거나 생활 수 있다.	
			3. 일상에서 안전하게 놀이하고 생활할 수 있다.	
			4. 스스로 일상에서 안전하게 놀이하고 생활할 수 있다.	
	TV, 컴퓨터, 스마트폰 등을 바르게 사용한다.	자율성, 안전	1. 전자 미디어를 바르게 사용하지 않는다.	
			2. 전자 미디어를 바르게 사용하는 방법에 대해 관심을 갖는다.	
			3. 도움을 받으면 전자 미디어를 바르게 사용할 수 있다.	
			4. 스스로 전자 미디어를 바르게 사용한다.	
	교통안전 규칙을 지킨다.	규칙 이해, 안전	1. 교통안전 규칙을 지키지 못한다.	
			2. 도움을 받으면 교통안전 규칙을 지킨다.	
			3. 교통안전 규칙을 지킬 수 있다.	
			4. 스스로 교통안전 규칙을 지킨다.	
	안전사고, 화재, 재난, 학대, 유괴 등에 대처하는 방법을 경험한다.	자율성, 안전	1. 위험한 상황을 모른다.	
			2. 도움을 받으면 위험한 상황을 안다.	
			3. 위험 상황에서 도움을 요청할 수 있다.	
			4. 스스로 위험 상황에서 도움을 요청한다.	

출처: 강은진 외(2020).

(2) 유아 관찰평정척도

개정 누리과정 관찰평정척도는 유아의 누리과정 5개 영역의 전체적 발달을 볼 수 있어 유아의 발달을 종합적으로 평가하는 데 이용할 수 있다. 다음은 개정 누리과정의 5개 영역의 범주에 따른 관찰평정척도를 예시하였다. 관찰평정척도는 관찰기간을 결정하여 유아의 놀이를 관찰하면서 그렇다(3점), 보통(2점), 미흡(1점)으로 표시하고 점수를 더하여 평가점수가 낮은 영역에 대한 도움을 지원할 수 있다.

유아명(성별)	이○○(여)	생년월일	20○○년 10월 1일
관찰자	○○○	관찰기간	20○○년 3월 1일 ~ 4월 30일

※ 유아관찰 결과 그렇다(3점), 보통(2점), 미흡(1점)으로 표기한다.

범주	내용	평가	범주	내용	평가
신체운동·건강	신체를 인식하고 움직이기		사회관계	친구와의 갈등을 긍정적 방법으로 해결하기	
	신체 움직임을 조절하기			서로 다른 감정, 생각, 행동을 존중하기	
	기초적인 이동운동, 제자리 운동, 도구를 이용한 운동하기			친구와 어른께 예의 바르게 행동하기	
	실내외 신체활동 자발적 참여하기			약속과 규칙의 필요성을 알고 지키기	
	자신의 몸과 주변을 깨끗이 하기			내가 살고 있는 곳에 대해 궁금한 것 알아보기	
	몸에 좋은 음식에 관심을 가지고 바른 태도를 즐겁게 먹기			우리나라에 대해 자부심을 가지기	
	하루 일과의 적당한 휴식 취하기			다양한 문화에 관심을 가지기	
	질병 예방법을 알고 실천하기		예술경험	자연과 생활에서 아름다움 느끼고 즐기기	
	일상에서 안전하게 놀이하고 생활하기			예술적 요소에 관심을 갖고 찾아보기	
	TV, 컴퓨터, 스마트폰 등을 바르게 사용하기			노래를 즐겨 부른다.	
	교통안전 규칙 지키기			신체, 시를 악기로 간단한 소리와 리듬을 만들기	
	안전사고, 화재, 재난, 학대, 유괴 등에 대처 방법 경험하기			신체, 도구를 활용해 움직임과 춤으로 자유롭게 표현하기	

범주	내용	평가	범주	내용	평가
의사소통	말이나 이야기 관심 있게 듣기		예술경험	다양한 미술 재료와 도구로 자신의 생각과 느낌 표현하기	
	자신 경험, 느낌, 생각 말하기			극 놀이로 경험이나 이야기를 표현하기	
	상황에 적합한 단어를 사용하기			다양한 예술을 감상하여 상상하기를 즐기기	
	상대방이 하는 이야기를 듣고 관련해서 말하기			서로 다른 예술을 감상하여 상상하기를 즐기기	
	바른 태도를 듣고 말하기			우리나라 정통 예술에 관심을 갖고 친숙하기	
	고운 말을 사용하기		자연탐구	주변 세계와 자연에 대해 지속적인 호기심을 가지기	
	말과 글의 관계에 관심 가지기			궁금한 것을 탐구하는 과정을 즐겁게 참여하기	
	주변의 상징, 글자 등의 읽기에 관심 가지기			탐구과정에서 서로 다른 생각에 관심 가지기	
	자신의 생각을 글자와 비슷한 형태로 표현하기			물질의 특성과 변화를 여러 가지 방법으로 탐색하기	
	책에 관심을 가지고 상상하기를 즐기기			물체를 세어 수량 알아보기	
	동화, 동시에서 말의 재미를 느끼기			물체의 위치와 방향, 모양을 알고 구별하기	
	말놀이와 이야기 짓기를 즐기기			주변에서 반복되는 규칙을 찾기	
사회관계	나를 알고 소중히 여기기			일상에서 모은 자료를 기준에 따라 분류하기	
	나의 감정을 알고 상황에 맞게 표현하기			도구와 기계에 관심을 가지기	
	내가 할 수 있는 것을 스스로 하기			주변의 동식물에 관심을 가지기	
	가족의 의미를 알고 화목하게 지내기			생명과 자연환경을 소중히 여기기	
	친구와 서로 도우며 사이좋게 지내기			날씨와 계절의 변화를 생활과 관련짓기	

2) 유아 발달 관찰평가

유아의 5개 영역 범주에 따른 유아 관찰평가는 영역의 범주에 따라 유아의 현재 수준이 어떠한가를 알 수 있다. 이와 같이 유아의 수준이 시간의 흐름에 따라 어떻게 변화하는지에 관한 평가를 하기 위해서 유아 발달 관찰평가를 할 수 있다. 유아 발달 관찰평가는 관찰 일시를 나누어 관찰된 행동이 나타날 때 평가를 함으로써 유아의 시간의 흐름에 따른 발달의 변화를 볼 수 있다. 다음은 유아의 발달 관찰평가의 사례이다. 관찰 일시를 1회, 2회로 나누어 결정하고 관찰된 행동이 나타났을 때 잘했을 경우 ○, 보통은 △, 못하는 경우는 ×로 표시하였다.

(1) 신체발달 관찰평가

신체운동 · 건강 영역은 긍정적인 자아개념과 유아기 발달에 필요한 대근육활동과 신체적 경험에 중점을 두고 있다. 다음은 유아의 신체발달에 관한 관찰평가 사례이다.

〈표 6-6〉 신체발달 관찰평가 사례

관찰유아: 이○○(남)　　생년월일: 20○○. ○○. ○○.
관 찰 자: ○○○　　관찰일시: 4월 21일, 6월 20일

(관찰평가: 잘함 ○, 보통 △, 못함 ×)

내용	1회	2회	비고
1. 자세가 바르다. (앉을 때, 걸을 때, 서 있을 때)	△	△	
2. 행동이 민첩하다.	○	○	
3. 양발을 바꾸어 가며 계단을 오르내릴 수 있다.	○	○	
4. 바깥놀이에 활발히 참여한다.	○	○	
5. 한 발로 깡총깡총 뛰기를 할 수 있다.	○	○	
6. 공을 던지고 받을 수 있다.	○	○	
7. 그네를 혼자 구를 수 있다.	○	○	
8. 매트에서 구르기를 할 수 있다.	○	○	

내용	1회	2회	비고
9. 손 사용에 있어서 선호도를 보인다. (왼손, 오른손)	○	○	
10. 손잡이나 병뚜껑을 쉽게 돌린다.	○	○	
11. 주스나 우유를 흘리지 않고 따를 수 있다.	○	○	
12. 지퍼를 열고 잠글 수 있다.	○	○	
13. 단추를 열고 잠글 수 있다.	△	△	
14. 작은 물건을 집을 수 있다. (손바닥으로, 손가락으로)	○	○	
15. 가위질을 할 수 있다.	○	○	
비고	교실을 걸을 때 머리를 한쪽으로 기울이고 다닌다. 외투의 단추를 여는 것은 잘하나 잠그는 것은 어려워한다.		

위 사례 평가를 통해 유아의 신체발달 중 걸을 때 바른 자세가 잘 되지 않으며, 단추를 잠그는 행동이 미숙함을 알 수 있다. 교사는 유아가 걸을 때 자세가 바르지 않은 원인을 관찰하고 이에 관해 부모와 상담을 통해 정보를 얻을 수 있다.

(2) 기본생활 발달 관찰평가

기본생활 발달 평가는 유아의 일상생활 영역인 식습관이나 정리 정돈, 화장실 이용에 대한 기본적인 평가를 할 수 있다.

〈표 6-7〉 기본생활 발달 관찰평가 사례

관찰유아: ○○○(남) 생년월일: 20○○. ○○. ○○.
관 찰 자: ○○○ 관찰일시: 4월 21일, 6월 20일

(관찰평가: 잘함 ○, 보통 △, 못함 ×)

내용	1회	2회	비고
1. 정리정돈을 할 수 있다. (장난감, 작업, 간식책상)	△	△	
2. 간식/식사 전에 손을 씻는다.	○	○	
3. 규칙(차례, 약속)을 잘 지키는 편이다.	△	△	
4. 어른에게 존댓말을 사용한다.	○	○	

내용	1회	2회	비고
5. 음식을 골고루 먹는다.	△	△	
6. 낮잠을 잔다.	△	△	
7. 교사의 지시를 잘 이해하고 따른다.	△	△	
8. 물건을 소중히 다루고 아껴 쓴다.	○	○	
9. 고마워, 괜찮아, 미안해 등의 말을 적절하게 사용한다.	○	○	
10. 혼자서 옷을 입을 수 있다.	○	○	
11. 화장실 사용 후 뒤처리를 혼자서 한다.	○	○	
비고	급식지도 시 반찬 위주로 먹으려 하고 국에 있는 건더기를 잘 안 먹으려고 한다. 낮잠 시간에 친구들과 함께 자지 않고 혼자 앉아서 휴식을 취하려고 한다.		

유아의 기본생활 발달 평가를 통해 식습관이나 낮잠에 관한 특성을 파악할 수 있다. 교사는 유아가 낮잠을 잘 자지 않으려는 원인을 유아의 수면 습관이나 주변의 환경적 요인을 통해 찾을 수 있다.

(3) 언어발달 관찰평가

유아의 언어발달은 자신의 느낌이나 생각을 언어로 상대방과 알맞게 소통할 수 있는 능력을 기르는 것이다. 다음은 언어발달 관찰의 사례이다.

〈표 6-8〉 언어발달 관찰평가 사례

관찰유아: ○○○(남) **생년월일**: 20○○. ○○. ○○.
관 찰 자: ○○○ **관찰일시**: 4월 21일, 6월 20일

(관찰평가: 잘함 ○, 보통 △, 못함 ×)

내용	1회	2회	비고
1. 주의 깊게 듣는다.	△	△	
2. 기초적인 낱말과 문장을 듣고 이해한다.	○	○	
3. 분명한 발음으로 말한다.	△	△	
4. 자신의 의견을 분명히 말한다.	○	○	

내용	1회	2회	비고
5. 또래와 대화를 할 수 있다.	○	○	
6. 상황에 따라 알맞게 말할 수 있다.	○	○	
7. 이야기를 듣고 기억해내어 이야기한다.	○	○	
8. 교사가 나타내는 신호나 지시에 따른다.	△	△	
9. 읽어 준 글을 생각대로 이해하여 순서대로 말한다.	○	○	
10. 글자에 관심을 보인다.	○	○	
11. 글자의 기초가 되는 모양을 그린다.	○	○	
12. 자기 이름과 간단한 글자를 읽는다.	○	○	
13. 어른의 도움 없이 혼자 책을 읽는다.	△	△	
14. 책 읽기를 즐겨한다.	○	○	
15. 새로 내놓은 책에 관심을 갖는다.	○	○	
16. 자기 이름과 간단한 글자를 쓴다.	○	○	
17. 어른의 도움 없이 혼자 문장을 쓴다.	△	△	
18. 연필을 바로 쥔다.	○	○	
19. 바르게 앉아서 쓴다.	○	○	
20. 창의적으로 이야기를 꾸며 말할 수 있다.	○	○	
비고	책을 읽는 것이나 쓰는 것에 관심은 많으나 교사의 도움 없이 혼자서 책을 끝까지 읽거나 문장을 쓰지는 못한다. 교사의 지시를 주의 깊게 듣는 것이 부족하며, 말할 때 발음이 부정확하고 빨리 말하는 편이다.		

위 사례의 평가를 살펴보면 유아가 교사의 지시를 주의 깊게 듣지 않고 지시에 잘 따르지 않으며, 교사의 도움이 없이 스스로 책을 읽거나 쓰지 못하는 것을 알 수 있다. 따라서 교사는 유아 스스로 책을 읽거나 문장을 쓸 수 있도록 도움을 제공할 수 있다.

(4) 사회성 발달 관찰평가

유아들의 사회성은 자신과 주변 사람들을 배려하며 협력할 수 있는 태도를 기르는 것이다. 다음은 유아의 사회성 발달 관찰평가의 사례이다.

〈표 6-9〉 사회성 발달 관찰평가 사례

관찰유아: ○○○(남)　　생년월일: 20○○. ○○. ○○.
관 찰 자: ○○○　　관찰일시: 4월 21일, 6월 20일

(관찰평가: 잘함 ○, 보통 △, 못함 ×)

내용	1회	2회	비고
1. 자신의 감정을 말로 표현할 수 있다.	○	○	
2. 새로운 환경이나 교구에 흥미를 보인다.	○	○	
3. 성격이 명랑하다.	○	○	
4. 감정이 쉽게 바뀌는 편이다.	△	△	
5. 혼자서 노는 편이다.	X	X	
6. 친하게 지내는 친구가 있다.	○	○	
7. 놀이에서 주로 지도자 역할을 한다.	○	○	
8. 이미 진행되고 있는 놀이에 자연스럽게 끼어든다.	○	○	
9. 문제 상황이 생겼을 때 혼자서 잘 해결한다.	△	△	
10. 문제 상황이 생겼을 때 말로 해결한다.	○	○	
11. 다양한 놀이에 참여한다.	○	○	
13. 친구들의 활동을 방해하지 않는다.	○	○	
14. 다른 사람의 감정을 이해하고 그에 맞는 말이나 행동을 한다.	△	△	
15. 친구와 나누어 쓸 수 있다.	○	○	
16. 친구에게 양보할 줄 안다.	○	○	
17. 놀이나 작업을 할 때 협동을 잘한다.	△	△	
18. 다른 사람의 부탁을 잘 들어준다.	○	○	
19. 친구나 교사를 잘 도와준다.	△	△	
비고	남자친구들과 주로 신체적 놀이를 많이 하며 놀이활동 시 문제가 발생하면 울거나 떼를 쓰는 방법을 해결책으로 사용한다. 위험한 행동에 대하여 인지는 하고 있으나 생각보다 행동이 앞선다. 활동 시 자기중심적인 부분이 있어 자신의 잘못보다는 친구에게 핑계를 대는 경우가 많다. 교실에서 지켜야 할 규칙과 약속에 대해서 알고는 있으나 간혹 지키지 않을 때가 있어 친구들과 갈등이 발생한다.		

교사는 사회성 발달 평가를 통해 유아가 또래와의 상호작용 속에서 어떠한 반응을 보이며 갈등을 해결하는지를 알 수 있다. 교사는 유아가 갈등이나 문제해결에

있어 부적절한 반응과 방법으로 해결하려 하는 것을 친사회적인 기술을 통해 해결할 수 있도록 제안할 수 있다.

(5) 창의성 발달 관찰평가

유아는 주변의 자연이나 사물 속에서 발생하는 아름다움을 발견하고 다양하게 창의적으로 아름다움을 표현하거나 즐길 수 있다. 다음은 유아의 창의성 발달 관찰평가의 사례이다.

〈표 6-10〉 창의성 발달 관찰평가 사례

관찰유아: ○○○(남) 생년월일: 20○○. ○○. ○○.
관 찰 자: ○○○ 관찰일시: 4월 21일, 6월 20일

(관찰평가: 잘함 ○, 보통 △, 못함 ×)

내용	1회	2회	비고
1. 음악이나 악기 소리에 맞추어 몸을 움직인다.	○	○	
2. 악기를 연주하는 일에 관심을 보인다.	○	○	
3. 자신의 생각과 느낌을 그림으로 표현할 수 있다.	○	○	
4. 독창적이고 다양한 형태의 표현을 시도한다.	○	○	
5. 여러 가지 재료를 이용하여 다양한 방법으로 만들고 꾸밀 수 있다.	○	○	
6. 역할 놀이에서 맡은 역할을 잘 해낸다.	○	○	
7. 놀이의 주제를 다양하게 선택한다.	○	○	
비고	음악이나 악기 소리 리듬에 맞추어 몸을 움직이는 것을 좋아한다. 10분 이상 앉아서 그림을 그리는 활동은 어려워하지만 자유롭게 그리는 것은 좋아한다.		

(6) 인지발달 관찰평가

유아는 일상생활에서 발견하는 궁금증이나 문제를 다양한 방법으로 해결하면서 과학적 · 수학적 개념과 태도를 배우며 인지가 발달한다. 다음은 유아의 인지발달 관찰평가 사례이다.

〈표 6-11〉 인지발달 관찰평가 사례

관찰유아: ○○○(남) 생년월일: 20○○. ○○. ○○.
관 찰 자: ○○○ 관찰일시: 4월 21일, 6월 20일

(관찰평가: 잘함 ○, 보통 △, 못함 ×)

내용	1회	2회	비고
1. 질문을 많이 한다.	○	○	
2. 사물을 주의 깊게 본다.	△	△	
3. 상식이 풍부하다.	△	△	
4. 문제 상황이 생겼을 때 다양한 방법으로 해결을 시도한다.	△	△	
5. 자연현상에 대하여 관심이 있다. (계절, 낮과 밤, 날씨, 동식물의 변화)	○	○	
6. 기본 도형의 이름을 안다.	○	○	
7. 기본 색깔의 이름을 안다.	○	○	
8. 사건을 순서에 따라 배열한다.	○	○	
9. 사물을 한 가지 속성에 따라 분류한다. (색, 모양, 크기)	○	○	
10. 5까지는 합리적인 수세기를 한다.	○	○	
11. 하루 일과의 순서를 안다.	○	○	
12. 하루 전에 무슨 일이 일어났는지를 안다.	○	○	
13. 사물의 수량이 많고 적음을 보고 변별한다.	○	○	
14. 일대일 대응으로 두 집단의 수를 짝짓는다.	○	○	
15. 일상생활에서 사용되는 수의 활용에 관심을 갖는다.	○	○	
16. 자신을 중심으로 위, 아래, 앞, 뒤를 구별한다.	○	○	
17. 자신을 중심으로 왼쪽, 오른쪽을 안다.	○	○	
비고	평소 사물을 주의 깊게 보지 않는다.		

인지발달 평가는 유아의 사물에 대한 호기심과 탐색하는 과정을 통해 스스로 지식을 습득하고 배우는 상황을 평가할 수 있다.

3. 유아 놀이 관찰 활용 사례

개정 누리과정의 교육과정은 유아의 놀이를 관찰하고 유아의 놀이가 확장되고 지속될 수 있도록 지원을 통해 재구성하는 교육과정이다. 따라서 교사는 유아의 놀이를 관찰하면서 유아가 요구하는 다양한 놀이자료를 제공하고 놀이공간을 확장하거나 통합하면서 지원할 수 있다. 다음은 유아들이 자유놀이를 하면서 스스로 놀이계획을 세우고 확장해 가면서 놀이할 수 있도록 교사가 지원하는 것을 보여주는 사례이다. 교사는 이와 같은 유아의 놀이를 관찰하면서 다양하게 지원을 할 수 있다.

<table>
<tr><th colspan="2">만 5세 놀이 관찰을 통한 지원계획</th></tr>
<tr><td rowspan="4">월요일</td><td>

유아들은 지도 퍼즐을 보며 세계 여러 나라에 대해 이야기를 나누었다. 세계여행에 대해 관심을 가지기 시작한 유아들은 여행을 가려면 무엇이 필요할까를 이야기하였고 세계여행을 가려면 비행기가 필요하고 그러려면 공항도 필요하다는 의견을 나누었다. 유아들은 공항 이름을 무엇으로 정할지 의견을 모으면서 우주반이니까 우주공항으로 하자고 하였다. 공항을 어디에 만들지를 고민하던 유아들은 넓은 복도에 만들면 좋을 것 같다고 하였다. 몇몇 유아들이 "그런데 우리 공항 이름 알려야 하지 않을까?" 하고 제안하였고 이에 유아들은 간판을 만들어서 붙이자고 하였다. 유아들은 교실에 있던 우드락을 이용해 간판을 만들기 시작하였다.</td></tr>
<tr><th>놀이지원계획</th></tr>
<tr><td>• 유아들이 만든 간판을 함께 붙여 주기
• 유아들이 비행기를 만들 수 있도록 빈 박스 등 다양한 재료 제공
• 유아들과 자료실에 가서 어떤 재료들이 있는지 보여 주고 선택할 수 있도록 지원</td></tr>
</table>

만 5세 놀이 관찰을 통한 지원계획

화요일

유아들은 비행기를 어떻게 만들면 좋을지 고민하기 시작하였고 커다란 박스를 이용하여 비행기를 만들기로 하였다. 박스를 넓게 펼친 후 비행기 모양을 그렸고 유아용 가위로 자르기가 어려워 교사에게 도움을 요청하였다. 비행기 모양을 오린 후 어떻게 꾸밀지 고민하던 유아들은 우리 반 비행기는 태극기 비행기니까 빨강과 파랑으로 꾸미면 좋을 것 같다고 의견을 모았다. 유아들에게 자료실에 가서 직접 적당한 재료를 고를 수 있도록 하였더니 처음에는 빨간색과 파란색의 색지를 고르는 모습을 보였으나 한 유아가 "선생님 저거 저번에 게임할 때 잘라 준 스티커 종이 아니에요?"하고 이야기하였다. 교사가 맞다고 했더니 유아들은 빨간색과 파란색 시트지를 선택하여 비행기를 꾸미기 시작하였다.

비행기를 꾸민 후 자꾸 쓰러지자 고민하던 유아들은 한 유아가 교실에 있던 여분의 상자를 골라 구멍을 내서 끼워 놓으면 될 것 같다는 의견에 따라 박스를 이용하여 비행기를 세워 놓았다.

놀이지원계획

- 비행기 밑에 상자를 꾸밀 수 있는 다양한 재료 제공
- 유아들의 놀이가 복도로 확장되어서 다른 반 유아들에게 방해되지 않도록 교실 앞에 있던 책상을 옮겨 넓은 공간을 지원

수요일

유아들은 어제 만든 비행기를 보며 받침대도 예쁘게 꾸며야겠다고 하였다. 비행기는 하늘을 나니까 하늘색으로 꾸미면 좋을 것 같다는 의견에 따라 하늘색 색지를 이용하여 박스를 꾸며 주었다. 박스를 꾸미고 나더니 비행기가 하늘을 나는 것처럼 보이려면 어떻게 해야 할지 고민하다가 구름이 있으면 좋을 것 같다고 의견을 제시하였다. 유아들은 구름을 어떻게 만들지 서로 이야기 나누는 모습을 보였다. 휴지를 구겨서 만들지, 우드락을 오려서 만들지 다양한 의견을 나누던 중 한 유아가 다

<table>
<tr><th colspan="2">만 5세 놀이 관찰을 통한 지원계획</th></tr>
<tr><td rowspan="3">수요일</td><td>사용한 핸드타월을 모아놓은 것을 보고 “여기에 물감을 칠해서 말린 후 뭉쳐서 사용하면 어떨까?” 하고 묻자 모두 좋은 생각이라고 하였다. 유아들은 물감을 이용해 핸드타월 물들이기를 하였다.</td></tr>
<tr><td>놀이지원계획</td></tr>
<tr><td>• 유아들이 물들인 핸드타월이 잘 마를 수 있도록 지원
• 핸드타월은 유아들의 생각처럼 잘 뭉쳐지지 않으므로 유아들이 실패할 경우를 대비하여 붙일 수 있는 다양한 재료를 미리 준비함</td></tr>
<tr><td rowspan="3">목요일</td><td> 
어제 말려 놓은 핸드타월을 만져 보던 유아들은 “이거 다 말랐어요?” 하고 묻는다. 교사가 그런 것 같다고 하자 유아들은 핸드타월을 책상으로 가지고 가서 구름을 만들기 시작하였다. 그러나 핸드타월이 잘 뭉쳐지지 않자 유아들은 고민하기 시작했다. 한 유아가 종이에 구름 모양을 그려서 위에 붙이자고 제안하자 다른 유아가 그러면 종이가 얇아서 막 흔들린다고 말했다. 유아들은 교실을 돌아다니며 재료를 찾았고 한 유아가 간판을 만들고 남은 우드락을 보고는 “이건 어때?”라고 묻자 유아들은 좋은 생각이라고 하며 우드락을 이용해 구름을 만들었다. 유아들은 비행기가 구름 위에 떠 있는 것처럼 보이도록 위에 매달아 달라고 교사에게 도움을 요청했다. 구름을 다 매달자 유아들은 이제 공항에 들어가려면 몸 검사대가 필요한데 무엇으로 만들면 좋을지 서로 이야기를 나누기 시작하였다. 다양한 의견을 나누다가 종이벽돌 블록으로 만들면 좋겠다고 의견을 모았다.</td></tr>
<tr><td>놀이지원계획</td></tr>
<tr><td>• 종이벽돌 블록이 부족하지 않도록 충분하게 더 지원
• 종이벽돌 블록을 붙일 수 있는 재료를 준비
• 몸 검사대를 만들려면 넓은 공간이 필요할 것 같아 교실의 교구장과 책상의 위치를 변경해서 넓은 공간을 지원</td></tr>
</table>

만 5세 놀이 관찰을 통한 지원계획

금요일

유아들은 몸 검사대를 만들기 시작했다. 종이벽돌 블록을 세로로 올려 쌓는데 3개를 올리자 자꾸 쓰러졌다. 한 유아가 "우리 이렇게 하지 말고 반대쪽으로 쌓자."라고 말한 뒤 블록을 가로로 돌려 쌓기 시작했다. 유아는 가로로 쌓아도 7~8개를 쌓으면 자꾸 쓰러지자 "테이프가 있어야 할 것 같아요." 하고 교사에게 도움을 요청했다. 교사가 테이프를 주자 유아들은 테이프를 둥글게 말아 붙여 블록을 쌓았다. 블록을 키만큼 높이 쌓자 더이상 손이 닿지 않아 유아들은 고민을 하였다. 한 유아가 "블록을 바닥에 눕혀 놓고 붙이면 된다."라고 말하자 다른 유아가 그러면 얼마나 쌓아야 하는지 모른다고 했다. 그러자 한 유아가 "그럼 내가 바닥에 누워 있을게." 하며 블록 옆에 눕는다. 블록을 다 쌓은 후 다시 세워보니 너무 높아 다시 쓰러졌다. 유아들은 "단단한 거로 고정해야겠다."라며 교사에게 우드락을 가져와서 잘라 달라고 요청했다. 교사가 "얼마큼 잘라야 할까?"라고 물으니 유아들은 자를 가져와 길이를 재고 교사에게 알려 주었다.

놀이지원계획

- 다음 주에는 유아들이 만든 다양한 놀잇감을 이용해 놀이할 수 있도록 지원

지도 퍼즐로 시작된 세계 여러 나라의 관심은 유아들의 공항놀이 활동으로 연계되었다. 유아들은 공항놀이를 하면서 공항에 필요한 비행기를 만들기 위해 다양한 재료를 탐색하고 선택하였다. 교사는 유아들이 비행기를 만들 수 있도록 빈 박스를 제공하였고 유아 스스로 놀이자료를 선택할 수 있도록 자료실에 함께 들어가 지원을 하였다. 유아들은 공항의 이름을 알리기 위해 우드락을 이용해 간판을 만들었고 비행기가 하늘에 떠 있는 것처럼 보이기 위해 구름을 만들자는 의견을 제시하였다. 구름을 만드는 과정에서 구름의 재료인 핸드타월이 잘 구겨지지 않는

문제점이 발생하자 유아들은 서로 이야기를 나누었고 이 과정에서 우드락을 매달아 주자는 의견이 제시되었으며, 교사는 유아들의 요구에 따라 우드락을 매달아 주었다. 유아들의 공항놀이는 몸 검색대를 만드는 활동으로까지 확장되었다. 교사는 유아들의 공항놀이를 관찰하면서 유아들이 요구하는 놀이자료를 제공하거나 공간을 넓혀 주는 지원을 하였다.

유아중심 놀이는 유아가 스스로 놀이를 계획하고 확장하면서 놀이를 지속하는 과정으로서의 놀이이다. 교사는 이러한 유아의 놀이를 관찰하면서 유아의 흥미가 지속될 수 있도록 놀이자료나 공간을 지원해 줄 수 있다. 또한, 유아의 놀이에 직접 개입하지 않고 간접적으로 관찰을 하거나 도움 요청 시 도움을 제공하고, 문제 상황이 발생할 경우 유아가 스스로 해결할 수 있도록 질문을 통해 힌트를 제공할 수 있다. 유아의 놀이 이해를 위해서 교사는 유아가 놀이를 통해 무엇을 하려는지에 대한 민감한 관찰과 놀이 맥락과 흐름에 대한 이해가 필요하다. 유아는 놀이를 하며 스스로 배우고 성장할 수 있다.

생각을 모아요

다양한 놀이상황에 대한 지원 방법을 토론해 보세요.

놀이상황(만 3세)

교실에서 캠핑 놀이를 하던 유아들은 잠도 자야 하고 고기도 구워 먹어야 해서 텐트가 필요하다고 요구한다. 교사와 유아들은 의논하여 교실에 있던 비닐 등을 이용하여 텐트를 만들었다. 지민이가 "이건 공룡이 사는 집이야."라고 말하자 텐트를 만들었던 유아들은 잠시 가만히 서 있는다. 다른 유아가 "그럼, 티라노사우루스가 사는 거야?"라고 말하자 지민이는 "어."라고 대답한다. 그러자 텐트를 만들었던 유아는 "난 여기서 잘 거야."라고 말한다. 유아들은 서로 갈등 상황이 된다.

교사의 고민

- 처음 의도와 달라진 놀이상황을 어떻게 해야 하는가?
- 하나의 텐트를 가지고 서로 다른 상황으로 놀이하고 싶은 유아들에게 어떻게 지원을 해야 하는가?
- 갈등을 유아들 스스로 해결하게 두어야 하는가? 교사가 개입해야 하는가?

교사의 지원

놀이상황(만 4세)

교실에서 똑같은 패턴의 놀이가 1개월 이상 계속 지속되고 있다. 4~5명의 남자 유아들은 블록 영역에서 칼과 활을 만들어서 싸움 놀이를 하며 서로 다른 친구들이 같이 놀지 않는다. 역할놀이 영역에서는 4~5명의 여자 유아들이 책상 위에 소꿉놀이를 펼쳐 놓고 놀이를 하고 있고, 미술 영역에서는 3~4명의 여자 유아들이 색칠 놀이를 하고 있다. 같은 유아들이 매일 같은 놀이를 반복하고 있다.

교사의 고민

- 유아의 자율성을 생각해서 개입하지 말고 유아들의 놀이를 지켜보기만 해야 할까?
- 교사가 개입한다면 어떤 방법으로 개입을 해야 할까?
- 유아들의 다양한 놀이 확장을 위해서 어떻게 상호작용을 해야 할까?
- 이런 놀이상황에서 교사는 어떻게 지원해 줄 수 있을까?

교사의 지원

놀이상황(만 5세)

교실에서 유아들이 블록을 쌓아 수영장 놀이를 한다. 수영장 놀이를 하던 유아들이 수영을 하면 배고프니까 옆에 매점을 만들어야겠다는 아이디어를 내고 매점을 만든다. 한 유아가 매점에 가서 "떡볶이가 얼마예요?"라고 묻자 매점 주인인 유아가 "2,000원이요."라고 대답한다. 유아는 종이를 들고 책상에 가서 '2,000원'이라고 쓴 후 매점 주인인 유아에게 주고 떡볶이를 받는다. 이런 놀이가 반복되면서 유아들은 돈이 많이 필요하다며 돈을 만들고 지갑도 필요하다면서 지갑도 만들어 놀이를 이어간다. 한 유아가 2,000원짜리 떡볶이를 사고 5,000원을 내밀자 매점 주인인 유아가 거스름돈으로 1,000원을 준다. 떡볶이를 산 유아는 1,000원을 받고 아무 말 없이 자리로 돌아간다.

교사의 고민

- 유아들의 놀이에서 돈에 대한 계산과 거스름돈의 개념을 어떻게 설명해야 하는가?
- 유아들의 놀이를 계속 지켜보아야 하는가? 교사가 개입을 해야 하는가? 개입한다면 어떻게 개입을 해야 하는가?
- 이런 놀이상황에서 유아들에게 어떤 지원을 해 줄 수 있는가?

교사의 지원

실습지에서 경험한 사례를 함께 토론해 보세요

실습을 다녀온 영유아교육기관의 다양한 놀이상황에 대한 교사의 지원방법에 대해 토론해 보세요.

놀이상황(만 세)

교사의 고민

•
•
•
•
•

교사의 지원

부록

개정 KICCE 유아관찰 척도(안)

가. 신체운동 · 건강

<table>
<tr><th>범위</th><th>관찰문항</th><th>관찰요소</th><th>관찰수준</th><th>평가</th></tr>
<tr><td rowspan="16">신체활동 즐기기</td><td rowspan="4">신체를 인식하고 움직인다.</td><td rowspan="4">신체 인식</td><td>1. 신체 각 부분의 이름을 알지 못한다.</td><td></td></tr>
<tr><td>2. 도움을 받아 신체 각 부분의 이름을 안다.</td><td></td></tr>
<tr><td>3. 신체 각 부분의 이름을 일부 알 수 있다.</td><td></td></tr>
<tr><td>4. 신체 각 부분의 모든 이름을 안다.</td><td></td></tr>
<tr><td rowspan="4">신체 움직임을 조절한다.</td><td rowspan="4">소근육 협응, 조절력</td><td>1. 신체를 조절하여 움직이는 데 어려움을 갖는다.</td><td></td></tr>
<tr><td>2. 도움을 받아 신체를 조절하여 움직인다.</td><td></td></tr>
<tr><td>3. 신체를 조절하여 움직일 수 있다.</td><td></td></tr>
<tr><td>4. 신체를 조절하여 능숙하게 움직인다.</td><td></td></tr>
<tr><td rowspan="4">기초적인 이동운동, 제자리 운동, 도구를 이용한 운동을 한다.</td><td rowspan="4">수행력, 운동능력</td><td>1. 기본운동을 수행하는 데 어려움이 있다.</td><td></td></tr>
<tr><td>2. 도움을 받으면 기본운동을 시도한다.</td><td></td></tr>
<tr><td>3. 기본운동을 할 수 있다.</td><td></td></tr>
<tr><td>4. 기본운동을 능숙하게 한다.</td><td></td></tr>
<tr><td rowspan="4">실내외 신체활동에 자발적으로 참여한다.</td><td rowspan="4">자발성, 참여 정도</td><td>1. 실내외 신체활동에 참여하지 않는다.</td><td></td></tr>
<tr><td>2. 도움을 받으면 실내외 신체활동에 참여한다.</td><td></td></tr>
<tr><td>3. 실내외 신체활동에 참여한다.</td><td></td></tr>
<tr><td>4. 실내외 신체활동에 자발적으로 참여한다.</td><td></td></tr>
<tr><td rowspan="8">건강하게 생활하기</td><td rowspan="4">자신의 몸과 주변을 깨끗이 한다.</td><td rowspan="4">자율성, 건강</td><td>1. 자신의 몸과 주변을 깨끗이 하는 데 관심이 없다.</td><td></td></tr>
<tr><td>2. 도움을 받으면 자신의 몸과 주변을 깨끗이 하는 데 관심을 갖는다.</td><td></td></tr>
<tr><td>3. 자신의 몸과 주변을 깨끗이 할 수 있다.</td><td></td></tr>
<tr><td>4. 스스로 자신의 몸과 주변을 깨끗이 한다.</td><td></td></tr>
<tr><td rowspan="4">몸에 좋은 음식에 관심을 가지고 바른 태도로 즐겁게 먹는다.</td><td rowspan="4">자율성, 바른 식습관</td><td>1. 몸에 좋은 음식에 관심을 갖지 않거나 꺼린다.</td><td></td></tr>
<tr><td>2. 도움을 받으면 몸에 좋은 음식에 관심을 갖고 먹는다.</td><td></td></tr>
<tr><td>3. 몸에 좋은 음식을 바른 태도로 먹을 수 있다.</td><td></td></tr>
<tr><td>4. 스스로 몸에 좋은 음식을 바른 태도로 먹을 수 있다.</td><td></td></tr>
</table>

범위	관찰문항	관찰요소	관찰수준	평가
건강하게 생활하기	하루 일과에서 적당한 휴식을 취한다.	자율성, 건강	1. 하루 일과에서 휴식을 취하지 않는다.	
			2. 도움을 받으면 하루 일과에서 적당한 휴식을 취한다.	
			3. 하루 일과에서 적당한 휴식을 취할 수 있다.	
			4. 스스로 하루 일과에서 적당한 휴식을 취한다.	
	질병을 예방하는 방법을 알고 실천한다.	자율성, 건강	1. 질병을 예방하는 방법을 모른다.	
			2. 질병을 예방하는 방법을 알지만 실천하지는 않는다.	
			3. 질병을 예방하는 방법을 알고 도움을 받아 실천할 수 있다.	
			4. 스스로 질병을 예방하는 방법을 알고 실천한다.	
안전하게 생활하기	일상에서 안정하게 놀이하고 생활한다.	자율성, 안전	1. 일상에서 안전하게 놀이하거나 생활하지 못한다.	
			2. 도움을 받으면 일상에서 안전하게 놀이하거나 생활 수 있다.	
			3. 일상에서 안전하게 놀이하고 생활할 수 있다.	
			4. 스스로 일상에서 안전하게 놀이하고 생활할 수 있다.	
	TV, 컴퓨터, 스마트폰 등을 바르게 사용한다.	자율성, 안전	1. 전자 미디어를 바르게 사용하지 않는다.	
			2. 전자 미디어를 바르게 사용하는 방법에 대해 관심을 갖는다.	
			3. 도움을 받으면 전자 미디어를 바르게 사용할 수 있다.	
			4. 스스로 전자 미디어를 바르게 사용게 사용한다.	
	교통안전 규칙을 지킨다.	규칙 이해, 안전	1. 교통안전 규칙을 지키지 못한다.	
			2. 도움을 받으면 교통안전 규칙을 지킨다.	
			3. 교통안전 규칙을 지킬 수 있다.	
			4. 스스로 교통안전 규칙을 지킨다.	
	안전사고, 화재, 재난, 학대, 유괴 등에 대처하는 방법을 경험한다.	자율성, 안전	1. 위험한 상황을 모른다.	
			2. 도움을 받으면 위험한 상황을 안다.	
			3. 위험 상황에서 도움을 요청할 수 있다.	
			4. 스스로 위험 상황에서 도움을 요청한다.	

나. 의사소통 영역

범위	관찰문항	관찰요소	관찰수준	평가
듣기와 말하기	말이나 이야기를 관심 있게 듣는다.	듣기, 주의집중	1. 교사나 또래의 말이나 이야기를 주의 깊게 듣지 않는다.	
			2. 교사의 제안이나 시범이 있으면, 타인의 말이나 이야기에 관심을 갖는다.	
			3. 교사나 또래의 말이나 이야기를 관심 있게 듣지만, 중간에 생각이 떠오르면 상대의 말이 끝나기 전에 곧바로 말한다.	
			4. 타인의 말이나 이야기를 끝까지 관심 있게 들으면서 적절한 표현이나 행동을 한다.	
	자신의 경험, 느낌, 생각을 말한다.	말하기, 적극성	1. 자신의 경험이나 느낌, 생각을 말할 차례가 되었을 때, 생각이 안 난다며 말하지 않는다.	
			2. 교사의 시범이나 제안이 있으면 단어나 짧은 문장으로 자신의 경험이나 느낌, 생각을 말한다.	
			3. 자신의 경험이나 느낌, 생각을 말할 기회가 오면 간단한 문장으로 표현한다.	
			4. 적극적으로 자신의 경험을 말하며, 그때의 느낌이나 생각을 덧붙여 말한다.	
	상황에 적절한 단어를 사용하여 말한다.	말하기, 어휘력	1. 상황에 적절한 단어 사용에 어려움이 있다.	
			2. 상황에 대해 익숙한 단어로 간단히 말한다.	
			3. 상황에 적절한 단어를 사용하여 말하며, 새로운 단어에 관심을 보인다	
			4. 익숙한 단어와 새로 익힌 단어를 적절히 활용해 상황에 맞게 말한다	
	상대방이 하는 이야기를 듣고 관련해서 말한다.	듣기, 이해력	1. 상대방이 하는 이야기를 듣고 관련해서 말하지 못한다.	
			2. 도움이 있으면 상대방이 한 이야기를 듣고 관련해서 말한다.	
			3. 상대방이 한 이야기를 듣고 일부 적절하게 말한다.	
			4. 상대방이 하는 이야기를 듣고 적절하게 말한다.	

범위	관찰문항	관찰요소	관찰수준	평가
듣기와 말하기	상황에 맞는 바른 태도로 듣고 말한다.	듣기, 말하기, 바른 태도	1. 교사나 또래의 말에 집중하지 못하고 주변 사물을 만지작거리거나 엉뚱한 말을 한다.	
			2. 교사의 지시가 있으면, 교사나 또래의 말을 듣지만 오래 지속되지는 않는다.	
			3. 교사의 질문이나 설명에 관심을 갖고 듣지만, 생각나는 대로 자신의 생각을 말한다.	
			4. 교사나 또래의 말을 끝까지 듣고 난 후, 차례가 되었을 때 말한다.	
	고운 말을 사용한다.	언어습관, 바른 태도	1. 또래에게 속어를 사용하거나 공격적인 언어를 사용해 말한다.	
			2. 교사의 시범과 도움이 있으면 고운 말을 사용해 말한다.	
			3. 갈등 상황에서도 상대방에게 공격적인 표현 대신에 자신의 생각을 긍정적으로 표현하려고 한다.	
			4. 다양한 상황에서 스스로 고운 말을 사용해 말한다.	
읽기와 쓰기에 관심 가지기	말이 글로, 글이 말로 바뀌는 것을 안다.	주도성, 문해력	1. 소리나 말을 글자로 표현하거나, 글자를 읽으면 나는 소리에 관심이 없다.	
			2. 교사의 도움이 있으면 자기의 생각이 글자로 표현되거나, 글자를 보며 읽을 수 있다는 것에 관심을 보인다.	
			3. 글자가 있는 곳을 짚으며 읽어 달라거나 자신의 이름이나 친숙한 단어를 적어달라고 요청한다.	
			4. 소리가 비슷한 글자를 주변에서 찾아보거나, 자신의 말을 문장으로 적어 달라고 요청한다.	
	주변의 상징, 글자 등의 읽기에 관심을 가진다.	문해력, 기초읽기	1. 주변에서 접하는 도로표지판, 안내문, 간판 등의 상징이나 글자에 관심이 없다.	
			2. 교사의 도움이 있으면 주변의 상징이나 글자에 담긴 의미에 관심을 갖는다.	
			3. 친숙한 상징이나 글자를 찾아서 읽기를 시도한다.	
			4. 글자를 한 자씩 짚으며, 글자와 소리를 연결해 읽어 본다.	

범위	관찰문항	관찰요소	관찰수준	평가
읽기와 쓰기에 관심 가지기	자신의 생각을 글자와 비슷한 형태로 표현한다.	문해력, 기초 쓰기	1. 글자와 비슷한 형태로 표현하는 것에 관심이 없다.	
			2. 교사의 도움이 있으면 글자를 쓰는 데 관심을 가진다.	
			3. 좋아하고 친숙한 이름이나 창안글자(사물글자)를 반복해서 써 본다.	
			4. 글자와 비슷한 형태나 글자로 자신의 말이나 생각을 표현한다.	
책과 이야기 즐기기	책에 관심을 가지고 상상하기를 즐긴다.	책에 대한 태도, 상상력	1. 책을 보거나 이야기 듣기에 관심이 없다.	
			2. 교사가 읽어 주거나 또래가 책을 읽는 경우에만 관심을 가진다.	
			3. 책에서 보거나 들은 내용에 대해 인상 깊거나 재미있는 장면에 관심을 보인다.	
			4. 책에서 보거나 들은 내용을 통해, 머릿속에그려지는 상상을 말이나 그림으로 표현한다.	
	동화, 동시에서 말의 재미를 느낀다.	언어민감성	1. 교사가 들려주는 동화, 동시에 흥미를 보이지 않는다.	
			2. 동화, 동시를 들으면서 반복되는 구절이나 표현에 다른 사람이 관심을 보이면 따라서 관심을 가진다.	
			3. 동화, 동시에서 반복되는 구절이나 재미있는 표현에 관심을 가진다.	
			4. 동화, 동시에서 재미를 느낀 표현을 반복해서 말하고, 자신이 생각해 낸 의성어, 의태어 등의 표현을 덧붙인다.	
	말놀이와 이야기 짓기를 즐긴다.	창의성	1. 그림책의 장면이나, 친구의 이야기를 듣고 이어서 이야기 짓기를 어려워한다.	
			2. 다른 사람의 시범이나 도움이 있으면 간단한 문장으로 이야기 짓기를 시도한다.	
			3. 그림책이나 친구 이야기에 연결된 이야기 짓기를 시도하지만 앞의 내용을 반복하는 단순한 내용이다.	
			4. 그림책이나 친구 이야기와 연관되도록 이야기 짓기를 하며 확장하여 표현할 수 있다.	

다. 사회관계

범위	관찰문항	관찰요소	관찰수준	평가
나를 알고 존중하기	자신의 특성을 알고 소중히 여긴다.	자아인식, 자아존중감	1. 자신의 특성을 모른다.	
			2. 도움이 있으면 자신의 특성을 안다.	
			3. 나와 다른 사람의 차이를 통해 자신의 특성을 안다.	
			4. 자신의 특성을 알고 소중히 여긴다.	
	자신의 감정을 알고 상황에 맞게 표현한다.	감정인식, 감정 표현	1. 자신의 감정을 알지 못한다.	
			2. 도움이 있으면 자신의 감정을 표현한다.	
			3. 자신의 감정을 알고 표현한다.	
			4. 자신의 감정을 알고 상황에 맞게 표현한다.	
	혼자서 할 수 있는 일을 스스로 한다.	자율성, 자조능력	1. 혼자서 할 수 있는 일을 하지 못한다.	
			2. 도움이 있으면 혼자서 할 수 있는 일을 한다.	
			3. 혼자서 할 수 있는 일을 하지만 끝까지는 못한다.	
			4. 혼자서 할 수 있는 일을 스스로 한다.	
더불어 생활하기	가족을 소중히 여기는 마음을 나타낸다.	가족의 역할, 화목	1. 가족의 일상과 아끼는 마음이 놀이에서 나타나지 않는다.	
			2. 도움이 있으면 가족의 일상과 아끼는 마음을 놀이에서 나타낸다.	
			3. 가족의 일상과 아끼는 마음을 놀이에서 나타낸다.	
			4. 스스로 가족의 일상과 아끼는 마음을 놀이에서 나타낸다.	
	친구를 도우며 사이좋게 지낸다.	우정, 협력	1. 친구를 도와주지 않는다.	
			2. 도움이 있으면 친구를 도와준다.	
			3. 친구를 도와준다.	
			4. 친구를 도우며 사이좋게 지낸다.	
	친구와의 갈등을 긍정적인 방법으로 해결한다.	갈등해결, 문제해결	1. 친구와의 갈등을 긍정적인 방법으로 해결하지 못한다.	
			2. 도움이 있으면 친구와의 갈등을 긍정적인 방법으로 해결한다.	
			3. 친구와의 갈등을 긍정적인 방법으로 해결하려고 시도한다.	
			4. 스스로 친구와의 갈등을 긍정적으로 해결한다.	

범위	관찰문항	관찰요소	관찰수준	평가
더불어 생활하기	다른 사람의 감정, 생각, 행동을 알고 존중한다.	감정인식, 공감	1. 다른 사람의 감정이나 생각, 행동을 알지 못한다.	
			2. 도움이 있으면 서로 다른 감정, 생각, 행동을 안다.	
			3. 서로 다른 감정, 생각, 행동을 안다.	
			4. 서로 다른 감정, 생각, 행동을 알고 존중한다.	
	친구와 어른께 예의 바른 행동을 한다.	예절, 공경	1. 친구와 어른에 대한 예의 바른 행동을 하지 않는다.	
			2. 도움이 있으면 친구와 어른께 예의 바른 행동을 한다.	
			3. 친구와 어른께 예의 바른 행동을 시도한다.	
			4. 스스로 친구와 어른께 예의 바른 행동을 한다.	
	약속과 규칙을 지킨다.	사회적 가치	1. 약속과 규칙을 지키지 않는다.	
			2. 도움이 있으면 약속과 규칙을 지킨다.	
			3. 약속과 규칙을 지키려고 시도한다.	
			4. 스스로 약속과 규칙을 지킨다.	
사회에 관심 가지기	내가 살고 있는 곳에 대해 궁금한 것을 알아본다.	사회과학 지식	1. 자기가 살고 있는 곳에 대해 궁금해하지 않는다.	
			2. 도움이 있으면 자기가 살고 있는 곳에 대해 궁금한 것을 알아본다.	
			3. 자기가 살고 있는 곳에 대해 궁금해한다.	
			4. 스스로 자기가 살고 있는 곳에 대해 궁금한 것을 알아본다.	
	우리나라에 대해 자랑스럽게 여긴다.	애국심, 정체성	1. 우리나라의 옛날과 현대를 나타내는 것(놀이, 음식, 물건 등)에 대해 관심을 가지지 않는다.	
			2. 도움이 있으면 우리나라의 옛날과 현대를 나타내는 것(놀이, 음식, 물건 등)에 대해 관심을 가진다.	
			3. 우리나라의 옛날과 현대를 나타내는 것(놀이, 음식, 물건 등)에 대해 알아본다.	
			4. 우리나라의 옛날과 현대를 나타내는 것(놀이, 음식, 물건 등)에 대해 알고, 자랑스럽게 여긴다.	
	다양한 문화에 관심을 가진다.	다문화 민감성, 문화수용성	1. 다양한 문화에 관심이 없다.	
			2. 도움이 있으면 다양한 문화에 관심을 가진다.	
			3. 다양한 문화에 관심을 가진다.	
			4. 다양한 문화에 관심을 갖고 스스로 알아본다.	

라. 예술경험

범위	관찰문항	관찰요소	관찰수준	평가
아름다움 찾아보기	자연과 일상생활에서 아름다움을 찾고 즐긴다.	심미감	1. 자연과 일상생활에서 아름다움에 관심을 보이지 않는다.	
			2. 도움이 있으면 자연과 일상생활의 아름다움에 관심을 가진다.	
			3. 자연과 일상생활에서 아름다움을 느낀다.	
			4. 자연과 일상생활에서 아름다움을 즐긴다.	
	예술적 요소에 관심을 갖고 찾아본다.	심미감, 자율성	1. 예술적 요소에 관심이 없다.	
			2. 도움이 있으면 예술적 요소에 관심을 갖는다.	
			3. 자발적으로 예술적 요소를 찾아본다.	
			4. 예술적 요소를 찾아 활용하기를 즐긴다.	
창의적으로 표현하기	노래를 즐겨 부른다.	유희성, 창의성	1. 노래 부르기에 관심이 없다.	
			2. 교사와 또래가 함께 노래를 부를 때 몸을 움직이거나 익숙한 부분을 흥얼거리며 따라 부른다.	
			3. 간단하고 친숙한 노래는 부분적으로 부른다.	
			4. 일상생활에서 노래를 즐겨 부른다.	
	신체, 사물, 악기의 소리를 탐색하여 간단한 리듬 만들기를 즐긴다.	리듬, 창작	1. 신체나 악기에서 나는 소리와 리듬에 관심이 없다.	
			2. 도움을 받으면 주변의 소리와 리듬에 관심을 가진다.	
			3. 신체, 사물, 악기로 만들어진 소리와 리듬을 찾아 볼 수 있다.	
			4. 신체, 사물, 악기로 소리와 리듬을 만들어 본다.	
	신체나 도구를 이용해 움직임과 춤으로 자신의 느낌을 표현한다.	신체표현, 자발성	1. 신체나 도구를 이용하여 움직임과 춤으로 표현하는 것에 관심이 없다.	
			2. 도움이 있으면 신체나 도구를 활용하여 움직임과 춤으로 표현하는 것에 관심을 가진다.	
			3. 신체나 도구를 활용하여 움직임과 춤으로 표현할 수 있다.	
			4. 신체나 도구를 활용하여 움직임과 춤으로 자유롭게 표현한다.	

범위	관찰문항	관찰요소	관찰수준	평가
창의적으로 표현하기	다양한 자료와 도구를 이용해 자신의 생각과 느낌을 표현한다.	미술표현	1. 다양한 미술 재료와 도구를 사용하는 것에 관심이 없다.	
			2. 도움이 있으면 다양한 미술 재료와 도구의 특징에 관심을 가진다.	
			3. 다양한 미술 재료와 도구를 사용하여 표현할 수 있다.	
			4. 다양한 미술 재료와 도구로 자신의 생각과 느낌을 표현한다.	
	자신의 경험이나 이야기를 극놀이로 표현한다.	극놀이 표현	1. 극놀이에 관심이 없다.	
			2. 도움이 있으면 극놀이에 관심을 가진다.	
			3. 경험이나 이야기를 이용하여 극놀이를 할 수 있다.	
			4. 경험이나 이야기를 극으로 표현하는 것을 즐긴다.	
예술 감상하기	다양한 예술을 감상하며 상상하기를 즐긴다.	상상력, 예술감상	1. 예술을 감상하는 데 관심이 없다.	
			2. 도움이 있으면 예술 감상에 관심을 가진다.	
			3. 다양한 예술 감상에 관심을 가지고 상상한다.	
			4. 다양한 예술을 감상하며 상상하는 것을 즐긴다.	
	서로 다른 예술 표현을 존중한다.	수용성, 융통성	1. 서로 다른 예술 표현에 관심이 없다.	
			2. 도움이 있으면 서로 다른 예술 표현에 관심을 가진다.	
			3. 서로 다른 예술 표현에서의 공통점과 차이점을 찾아본다.	
			4. 서로 다른 예술 표현을 이해하고 소중히 여긴다.	
	우리나라 전통 예술에 관심을 갖고 친숙해진다.	전통예술	1. 우리나라 전통예술에 관심이 없다.	
			2. 도움이 있으면 우리나라 전통예술에 관심을 가진다.	
			3. 우리나라 전통예술에 관심을 가진다.	
			4. 우리나라 전통예술에 친숙해진다.	

마. 자연탐구 영역

범위	관찰문항	관찰요소	관찰수준	평가
탐구과정 즐기기	주변 세계와 자연에 대해 지속적으로 호기심을 가진다.	호기심, 지속성	1. 주변 세계와 자연에 대해 관심이 없다.	
			2. 주변 세계와 자연에 대해 관심이 나타나지만 지속되지 않는다.	
			3. 도움이 있으면 주변 세계와 자연에 대해 궁금해한다.	
			4. 주변 세계와 자연에 대한 호기심을 지속적으로 표현한다.	
	궁금한 것을 탐구하는 과정에 즐겁게 참여한다.	흥미, 자발성, 탐구태도	1. 궁금한 것을 탐구하는 과정에 관심이 없다.	
			2. 도움이 있으면 궁금한 것을 탐구하는 과정에 관심을 갖는다.	
			3. 궁금한 것을 탐구하는 과정에 참여한다.	
			4. 스스로 궁금한 것을 탐구하는 과정에 즐겁게 참여한다.	
	탐구과정에서 서로 다른 생각에 관심을 가진다.	개방성, 수용성	1. 탐구과정에서 자신과 다른 생각에 대한 관심이 없다.	
			2. 도움이 있으면 자신과 다른 생각에 관심을 가진다.	
			3. 탐구과정에서 자신과 다른 생각에 관심을 가진다.	
			4. 탐구과정에서 서로 다른 생각에 적극적으로 관심을 가진다.	
생활 속에서 탐구하기	물체와 물질의 특성(크기,모양, 색, 냄새, 소리, 질감 등)과 변화를 여러가지 방법으로 탐색한다.	탐색, 다양성	1. 물체와 물질의 특성이나 변화에 관심이 없다.	
			2. 도움이 있으면 물체와 물질의 특성과 변화에 관심을 보인다.	
			3. 물체와 물질의 특성이 변화하는 과정에 관심을 가지고 탐색한다.	
			4. 물체와 물질의 특성과 변화를 여러 가지 방법(관찰, 분류, 예측, 비교, 실험 등)으로 탐색한다.	
	물체를 세어 수량을 알아본다.	수세기, 양	1. 10개 이하의 물체를 세어 수량을 알아보는 데 어려움이 있다.	
			2. 도움이 있으면 10개 가량의 물체를 세어 수량을 알아보는 데 관심을 갖는다.	
			3. 10까지의 수를 순서대로 말하며, 물체의 수량을 정확히 헤아린다.	
			4. 스스로 물체를 세어 수량(20까지의 수)을 알고 수량을 비교할 수 있다.	

범위	관찰문항	관찰요소	관찰수준	평가
생활 속에서 탐구하기	물체의 위치와 방향, 모양을 알고 구별한다.	위치와 방향, 공간관계,	1. 물체의 위치와 방향, 모양을 구별하지 못한다.	
			2. 도움이 있으면 물체의 위치와 방향, 모양을 구별하는 것에 관심을 보인다.	
			3. 물체의 위치와 방향, 모양을 구별하나 물체들 간의 관계적인 이해는 어려워한다.	
			4. 물체의 위치와 방향, 모양을 알고 물체들 간의 관계를 분석, 비교하거나 구성할 수 있다.	
	일상에서 길이, 크기, 무게 등의 속성을 비교한다.	비교, 임의단위	1. 일상에서 길이, 크기, 무게 등의 속성을 비교하는 것을 어려워한다	
			2. 도움이 있으면 일상에서 길이, 크기, 무게 등의 속성을 비교한다.	
			3. 일상에서 길이, 크기, 무게 등의 속성을 비교할 수 있다.	
			4. 일상에서 길이, 크기, 무게 등의 속성을 다양하게 비교한다.	
	주변에서 반복되는 규칙을 찾는다.	규칙성	1. 주변에서 반복되는 규칙을 찾는 것에 관심이 없다.	
			2. 도움이 있으면 반복되는 규칙에 관심을 보인다.	
			3. 주변에서 반복되는 단순한 규칙을 찾는다.	
			4. 주변에서 반복되는 복잡한 규칙을 찾는다.	
	일상에서 모은 자료를 기준에 따라 분류한다.	자료수집, 자료분류	1. 일상에서 모은 자료를 분류하지 못한다.	
			2. 도움이 있으면 일상에서 모은 자료를 기준에 따라 분류할 수 있다.	
			3. 일상에서 모은 자료를 기준에 따라 분류할 수 있다.	
			4. 일상에서 모은 자료를 스스로 다양한 기준에 따라 분류한다.	
	도구와 기계에 대해 관심을 가진다.	도구와 기계의 이해, 활용	1. 도구나 기계에 관심이 없다.	
			2. 도움이 있으면 도구나 기계에 관심을 보인다.	
			3. 도구와 기계에 대해 관심을 가진다.	
			4. 스스로 도구와 기계를 사용한다.	

<table>
<tr><th>범위</th><th>관찰문항</th><th>관찰요소</th><th>관찰수준</th><th>평가</th></tr>
<tr><td rowspan="12">자연과 더불어 살기</td><td rowspan="4">주변의 동식물에 관심을 가진다.</td><td rowspan="4">생물의 특성, 성장</td><td>1. 주변 동식물에 관심이 없다.</td><td></td></tr>
<tr><td>2. 도움이 있으면 주변의 동식물에 대해 관심을 가진다.</td><td></td></tr>
<tr><td>3. 주변의 동식물의 여러가지 특성에 대해 관심을 가진다.</td><td></td></tr>
<tr><td>4. 동식물의 여러 가지 특성과 성장과정에 관심을 가진다.</td><td></td></tr>
<tr><td rowspan="4">생명과 자연환경을 소중히 여긴다.</td><td rowspan="4">생명 존중, 환경 보호</td><td>1. 생명과 자연환경을 소중히 여기지 않는다.</td><td></td></tr>
<tr><td>2. 도움이 있으면 생명과 자연환경에 대해 관심을 가진다.</td><td></td></tr>
<tr><td>3. 도움이 있으면 생명과 자연환경을 소중히 여긴다.</td><td></td></tr>
<tr><td>4. 생명과 자연환경을 소중히 여기고 보호한다.</td><td></td></tr>
<tr><td rowspan="4">날씨와 계절의 변화를 생활과 관련짓는다.</td><td rowspan="4">자연 현상</td><td>1. 날씨와 계절의 변화에 관심이 없다.</td><td></td></tr>
<tr><td>2. 도움이 있으면 날씨와 계절의 변화에 관심을 가진다.</td><td></td></tr>
<tr><td>3. 날씨와 계절의 변화에 관심이 가진다.</td><td></td></tr>
<tr><td>4. 날씨와 계절의 변화를 알고 생활과 관련짓는다.</td><td></td></tr>
</table>

출처: 강은진 외(2020).

CHAPTER

7 영유아 놀이와 포트폴리오

학습목표 관찰분석 자료를 이용하여 영유아를 평가하고 영유아 놀이를 지원할 수 있다.

- 관찰자료를 이용하여 영유아를 평가하고 바람직한 지원방법 이해
- 관찰행동 결과물 분석, 부모면담 등 다양한 방법을 사용하여 종합적인 평가 및 지원할 수 있는 능력
- 일상생활과 교육과정 전반에 대한 평가자료를 세밀하게 분석하는 태도

개정 누리과정에서는 놀이의 중요성을 강조하고 있으며, 놀이의 주체가 유아인 만큼 교사는 놀이지원을 각 유아의 흥미와 속도에 맞추어 진행하도록 강조하고 있다. 또한, 놀이를 진행하면서 각 유아의 흥미가 서로 어떻게 다르고, 각 유아의 놀이는 놀이진행에 따라 어떻게 변화되어가는가를 발견해 가는 과정을 중요시하고 있다.

포트폴리오를 활용하면 놀이상황하에서, 놀이맥락하에서 각 유아의 이해를 바탕으로 유아가 흥미를 갖는 개별화된 놀이지원이 가능하다. 각 유아를 이해하고 각 유아에게 맞춤형 놀이지원을 하는 것은 누리과정에서 지향하는 것이며, 따라서 교사는 이러한 놀이지원을 통해 전문성을 개발할 수 있다.

Martin(1994)은 포트폴리오는 태도(attiude)이고 과정(process)이라고 했다. 태도로서의 포트폴리오는 개별 영유아를 더 잘 알기 위한 몰입이며, 과정으로서의 포트폴리오는 가치 있는 발달상의 자료를 제공하고 교사, 영유아, 가족에게 다양한 자료를 이용하게 한다고 주장하였다.

포트폴리오는 영유아의 신체적 · 사회적 · 정서적 · 인지적 · 창의적 성과를 반영하는 관찰과 기록을 통해 모든 발달영역을 설명할 수 있도록 포괄적이어야 하며, 부모의 질문이나 부모와의 상담기록도 포함하여야 한다. 유아를 참여시켜 자신의 포트폴리오 내용을 구성하도록 하면 유아는 책임감을 갖게 되고 자신이 자신의 포트폴리오를 관리한다는 느낌을 받는다.

영유아를 더 잘 이해하기 위해서는 영유아교육기관에서의 교사와 영유아의 관계뿐만 아니라 영유아의 가족을 포함하는 학습공동체가 구성되는 것이 바람직하다. 포트폴리오를 활용하면 영유아교육 프로그램에 가족 참여가 활성화될 수 있다. 또한, 포트폴리오 활용은 교사의 전문성 발달과 가족의 참여를 향상시키는 데에도 도움이 된다.

1. 포트폴리오의 이해

1) 개별 영유아의 이해 향상

각 영유아의 사회정서 · 신체 · 인지 발달에 대한 이해는 교육활동을 진행하기 위한 필수요건이며, 개별 영유아를 관찰하여 알고 더 잘 이해하는 것은 효과적인 교수활동의 기초이다. 또한, 포트폴리오를 활용한 활동은 교사와 영유아뿐 아니라 가족과의 다양한 만남의 기회를 제공한다. 나아가 가족과의 관계를 지속적으로 강화시킬 수 있게 함으로써 개별 영유아의 독특한 욕구와 장점을 이해할 수 있게 해준다. 교사가 개별 영유아에 대한 이해가 깊어지면 교사 자신이 구성한 놀이지원 계획에 확신을 갖게 되고, 영유아에게 적절한 놀이지원 계획을 수립할 수 있을 것이다.

교사는 놀이활동 진행 중에 일어난 상황을 다음의 관점에서 계속적으로 관찰하고 평가함으로써 영유아에 대한 이해를 높일 수 있다.

- 이 활동이 모든 영유아의 흥미 있는 놀이참여에 효과적이었는가?
- 몇몇 영유아는 왜 이 활동에 흥미를 갖지 않을까?
- 영유아는 어떤 것에 몰두해 흥미를 나타내고 있는가? 교사로서 나는 어떻게 반응해야 하는가?

이러한 관찰과 평가를 지속할수록 교사는 영유아에 대해 이해해야 할 부분이 많음을 알게 된다. 다음은 유아의 놀이관찰을 통한 발달의 이해와 적절한 놀이지원의 사례이다.

(1) 신체발달

유아는 공을 차거나 던지는 놀이를 통해 자연스럽게 대근육의 기능이 발달하게 된다. 유아는 놀이를 통해 신체를 자유롭게 움직이면서 자신의 신체를 인식하고 조절하며 대근육과 소근육이 발달하게 된다. 다음은 유아의 신체놀이를 통한 대근육 운동발달과 신체조절 능력 수준이 어떻게 발달하는지를 보여 주는 사례이다.

관찰초점: 유아들은 어떤 종류의 신체놀이를 통해 대근육이 발달하는가?

유아들이 바깥놀이터에 설치된 줄을 타고 수직으로 오르거나, 수평으로 놓인 외줄 다리를 건너고, 평행봉처럼 생긴 두 줄 위에 매달려 놀이를 한다. 민석이가 높이 매달린 두 줄 위에 무릎을 걸고 앉아 있다. 민석이가 다른 유아들과 서 있는 교사를 향해 다급한 목소리로 "선생님~ 나 혼자 올라왔어요."라고 말하며 환하게 웃는다. 교사는 민석이를 올려다보며 "우와~ 우리 민석이가 진짜 많이 컸다. 너 이거 혼자 올라가고."라고 말한다. 민석이는 땀이 흐르는 얼굴로 씩씩하게 "이제 나 혼자 올라갈 수 있어요. 옛날에는 누가 내 등 뒤를 받쳐 줘야 올라갔거든요. 그런데 지금은 혼자 했어요."라고 말한다.

출처: 진다정 외(2018).

위 사례에서 유아가 맨발로 줄 위에 오르는 신체활동은 신체조절 능력과 대근육 기능이 발달하고 있다는 것을 보여 준다. 유아는 '누가 등 뒤를 받쳐 주어야 올라갈 수 있던' 수준에서 도움 없이 '혼자 올라갈 수 있는' 수준으로 대근육 기능이 발달되었다. 교사는 영유아 발달단계에 기초한 지식을 바탕으로 영유아가 어떠한 신체놀이에 몰입하는지 관찰을 하고 그 수준에 맞는 신체놀이활동을 계획할 수 있다.

(2) 정서발달

유아의 상상놀이와 역할놀이는 자신이 겪어 보지 못한 일을 경험하게 함으로써 다른 사람의 감정과 생각을 공감할 수 있게 만든다. 유아는 함께 놀이에 몰입하는 가운데 이러한 정서를 서로 주고받으며 즐거움을 느끼게 된다. 다음은 유아의 상상놀이가 어떠한 정서발달을 경험하게 하는지 보여 주는 사례이다.

관찰초점: 유아의 정서적 반응과 행동은 어떠한가?

역할놀이 영역에서 유아들이 왕자, 공주, 요정 역할을 맡아 놀이하고 있다. 재우가 역할 교구장 위에 벽돌블록을 세우고 그 뒤에 인형을 놓는다. 재우는 다른 유아들을 바라보며 자신이 세운 벽돌블록을 가리키고 "이게 감옥이야, 공주가 잡혀갔어, 공주가 갇혔어!"라고 말한다. 지은이는 걱정하는 표정을 지으며 "그럼 어떻게~"라고 말한 뒤 다윤이와 수연이에게 "애들아, 요정들아~ 공주가 잡혀갔대."라고 말한다. 다윤이는 폴짝폴짝 뛰면서 재우를 쳐다보고 웃으며 "어떡해~ 빨리 구해줘, 왕자가!"라고 말한다. 재우는 블록을 손으로 콩콩 치며 "어, 여기 공주 있다! 내가, 왕자니까 구해 준대."라고 말한다. 지은이는 "어디?"라고 말하며 블록을 살펴본다. 다윤이와 수연이 모두 블록을 쳐다본다. 재우는 블록 뒤에서 작은 인형을 꺼내며 "얘! 얘, 공주님이다!"라고 외친다. 지은이는 재우가 꺼낸 인형을 보고는 웃으며 "히히, 진짜네."라고 말한다. 수연이가 웃으며 "요정은? 큰 요정은?"이라고 묻자 재우는 세운 블록들을 콩콩콩 두들기며 "요정도 여기 갇혔지요."라고 말한다. 재우는 블록들을 계속 콩콩 두들기며 "큰 요정, 여기 있어요? 작은 공주님~ 왕자가 왔습니다!"라고 하자 다윤이는 웃음 띤 얼굴로 "네~ 구해주세요~ "라고 대답한다. 지은이는 인형을 보며 키득거리고 "히히~ 왕자님한테 우리도 구해 달라고 하자."라고 다윤이에게 말한 뒤 재우를 향해 "큰 공주랑 요정도 구해줘요~"라고 말한다. 지은이는 인형과 조금 떨어진 교구장 옆으로 가서 앉는다. 다윤이도 따라 앉는다. 재우는 지은이와 다윤이가 앉아 있는 교구장을 두드리며 큰 소리로 "공주님, 여기 있어요? 살았어요? 죽었어요?"라고 말한다. 지은이와 다윤이는 푸하하하 하며 큰 소리로 웃는다. 재우는 다시 교구장을 두드리며 "요정아~ 여기 있니? 살았니? 죽었니?"라고 말하자 지은이와 다윤이, 수연이 모두가 까르르 크게 웃는다.

출처: 곽승주(2016).

위의 사례에서 유아들은 집단적으로 상상놀이에 몰입하며 즐거움과 재미를 경험하였다. 유아의 과장된 역할 표현은 다른 유아들로 하여금 상상놀이에 몰입할 수 있게 하였으며, 기쁨과 즐거움의 정서는 말이나 표정, 웃음으로 표현되었다.

(3) 사회성 발달

유아의 사회성 발달은 정서적 발달과 서로 영향을 미치면서 이루어진다. 유아가 자기중심적 사고에서 벗어나 점진적으로 타인에 대한 감정을 인식하면서 협력과 규칙, 문제해결과 같은 사회성이 발달하게 되고 갈등을 해결하기 위해 친사회적인 행동을 하게 된다. 다음은 유아들이 놀이에서 갈등이 발생했을 때 어떻게 해결하면서 사회성이 발달하는지를 보여 주는 사례이다.

관찰초점: 유아는 갈등을 어떻게 해결해 나가는가?

진주가 쌓기 영역에서 레고를 가지고 집을 만들고 있다. 정아는 진주가 만들고 있는 이층집을 바라보다가 “야, 나도 레고 하고 싶은데 네가 다 쓰고 있잖아.”라고 말한다. 진주는 레고로 집을 계속 쌓으며 “나도 이층집 완성 못 했단 말이야.”라고 하자 정아는 “그럼 나는 뭐해? 나도 하고 싶은데?”라고 말하며 짜증을 낸다. 진주는 잠시 생각을 하다가 “음, 그럼 우리 친구니까 같이 산다고 하자. 네가 2층에 산다고 하자. 네가 2층 만들어 줄래? 나는 정원 만들게.”라고 제안하자 정아는 “좋아.”라고 대답한다. 진주는 자신이 가지고 있던 레고 조각을 이것저것 정아에게 주며 “이것도 너 써.”라고 말한다. 진주와 정아는 같이 레고를 가지고 집을 만들기 시작한다. 잠시 후 자신들이 합작하여 만든 이층집을 보며 진주가 “이거 합치니까 더 멋진 이층집이 되었다.”라고 말하자 정아도 “맞아.” 하며 웃는다.

출처: 김영주(2018).

유아들은 갈등 상황이 발생했을 때 공격적 · 감정적 반응을 하지 않고 갈등에 대한 직접적인 표현이나 공감, 협력과 같은 친사회적 기술을 사용하기도 한다. 이러한 친사회적인 기술이 발달하게 되는 이유는 자신이 어떠한 행동을 했을 때 타인이 어떻게 반응할지에 대한 예측과 추론이 가능하기 때문이다. 따라서 교사는 문제 상황에 직접 개입하지 말고 유아가 주도적으로 의논하고 협의하여 문제를 해결할 수 있도록 격려해야 한다.

(4) 인지발달

유아의 인지발달은 유아가 세상에 대해 어떻게 이해하고 인식하느냐에 관한 지적 능력의 발달이다. 유아의 다양한 경험은 사물에 대한 탐구를 촉진하고 이 과정 속에서 스스로 지식을 습득하게 한다. 유아의 흥미와 호기심에 따른 다양한 시도는 시행착오를 일으키게 하지만 이 과정은 문제를 해결하는 능력을 길러 주고 인지능력이 발달되도록 한다. 다음 사례는 유아가 놀이를 하며 발생한 상황에 주도적으로 대응하면서 인지능력이 발달하는 과정을 보여 주고 있다.

관찰초점: 유아의 사고 수준과 문제해결 능력은 어떠한가?

상민이와 현우가 바닥에 우레탄 블록을 꺼내 놓는다. 상민이가 네모 우레탄 블록 안에 널빤지 우레탄 블록을 비스듬히 세워 놓는다. 현우는 상민이가 세워 놓은 널빤지 우레탄 한쪽을 잡고 눌러 휘어지게 한다. 상민이가 레고를 가져와 우레탄 널빤지 위에 놓고 널빤지를 손으로 눌렀다 떼자 레고가 날아간다. 현우가 레고를 널빤지 우레탄의 경사 아래쪽에 놓으며 "잠깐만, 이거 여기에 놓자!"라고 말한다. 상민이는 현우가 놓은 레고를 우레탄 경사 끝으로 밀며 "이렇게 끝에 놔야 잘 날아가!"라고 말한다. 상민이와 현우가 널빤지 우레탄 끝을 손으로 눌렀다가 떼자 레고가 날아간다.

출처: 이상희 외(2017).

유아들의 반복적이고 단순한 기능 놀이가 놀잇감 기능을 응용하면서 새로운 놀이로 탄생하였다. 즉, 단순히 블록을 쌓아 구성하는 놀이가 아닌 우레탄의 탄성이라는 성질을 이용하여 물체를 날리는 새로운 놀이를 하고 있다. 이는 우레탄 블록 본래의 기능을 응용하여 물리적 실험놀이를 활용하는 기능놀이를 하는 것이다(이상희 외, 2017). 이같이 유아는 또래와의 상호작용을 통해 놀이에 따른 적당한 방법을 판단하면서 사물을 표상하는 능력, 문제를 해결하는 능력, 판단 능력이 발달하게 된다.

(5) 언어발달

유아의 언어발달에 영향을 주는 가장 큰 변인 중 하나는 또래와의 상호작용이다. 유아는 유능한 또래와 상호작용하면서 정보를 얻거나 도움을 받을 수 있다. 또한, 또래와의 놀이 과정에서 자신의 감정과 생각을 전달하는 의사소통을 하면서 언어가 발달하게 된다. 다음은 유아가 또래와 상호작용을 하면서 어떻게 언어가 발달하는가를 보여 주는 사례이다.

관찰초점: 유아는 언어능력(구문, 문법, 어휘 등)을 어떻게 사용하는가?

유아들이 문방구 놀이를 하며 문방구 이름을 안내하기 위한 안내표지를 작성하고 있다. 준영이는 종이에 이름을 쓰려다가 선생님을 바라보며 도움을 요청한다. "선생님, 뽀가 뭐예요? 뽑기 할 때 뽀!"라고 질문을 한다. 선생님이 "뽑기? 뽑을 쓰려고?"라고 묻자 준영이는 "네. 제비뽑기 문방구 쓰려고요."라고 대답한다. 옆에 있던 수민이가 "내가 해 줄까?"라고 준영이에게 묻자 하은이가 "ㅂ이 2개야."라고 말한다. 준영이가 "재미있는 이건 어떻게 쓰지?"라고 다시 물어보자 가 "야! 내가 써 줄게." 하며 다희가 종이를 가지고 간다.

출처: 김순환 외(2019).

유아는 자신이 쓰고 싶은 글자를 써 보는 놀이를 하면서 또래와의 활발한 상호작용을 경험한다. 위 사례에서 준영이는 문방구 놀이를 하면서 안내표지판에 자신이 쓰고 싶은 글자를 쓰려고 하였으나 글자의 철자를 몰라 쓰지 못하자 다른 유아들이 바른 표기법을 가르쳐 주었다. 이같이 유아들은 같은 또래일지라도 언어적으로 각기 다른 발달 수준을 보일 수 있으며, 언어발달 수준이 높은 유아가 상대적으로 낮은 유아에게 비계설정자로서 역할을 하면서 언어발달을 할 수 있다.

2) 교사의 전문성 향상

포트폴리오는 교육현장연구를 위한 전략과 교육과정, 교수, 행동 지도, 가족 참여 및 기타 중요 질문에 답하기 위한 전략을 제공한다. 영유아 개개인의 흥미, 발달과 욕구에 초점을 둠으로써 포트폴리오는 발달에 적합한 교육과정과 교실 풍토를 만드는 데 도움이 된다.

(1) 교수활동 기록지를 통한 향상

교수활동 기록지는 교사의 전문성 발달과 포트폴리오 평가를 구성하는 귀중한 자료로, 교수활동 기록지를 기록하는 것은 자기평가와 반성적 사고를 자극하는 한 가지 전략이다. 교수활동 기록지는 교사가 그날그날 관찰한 것에 관해 생각하고, 계획 및 준비물을 기록하고, 교육현장에서 떠오르는 사안들을 확인해 주는 양식이기 때문이다. 교수활동 기록지는 자신에게 보내는 서면 메시지에 해당한다. 즉, 흥미 영역이나 교실에서 자신이 계획했던 것, 잘 되었던 것과 잘 되지 못했던 것, 궁금했던 것 등에 대해 매일매일 짤막하게 기록한 것을 말한다. 또한, 교사는 교수활동 기록지에 유아의 일상생활을 기록하는 훈련을 함으로써 유아에 대한 이해의 폭과 깊이를 늘릴 수 있으며, 포트폴리오 과정 중 쓰기 과업을 준비할 수 있다. 기록지를 앞에 두고 스스로에게 다음과 같은 질문을 해 보는 것이 도움이 된다.

- 조사나 프로젝트로 이어질 수 있는 흥미로운 질문을 한 영유아는 없었는가?
- 오늘 어떠한 놀이가 희석이에게 흥미가 있었나?
- 오늘 희석이는 특정 영역에서 진전을 보였는가? 진전을 보였다면, 이는 어떤 활동, 어떤 자료를 통해서였을까?

(2) 교육현장연구전문성 발달

포트폴리오를 수행하는 과정은 교육현장연구 또는 영유아의 흥미에 따른 놀이지원 방법을 습득하도록 한다. 교사는 포트폴리오를 활용한 놀이지도를 통해 새로운 교수법과 평가법을 계속 실험하게 되며, 그 결과로 교사가 소속된 영유아교육기관에 가장 잘 적용하는 방법을 알아내면 전체적으로 영유아중심 놀이활동을 효율적으로 진행할 수 있다. 어떠한 기준 없이 행동을 기록하면, 특정 행동 측면이 강조되고 다른 측면은 무시되어 버려 편파적인 기록이 될 수 있다. 이 점이 바로 포트폴리오 평가의 중요한 이유이다. 즉, 여러 가지 다양한 평가전략을 사용함으로써 영유아의 폭넓은 성장 발달 측면이 평가될 수 있는 것이다. 이와 같이 포트폴리오는 교사의 지속적인 전문성 발달을 촉진하며, 놀이진행도에 평가를 통한 선순환적 발달을 지원한다.

(3) 반성적 사고

반성적 저널 쓰기는 교사의 반성적 사고를 촉진하는 방법으로, 교사가 놀이를 지원하는 과정에 대한 검토와 분석의 기회를 제공한다. 저널 쓰기는 교사 자신이 무엇을 알고 있는지, 자신이 무엇을 느끼는지, 자신이 무엇을 하고 있는지, 자신이 왜 해야 하는지를 고려함으로써 반성적 사고를 기르는 데 도움이 된다. 특히, 유아의 놀이를 지원하기 위하여 유아의 흥미를 파악하고 흥미가 지속되도록 하기 위한 방법들에 대한 고민, 해결해야 할 문제나 갈등 등을 기본 구조로 하여 저널을 쓰게 되면 보다 효과적인 반성적 사고를 할 수 있다. 교사의 반성적 사고와 아울러 유아 자신의 놀이활동에 관한 반성적 사고, 자녀의 놀이활동과 행동에 관한 부모와 가족구성원의 반성적 사고 등은 포트폴리오 평가의 핵심이다.

3) 가족 참여

가족의 참여는 교사와 부모 간의 언어나 서면을 통한 의사소통을 말하며, 부모와 교사 간의 공식적인 회의가 가족 참여 전략의 토대로 작용하고 있다. 교사와 부모의 의사소통은 영유아의 수면 스케줄부터 간단한 보고가 필요한 행동 문제, 또래와의 관계 등에 이르기까지 다양한 범위에 걸쳐 있다. 개정 누리과정에서는 교사가 부모와 영유아교육의 파트너가 되는 것이 중요하다(Shores & Grace, 2003).

(1) 가족과 협력하는 교육과정

포트폴리오는 가족을 유아교육 기관에서의 생활에 참여시키는 귀중한 도구가 될 수 있다. 포트폴리오는 구두 및 서면 메시지나 공식적인 학부모-교사 회의를 사용하는 전통적인 의사소통 전략을 지원할 뿐 아니라 확대된 의사소통을 지원한다. 부모와 의사소통할 때 유아의 포트폴리오 아이템들을 사용할 수 있는 여러 가지 방법이 제시되어 있다. 유아의 작품 샘플, 교사의 관찰, 유아의 반성적 사고 등 다양한 내용을 부모와 공유할 수 있다.

가족과 협력하는 교육과정은 가족이 다양한 방법으로 자녀의 성장과 발달에 참여할 수 있게 해 준다. 또한, 그 지역 특유의 생활주제는 가족이 교육과정에 참여할 수 있는 다양한 기회를 부여해 주며, 그 결과 유아와 가족의 발달에 적합한 교육과정이 될 수 있다. 유아의 탐구심에 기반한 놀이가 확장되면, 가족 참여가 심도 있게 이루어질 수도 있다.

(2) 가족 참여

포트폴리오는 가족을 특정 목표를 달성하기 위해서 새로운 학습 활동을 계획하고 개별 유아의 발달을 평가하는 평가팀의 구성원 역할을 하도록 지원한다. 포트폴리오에 기반한 가족 참여는 다음의 세 가지 단계로 진행될 수 있다.

- 1단계: 가족구성원은 교사가 선정한 주제와 관련된 자료나 정보를 제공해 주거나 자원봉사자로 활동함으로써 영유아교육기관 및 학급에 자원으로서의 기능을 한다. 예를 들어, 문정이가 할아버지와 의자를 만든 경험을 학습활동 기록지에 기록한 것을 본 교사는 문정이 할아버지를 초빙하여 가구 제작 내용에 대해 이야기해 달라고 할 수 있다.
- 2단계: 가족구성원은 그 지역의 역사, 지역생태학, 그 지역의 예술가, 지역의 행정기구 및 기타 주제에 관한 과정을 계획하는 데 참여한다. 예를 들어, 몇몇 유아가 유치원 주변에서 발생한 홍수에 관해 토론하고 있는 것을 관찰한

교사라면 홍수와 관련된 수업을 계획할 때 홍수에 관한 지식이 있는 부모와 접촉하여 도움을 구할 수 있다.

- 3단계: 부모는 실제로 특정 시점에서 자녀의 학습 욕구에 가장 적합한 자원과 주제를 판명해 줌으로써 '학생-교육과정 중개자'가 된다. 예를 들어, 문정이가 부모에게 보여 주려고 강아지 그림을 가지고 온 날, 부모는 교사에게 문정이가 개에 관심이 매우 많다는 메모를 보낼 수 있다. 가족중심적 교육과정을 개발하는 이 단계에서 교사는 부모의 제안을 적극 수용하여 문정이에게 학습활동 기록지에서 배운 것을 요약해서 다음번 친구들 앞에서 이야기해 보도록 할 수 있다.

개정 누리과정의 효율적인 운영을 위하여 영유아교육기관 운영의 실제를 있는 그대로 부모에게 알려 주고, 부모를 참여시키는 것이다.

포트폴리오에서 제시하는 과정의 각 단계를 밟아가면서 편지, 가정통신문, 발표, 기타 양식 등으로 부모와 긴밀히 소통하고, 나아가 가족을 영유아교육에 참여시키는 방안으로 활용할 수 있다.

2. 포트폴리오의 구성

영유아 포트폴리오의 가장 큰 특징은 발달과 창의성이다. 영유아의 발달에 대해 수집하고 기록 보관할 수 있는 아이템은 놀라울 정도로 다양하다. 잘 작성된 포트폴리오를 여는 것은 보물상자를 여는 것과 같다. 몇몇 아이템은 미소나 웃음을 가져다주고, 몇몇 아이템은 기억을 일깨워 줄 것이다. 이 모든 아이템은 개개 영유아의 성장과 발달에 대한 정보를 제공할 것이다.

가장 전형적인 포트폴리오 아이템은 작품 샘플이다. 이 중 그림과 쓰기 샘플이 가장 일반적이다. 그러나 다른 종류의 아이템이 더 모일수록 포트폴리오는 더욱더 유용하고 가치 있게 된다. 포트폴리오에 담을 아이템을 결정할 때는 흡사 박

물관의 큐레이터가 작품을 수집하듯 뚜렷한 수집의 목적이 있어야 한다(Shores & Grace, 2003).

1) 작업 포트폴리오

학습에 대한 영유아, 교사, 부모의 반성적 사고가 포트폴리오 평가의 심장이라면, 작품 샘플은 척추라고 할 수 있다. 영유아의 독창적인 그림, 쓰기, 공작물은 영유아의 인지적 능력과 창의성 발달의 중요한 증거가 된다. 수집과 평가가 진행되어 감에 따라 포트폴리오 아이템은 영유아의 발달과정을 실증적으로 보여 준다.

작품 샘플은 가장 대표적인 그림과 아울러 쓰기를 포함하는데, 영유아는 때때로 수학적 · 과학적인 경험에 대해 이야기하거나 글로 적는다. 어떤 작품 샘플은 이 분야의 학습에 대한 정보가 담겨 있을 수 있다. 좀 더 나이가 든 유아는 수학 문제나 과학 실험과 같은 수행 과제의 결과가 중요한 작품 샘플이 된다.

(1) 영유아의 미술 작품

대부분의 영유아교육 프로그램은 영유아에게 그림과 기타 미술 작품을 창조하는 기회를 많이 부여한다. 이러한 작품 샘플들은 영유아 포트폴리오에 포함되어야 할 중요한 아이템이다.

미술작품 폴트폴리오 예시

(2) 유아의 이야기를 받아 적어 주기

이제 막 글쓰기를 시작하는 유아에게는 교사가 유아의 이야기를 글로 받아 적어 주는 것이 매우 중요하다. 놀이와 말하기의 관계, 그리고 음성언어와 문자언어의 관계를 유아에게 보여 줄 수 있기 때문이다. 또한, 받아 적어 주기는 유아의 표현능력을 보여 주므로 중요한 작품 샘플이 된다. 최근 경험의 설명과 그림 또는 작품에 대한 해설은 유아의 사고, 감정 그리고 견해를 나타내주므로 유용하다. 받아 적어 주기는 반복적으로 수집되어야 하고 '지현이가 자기가 만든 작품을 설명했음' 또는 '지현이가 자신의 여행담을 받아 적어달라고 했음'과 같은 설명을 붙여야 한다. 받아 적어 준 것은 쓰기의 형태로, 음성녹음으로 또는 두 가지 방식으로 모아 둘 수 있다.

(3) 쓰기의 예

유아 자신이 쓴 것 역시 중요한 작품 샘플이다. 유아가 직접 쓴 포트폴리오는 유아 개인의 쓰기 활동 과정의 증거이며, 유아와 부모에게 쓰기 활동에서 교정이 중요한 부분이라는 것을 알려 준다. 만약, 유아가 쓰는 능력을 향상시키기 위해 별도의 도움이 필요할 경우 유용한 진단적 정보가 된다.

다음과 같은 여러 가지 아이템이 포트폴리오에 적합하다.

- 유아 서명
- 그림에 붙인 제목
- 부모님이나 다른 사람에게 쓴 편지
- 문집(저널)
- 유아가 독창적으로 만들어 낸 이야기나 책

유아 이름 쓰기의 예시

그림에 붙인 제목이나 글의 예시

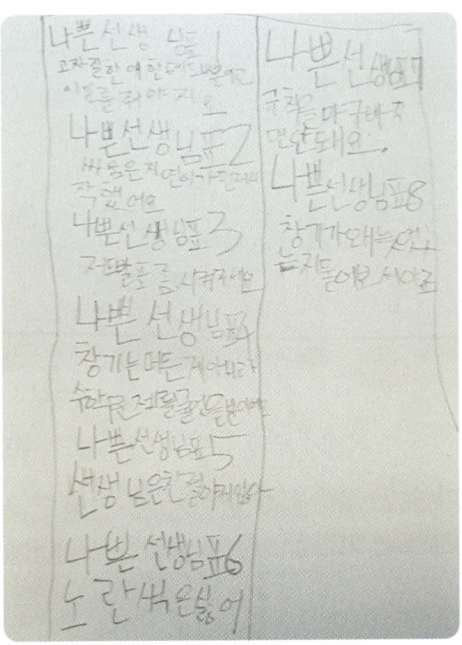

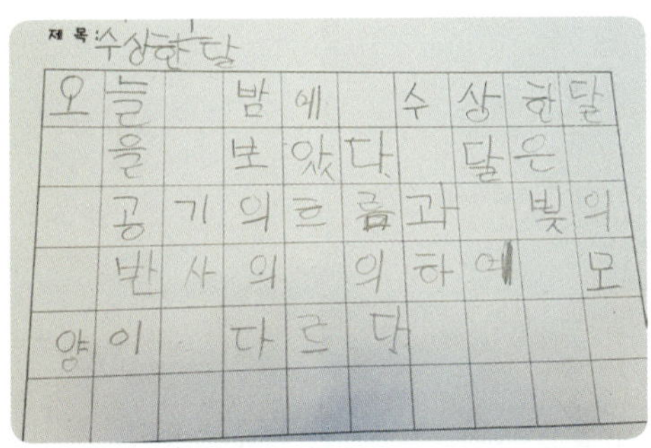

문집은 매일매일의 쓰기 소재에 대한 유아의 반응을 담고 있을 수 있으며, 혹은 사적인 일기일 수도 있다. 문집을 다양하게 해석하는 것은 좋지만, 문집은 유아가 그들의 개인적인 생각과 느낌을 쓰는 곳이기에 유아의 동의 없이는 남에게 공개해서는 안 된다.

다음은 쓰기 포트폴리오의 활용 사례이다.

한 교사가 유아의 쓰기 발달 과정을 보여 주기 위해 5개월 동안 유아의 쓰기 활동 샘플을 꼼꼼히 모아 두었다. 교사는 쓰기 활동 샘플을 분석하여 유아의 문해능력 평가에 이용하였으며, 유아에게 부족한 부분을 파악하여 연습 계획을 수립하게 된다.

2) 사진과 녹음

(1) 사진

사진은 IT 기기의 발달과 더불어 유아에게도 접근이 쉬운 도구가 되었다. 교사나 유아는 작품을 만드는 과정과 결과물을 사진 기록으로 손쉽게 만들 수 있다. 또한, 교실 장면의 숨김 없는 순간을 포착한 사진은 교실활동에 대한 매력적인 자료가 될 수 있다.

사진은 다음의 두 가지 이유로 인해 포트폴리오 과정에서 중요하다.

- 사진은 교사의 관찰 습관을 도와준다.
- 사진은 기록을 촉진하는 역할을 할 수 있다.

가치 있는 장면을 사진으로 담기 위해 교사는 교실에서 일어난 사건의 의미를 다시금 고민하며 지켜보게 된다. 전에 중요하지 않게 보였던 많은 사건도 교사가 사진 기록이 얼마나 가치 있는가에 대해 자문하며 다시 보면 더욱 중요해질 수 있다. 교사는 이러한 인식을 바탕으로 교실 내의 사건을 일화기록에 넣을 것인지 여부를 결정하게 된다.

유치원의 한 교실 안에 있는 싱크대에서 예은이와 혜린이가 물장난을 하고 있다. 그렇다면, 그들은 그릇을 물로 채우고 쏟으면서 서로 다른 그릇들의 용량을 비교할 것이다. 가까이서 그들이 얘기하는 것을 들을 수 있을 것이다. 놀이하던 유아들이 큰 병이 작은 병보다 물이 더 많이 들어간다는 것을 발견하고 이를 이야기하는 것을 들을 수도 있을 것이다. 이때 사진을 이용하여 유아들이 부피에 대해서 발견하게 되는 이 학습 순간을 기록으로 남겨 둘 수 있을 것이다. 스냅 사진과 기록 장면에서 예은이와 혜린이가 용기를 어떻게 선택하고 그 시간 동안 부피를 어떻게 조사했는가에 대한 과정을 볼 수 있을 것이다.

사진은 교사가 일화의 기록들을 만드는 데 도움이 된다. 사진을 살펴보고 그 사건을 회상하고 사건을 간략히 기록할 수 있고 언제 그리고 어디서 그 사건이 발생하였나를 정확하게 기록할 수 있게 된다.

(2) 녹음

부모와 함께 회의하는 동안에 최근 유아가 활동한 것을 녹음한 내용을 부모에게 들려준다. 녹음할 당시에 일어난 일을 유아로 하여금 부모에게 설명하도록 격려한다. 유아가 학급을 옮기거나 영유아교육기관을 떠날 때 녹음기록을 부모에게 선물한다. 그리고 교사는 부모로 하여금 가족이 함께한 일에 대한 녹음을 하도록 격려한다. 식탁에서의 대화, 유아의 노래, 시 낭송, 이야기 말하기 등을 말할 때 녹음을 하도록 격려한다.

녹음기는 읽고 쓰는 능력이나 시각적 능력이 제한된 부모와 의사소통할 수 있는 훌륭한 수단이다.

3) 서면 기록물

부모와 자주 얼굴을 마주하고 대화를 나누는 것이 바람직하지만 이는 사실 쉬운 일은 아니다. 따라서 서면을 통한 대화가 영유아교육기관과 가정을 연결하는 기본이 된다. 일대일로 만나기 어려울 때에도 여러 가지 서면 기록을 통한 포트폴리오 공유는 교사와 학부모와 영유아가 의사소통할 수 있는 다양한 방법을 제공해 준다. 체계적인 기록은 교사가 개별 영유아를 계획적으로 관찰한 기록이다. 따라서 교육과정과 수업에 관한 결정을 담고 있는 문서이다. 일련의 일화기록은 가족 스크랩북이나 앨범과도 유사하여 개별 영유아의 전반적인 발달의 증거를 담고 있는 보물과도 같다. 포트폴리오는 영유아가 무엇을 학습하고 있으며, 무엇을 학습할 수 있을지에 대한 폭넓은 증거를 담고 있다. 서술적 보고는 유아의 학습 경험의 요약이며, 작품 샘플, 학습활동 기록지와 기타 포트폴리오 아이템에 대한 정보와 교사의 관점을 반영하고 있다.

유아 일일 관찰 기록 이름: 강ㅇㅇ

관찰일자: 3월 19일	관찰일자: 7월 17일
점심식사 시간, 시간 약속을 정한 뒤 식사를 하고 있자. 옆자리 친구들이 계속 이야기하며 장난을 치자 ㅇㅇ이가 '점심시간 약속 판'을 가리킨다. 이에 친구들이 "왜?"라고 하자 "우리 조용히 먹지 약속이잖아."라고 한다.	등원시간, 가방 정리를 마친 ㅇㅇ이가 교사에게 다가와 "선생님, 제 생일 얼마 남았어요?"라고 묻는다. 이에 교사가 "5번만 자면~"이라고 하자 웃으며, "아 빨리 생일파티 하고 싶다~"라고 이야기한다.
관찰일자: 4월 4일	**관찰일자: 8월 27일**
등원시간, 수첩에 출석단어를 다 적은 ㅇㅇ이가 가방에서 잡지를 꺼낸다. 이에 교사가 "무슨 잡지야?"라고 질문하자 "제 사진 있는 잡지요!"라며 웃는다. 자신의 사진을 찾아서 보여 준 ㅇㅇ이가 "이따가 간식 먹고 친구들한테도 보여 줄래요."라고 이야기하며 교실로 들어간다.	점심식사 준비시간, 밥을 먹기 전 손을 씻고 있다. 한참 동안 화장실에서 나오지 않는 ㅇㅇ이에게 교사가 "서윤아, 뒤에 친구들이 많이 기다리고 있어."라고 하자 손을 씻고 나온 뒤 친구에게 "늦게 나와서 미안."이라고 이야기한다.
관찰일자: 5월 15일	**관찰일자: 9월 16일**
등원시간, 출석단어를 다 적은 ㅇㅇ이가 가방에서 사과를 꺼내며, "선생님, 감사합니다."라고 한다. 이후 교사를 꼭 안아 준 뒤 사과를 건네며, "여기 네 가지 표정을 그려왔어요,"라며 사과를 보여 준다.	이야기나누기 시간, 세계 여러 나라의 건축물에 대해 이야기 나누고 있다. 다양한 건축물 중 중국의 만리장성을 유심히 보던 ㅇㅇ이가 "선생님, 만리장성이 우리가 갔다 온 관무산이랑 비슷한 거 같은데요?"라고 이야기한다.
관찰일자: 6월 4일	**관찰일자: 10월 23일**
자유선택활동 시간, 연속 수 활동을 하고 있다. '9000'을 쓴 ㅇㅇ이가 교사에게 다가와 종이를 보여 주며 "이거 맞아요?"라고 묻는다. 이에 교사가 고개를 끄덕이자 "그럼 저 이제 초록색 스티커 붙여요?"라며 웃는다.	등원시간, 출석단어를 적기 위해 수첩을 꺼낸 ㅇㅇ이가 교사를 바라보며 "선생님, 오늘 아빠 오는 날이지요?"라고 한다. 이에 교사가 그렇다고 하자 "저 오늘 어학원 안 가고 아빠 기다릴래요."라며 "저 오늘 아빠한테 멋진 모습 보여 줄 거에요."라고 하며 웃는다.

체계적 기록

포트폴리오 수집 내용은 그동안의 진전된 과정과 내용을 검토해 보고, 완성을 위한 계획을 수립하는 데 이용될 것이다(Shores & Grace, 2003).

4) 유아 면담(Interview)

교사가 개별 유아를 심층적으로 이해하기 위한 활동으로 면담을 들 수 있다. 면담은 유아가 하나의 주제에 관해 깊이 토론하는 기회가 된다. 면담을 통해서 교사는 유아가 특별한 대상에 대해 주요 개념과 기술을 숙달하고 있는지를 평가하게 되며, 자연스러운 상황에서 유아와 함께 의견을 나눌 수 있다. 면담을 통해 교사는 유아의 요구가 무엇인지 알 수 있고 그 요구에 따라 교사 자신의 행동을 할 수 있게 된다. 특히, 발달과 관련된 문제의 경우, 오디오 또는 비디오 기록이 필요할 수 있다. 그러나 대부분의 경우, 유아의 말을 손으로 적는 것으로 충분하다.

유아와의 면담 시 유의점은 다음과 같다.

- 면담에서는 '서먹서먹함을 푸는 것(ice-breakers)'이 중요하다. 유아가 흥미있어 할 만한 것에서부터 대화를 시작하고, 유아가 말을 하게 유도한다. 교사가 의도했던 내용이 아닐지라도 유아의 의견을 기록해서 유아가 면담 과정을 편안하게 느낄 수 있게 한다. 예를 들어, 동네 공원에서 유아를 보았다고 하면서 공원에 가는 것을 좋아하냐고 질문할 수 있다.
- 유아가 내용을 잘 이해하지 못한다면 다시 질문한다. "도서영역에 있는 책을 보고 이야기를 새로 만들었니?"보다는 "어디에서 아이디어를 얻어서 이야기를 새로 만들었니?"라는 질문이 낫다.
- 교사는 유아가 이야기하고자 하는 것에 매우 흥미를 느끼고 있음을 분명히 해야 하며, 유아와 눈높이를 맞추어 앉도록 한다. 교사는 머리를 끄덕이며 "너무 재미있네." 또는 "그걸 다 알다니 정말 놀랍구나!"라고 의견을 말한다.
- 단답형과 개방형 질문을 조합해서 사용한다. 유아가 개방형 질문에 우물거린다면 다시 단답형 질문을 시도해 본다. 이때 면담 상황에서 유아가 불편한 느낌을 갖지 않도록 조심한다. 예를 들어, "이야기를 어떻게 만들기 시작했니?"라고 물었을 때 유아가 당황하는 것처럼 보이면 "남자아이를 생각하기 전에 하늘을 나는 용에 관해 생각했었지?"라고 질문한다.

- 유아가 주제에서 벗어나 있고 적절한 대답을 하고 있지 않다는 확신이 서면 부드럽게 이끌어 주어야 한다. 주제를 바꾸려고 유아를 중단시키거나 꾸짖어서는 안 된다. 예를 들면, "하늘을 나는 용을 어떻게 생각해 냈는지 정말 궁금하구나, 좀 더 자세히 이야기해 줄 수 있니?"라고 물을 수 있다.
- 유아의 반응과 교사의 질문을 정확하고 읽기 쉽게 기록한다.
- 예상치 않았던 일에 주의를 기울인다. 면담 도중 유아는 매우 귀중한 정보가 될 수 있는 말들을 하곤 한다.
- 면담 시 체계적 관찰을 통해 답할 수 있도록 명료하게 질문을 해야 한다. 가능한 한 구체적인 것이 좋다. '철수가 수 영역에서 어떻게 하고 있는지'를 모두 체계적으로 기록하기는 어렵다. 교사는 철수가 수 교구를 조작할 수 있는지가 알고 싶을 수 있다. 또는 철수가 교사가 보여 주는 수 활동의 시범에 주목하고 있는가에 교사의 관심이 있을 수도 있다. 교사는 철수가 수 영역에서 다른 유아에게 도움이나 충고를 청하는지 아니면 항상 문제를 혼자 해결하려고 하는지 관찰하고 싶을 수도 있다. 그러나 이 모든 것을 다 관찰하기는 어렵다. 관찰의 초점을 좁힐수록 필요한 정보를 실제로 기록할 수 있는 기회가 많아진다(Shores & Grace, 2003).

5) 포트폴리오 평가

포트폴리오 평가는 영유아의 다양한 작품과 활동을 수집한 것을 토대로 영유아의 지식, 기능, 태도를 평가할 수 있는 적합한 평가방법으로 영유아교육기관에서 많이 활용되고 있다. 포트폴리오의 자료로는 영유아의 활동자료, 관찰기록, 부모상담 자료, 영유아의 작품, 평정척도, 체크리스트 등이 포함된다.

포트폴리오에 포함할 수 있는 구성요소로는 영유아의 건강기록, 이전 양육기관의 기록, 일화기록, 발달체크리스트, 작품자료, 글쓰기 표본, 녹음자료 등이 있다. 포트폴리오 평가는 영유아의 발달에 대한 전반적인 정보를 얻을 수 있고, 개별 영유아에게 적합한 평가를 실시할 수 있다는 장점이 있다. 또한, 교사뿐 아니라 부모에게도 자녀를 이해하고 지도할 수 있는 효율적인 정보를 제공할 수 있다. 교사는 부모면담 시 포트폴리오 평가에 기초한 종합적인 분석 자료를 제공하여 개별 영유아에 대한 객관적이고 구체적 정보를 주고 가정에서 영유아를 지원해 줄 수 있는 구체적인 방법을 제시해 줄 수 있다. 이를 통해 부모가 자녀를 바르게 양육하는 데 도움을 줄 수 있으며, 교사와 부모가 협력적인 관계를 형성할 수 있다. 포트폴리오 평가는 영유아의 발달을 이해할 수 있는 기회를 제공하며, 다양한 자료를 주기적으로 수집하고 평가함으로써 영유아에게 적절한 교수전략을 제공할 수 있다(양옥승 외, 2018).

상대평가인 표준화검사가 가지고 있는 한계점을 보완할 수 있는 대안적 평가로 개별 영유아의 특성을 지속적으로 평가하는 특징을 갖는다. 따라서 포트폴리오는 학습을 성취하는 결과만 보여 주는 것이 아니라 영유아의 학습의 과정을 보여 준다. 포트폴리오의 내용을 구성할 때는 핵심항목과 작업 샘플, 기타항목으로 구분하여 분류한다. 핵심항목은 반드시 수집되어야 하는 것으로 놀이영역, 놀이특징, 또래와의 관계, 놀이선호도, 놀이를 통한 5개 영역의 학습성취, 놀이발달의 과정 등의 샘플을 수집해야 한다. 작업 샘플은 영유아의 핵심항목에 대한 다양한 자료로 영유아의 활동결과물이다. 기타항목은 교사의 영유아 놀이를 관찰한 결과, 표준화검사, 부모상담결과 등이다. 포트폴리오 평가는 교사와 유아가 결과물을 보면서 같이 평가하는 과정을 갖는다. 유아는 자신의 포트폴리오를 보면서 자기평가를 할 수 있으며, 자신의 약점과 단점을 알고 반성할 수 있다. 교사도 유아의 수집한 자료를 보면서 체계적으로 내용을 정리하고 요약하면서 종합적인 평가를 할 수 있다(박찬옥 외, 2019).

포트폴리오에서 영유아의 수행결과물, 수행과정에 대한 사진과 비디오테이프, 체계적 관찰을 위한 체크리스트와 일화기록, 교사와 유아의 개별면담 및 부모와의 면담자료 등 포괄적이고 다양한 자료가 포함될 수 있다. 따라서 포트폴리오 평가는 단편적 · 일회적으로 영유아를 평가하지 않고 시간의 흐름에 따른 영유아 개개인의 변화, 발달 과정을 지속적 · 종합적으로 평가하는 방법이다.

포트폴리오 평가방법이 영유아 교육과정 운영에서 타당한 이유는 교사가 영유아의 포트폴리오 평가자료를 모으기 위해 영유아와 계속적으로 상호작용하고, 교사의 학급 관찰, 영유아와 교사의 면담, 영유아의 작품 분석과 같은 비형식적인 평가를 포함하며, 포트폴리오 평가방법을 통해 교사가 실제 교실 상황 속에서 영유아의 발달과 학습을 적합하게 평가하여 이를 교수방법으로 사용할 수 있기 때문이다(황윤세 · 양옥승, 2001).

(1) 유아의 자기평가

유아가 학습 포트폴리오에 넣을 한 가지 유형의 작업 샘플에 의견을 적어 보는 절차에 익숙해지면, 교사는 이러한 임무를 유아에게 맡길 수 있다. 교사가 보고하는 유아의 정기적인 자기평가에는 취미, 좋아하는 책, 일과가 끝나고 집에 가서 제일 하고 싶은 것, 좋아하는 음식, 좋아하는 텔레비전 프로그램, 좋아하는 인형 등이 자기평가의 항목으로 종종 사용된다. 또한, "어떤 그림을 그렸니?", "어떤 그림이 수아에게 가장 의미가 있니?", "어떤 그림을 제일 좋아하니?" 등의 흥미에 대한 교사의 질문내용도 포함될 수 있다.

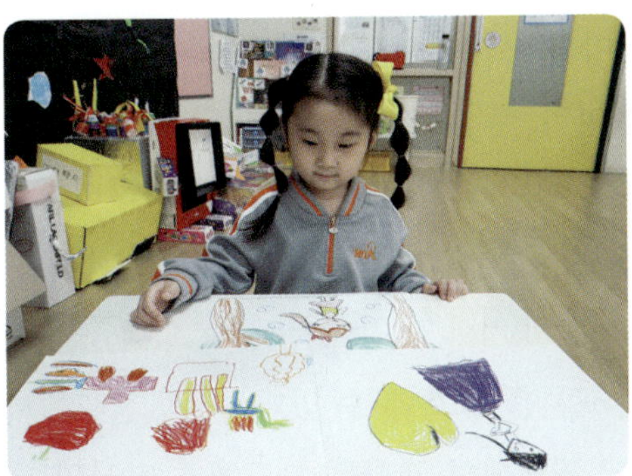 

(2) 또래평가

교사는 유아에게 서로의 작업에 대해 의견을 첨부하게 함으로써 작품 샘플의 수집을 더욱더 향상시킬 수 있다. 또래평가는 유아들이 확대된 프로젝트에서 함께 작업할 때와 같은 자연스러운 소집단 상호작용의 일부로서 가장 잘 나타난다. 예를 들면, 유아가 그린 여러 장의 그림에서 "무엇을 그린 그림이니? 왜 이렇게 그렸니? ○○이는 어떤 그림이 마음에 드니?"라고 질문한 상황에서, 교사는 유아들에게 이 그림과 이야기를 기록해도 괜찮겠냐고 질문할 수 있다.

(3) 교사와 부모평가

교사와 부모의 포트폴리오 평가가 이루어지기 위해 교사의 일화기록과 체계적인 관찰이 필요하다. 체계적 관찰에서는 영유아의 프라이버시를 침해하고 있는 것은 아닌지 확인하는 것이 중요하다. 우선 영유아와 영유아의 부모에게 영유아를 관찰할 수 있도록 승낙을 구하는 것이 중요하다. 이것이 불필요하고 시간을 허비하는 단계처럼 보일 수 있지만, 두 가지 중요한 이점을 갖고 있다. 첫째, 부모로 하여금 자녀를 평가하도록 하며, 교사가 행하고 있는 평가에도 참여시킬 수 있다. 둘째, 이후 발생할 수 있는 돌발적 사건으로부터 교사를 보호할 수 있다. 특정 상황에서 영유아의 행동을 관찰하는 것이 유용하다고 판단되면 교사는 부모에게 자신의 계획을 명료하고 간략하게 써 보내야 한다. 체계적 관찰을 통해 영유아를 평가할 준비를 하면서 부모의 조언을 얻을 수 있다. 가능하면 교사는 부모에게도 가정에서 이러한 평가 계획을 수행하도록 장려할 수 있다.

체계적인 관찰을 위한 절차는 다음과 같다.

① 특정 영유아를 체계적으로 관찰하기로 결정하고 나면, 필요한 경우 부모의 승낙을 얻는다.
② 관찰 스케줄을 짜고, 계획표에 적는다.
③ 체계적 관찰을 하는 동안 일상적인 업무는 동료교사나 보조교사가 처리할 수 있도록 한다.
④ 어떤 시점에 기록할 것인지 유아에게 알려 준다.
⑤ 영유아의 행동을 관찰하고 기록한다. 평가가 아니라 기술에 주력한다.
⑥ 행동관찰 후 매번 '이 사건에 관련된 모든 상황을 기술했는가?' 자신에게 물어본다. 기억나는 세부사항을 첨가한다. 중요한 세부사항이 간과되었다면, 한 번 더 관찰해서 보완한다.
⑦ 체계적 관찰 내용을 체계적 기록 양식에 요약한다. 관찰을 수행하는 이유와 날짜를 기입한다. 기록의 주제와 관련된 포트폴리오의 다른 아이템들을 참조할 수 있도록 한다.
⑧ 필요할 경우 교사가 관찰한 내용을 영유아에게 알려 주고, 영유아의 의견을 듣는다. 관찰 내용을 학습활동 기록지 또는 포트폴리오에 기록하며, 영유아의 의견이 있는 경우 기록하고 날짜와 함께 첨부한다.
⑨ 체계적인 관찰을 보완하기 위해 인터뷰나 작품 샘플 수집과 같은 부가적인 평가를 계획한다.

다음은 영유아의 발달을 체계적으로 관찰하고 기록한 교사의 평가와 부모의 평가를 기록한 관찰평가 기록 사례이다.

〈표 7-1〉 영아 발달 관찰평가 기록 사례

상담참여자: 정○○(이○○의 모)　　상담교사: 장○○
상담장소: 햇님반 교실　　상담형태: 방문
상담일시: 20○○년 9월 1일 오후 5시 30분 ~ 6시 00분

영역	교사의견	부모의견
기본생활습관	화장실에 가자는 의사를 표현하지 않고 참다가 종종 실수를 합니다. 등원 시 교실에 들어와 외투를 벗을 때 스스로 벗지 않고 교사에게 도움을 요청합니다.	○○이가 변비가 있어요. 집에서도 종종 소변 실수를 합니다. 밥 먹는 양이 적고 식사 시간에 스스로 먹지 않으려고 합니다.
신체발달	장애물 넘기를 할 때면 교사에게 도움을 요청합니다. 색연필로 선을 옆으로 긋는 줄긋기나 십자가 긋기는 잘하지 못합니다.	평소에 겁이 많아서 새로운 것을 할 때 시간이 많이 걸리는 편입니다.
의사소통	친구들과 놀이 시 다소 복잡한 문장을 사용합니다. 교사가 하는 말을 듣고 따라 하거나 자신의 상황에 따른 의사 표현이 가능합니다. 가끔 빨리 말하려고 하다가 말을 더듬는 모습을 보입니다.	집에서도 엄마의 말을 듣고 따라 합니다. 오빠에게 하는 말투를 들어 자연스럽게 형성이 된 것 같습니다.
사회관계	놀이를 주도하는 편이며, 언니들과 노는 것을 좋아합니다. 놀이 도중 속상하거나 마음에 들지 않으면 손사래를 치며 소리를 지릅니다. 친구들과 놀잇감을 갖고 다투다가도 힘들어하면 도와주려고 합니다.	집에서도 오빠가 ○○이를 방해하면 맞아도 우기며 "싫은데~"라는 말을 합니다. 오빠랑 교육 때문에 함께 있고 ○○이와는 오래 있지 못해서 그런 것 같습니다.
예술탐구	자신이 연주하고 싶은 악기를 스스로 선택하여 연주를 합니다. 친구들과 놀이 시 상상의 친구를 만들어서 하지는 않고 역할에 맞는 역할놀이를 주로 합니다.	집에서도 '엄마, 아빠' 놀이를 자주 합니다. 언니를 좋아하고 아빠에게 애교가 많습니다.
자연탐구	숫자에 대한 관심을 보이며, 주변 사물에 대한 크기가 다름을 인식합니다.	큰 것과 작은 것을 비교해 표현합니다.

종합의견 (교사)	○○이는 인사성이 밝고 편식을 하지 않는 편입니다. 다만 친구들과 놀이 시 배변 의사 표현을 하지 않고 참아서 종종 실수를 합니다. 배변 의사 표현에 대한 지도가 필요합니다. 신체활동 시 겁이 많아 시간이 걸리며, 교사의 도움이 필요합니다. 교사의 말을 잘 듣고 따라 하며 복잡한 문장을 사용하고 상황에 맞는 의사 표현을 합니다. 그러나 가끔 빨리 말하려고 말을 더듬는 모습을 보입니다. 친구들과 놀이 시 주로 놀이를 주도하며, 놀이 도중 속상하거나 마음에 들지 않으면 소리를 지르는 행동을 보이므로 친구들과 올바르게 상호작용하고 표현하는 방법을 배우는 것이 좋을 것 같습니다. 주변 사물 크기에 대한 판단과 숫자에 대해 알 수 있도록 지속적인 관심과 지도가 필요합니다.
건의사항 (부모)	수에 대한 관심이 보이니 조금만 신경 써서 지도해 주세요.

〈표 7-2〉 유아 발달 관찰평가 기록 사례

상담참여자: 최○○(이○○의 모) **상담교사**: 이○○
상담장소: 누리반 교실 **상담형태**: 방문
상담일시: 20○○년 9월 3일 오후 6시 30분 ~ 7시 00분

영역	교사의견	부모의견
기본생활습관	음식을 골고루 먹지 않습니다. 교실에서 지켜야 할 규칙과 약속에 대해 알고는 있으나 간혹 지키지 않아 친구들과 갈등이 발생합니다.	골고루 먹으라고 이야기해 주어야 먹습니다. 생각보다 행동이 먼저 나가는 편이며, 누나가 놀이 수준이 ○○이와 비슷해 잘 놀고 잘 싸웁니다.
신체발달	신체활동 시 겁이 많으며, 교실을 걸을 때 머리를 한쪽으로 기울이고 다닙니다. 가위질이나 젓가락 사용하는 것이 미흡합니다.	처음 하는 일이나 공차기와 같은 신체활동에 겁이 많습니다. ○○이가 건강검진 후 의사 선생님이 머리가 크다고 한 이야기를 듣고 난 후부터 머리를 한쪽으로 기울이고 다닙니다. 성격이 급해 손으로 음식을 먹을 때가 있습니다.
의사소통	책을 읽는 것이나 쓰는 것에 관심은 많으나 교사의 도움 없이 혼자서 책을 끝까지 읽거나 부사나 형용사를 연결한 두 단어를 연결한 문장을 쓰지는 못합니다. 교사의 지시를 주의 깊게 듣는 것이 부족하며, 말할 때 발음이 부정확하며 빨리 말하는 편입니다.	발음이 부정확하여 꾸준히 언어치료를 받고 있습니다. 성격이 급해서 무엇이든 빨리 말하려고 합니다.

영역	교사의견	부모의견
사회관계	남자친구들과 주로 신체적 놀이를 많이 하며, 갈등이 발생하면 우는 행동을 많이 보입니다. 활동 시 자신의 잘못보다는 친구에게 핑계를 대는 경우가 많습니다.	집에서도 우는 행동이나 떼를 부리는 행동을 합니다. 낯선 사람에게 너무 친근하게 다가가 말을 하거나 대답을 합니다. ○○이가 위험한 행동을 알고는 있지만 성격이 급해 행동이 먼저 나갑니다.
예술탐구	음악이나 악기 소리 리듬에 맞추어 몸을 움직이는 것을 좋아합니다. 자유롭게 그림을 그리는 것은 좋아하나 10분 이상 집중해 그리는 활동은 어려워합니다.	집에서도 음악이 나오면 춤을 추거나 노래를 따라 부르기도 합니다. 성격이 급해 한 가지에 집중하지 못합니다.
자연탐구	평소 궁금한 것이 있으면 질문을 자주 합니다. 주변의 동식물에 관심이 많으며, 도형의 기본 모양과 색을 구별할 수 있습니다. 주변 사물을 볼 때 주의 깊게 보지는 않습니다.	집에서도 궁금한 것이 있으면 자주 물어보는 편입니다. 사물을 보거나 가리킬 때 대충합니다.
종합의견 (교사)	○○이는 놀이 시 준비물을 스스로 챙기는 것에 부족함을 보입니다. 스스로 준비물 챙기는 습관을 길러 주면 좋을 것 같습니다. 새로운 신체활동에서 가끔 주저하는 모습을 보입니다. 젓가락이나 가위를 사용하는 것이 익숙하지 않아 소근육을 사용하는 활동이나 놀이가 필요합니다. 친구들의 말이나 교사의 말을 경청하는 자세가 필요하며, 집중력에 대한 지도가 꾸준히 이루어져야 할 것 같습니다. 자신의 의견이 받아들여지지 않으면 우는 행동을 보여 바르게 상호작용하는 방법이나 사회관계를 증진할 수 있는 활동을 통해 도움을 주면 좋을 것 같습니다.	
건의사항 (부모)	친구들과 사이좋게 지내고 울지 않고 말할 수 있도록 지도 부탁드립니다.	

교사는 영유아 발달을 관찰하고 평가한 관찰평정척도나 체크리스트를 부모상담 시 자녀에 대한 이해를 도울 수 있는 자료로 사용할 수 있다. 부모는 교사의 평가를 토대로 가정에서의 자녀의 생활습관과 행동에 대한 평가를 할 수 있으며, 교사에게 정보를 제공할 수 있다. 이같은 부모상담 자료는 연계 포트폴리오로 활용된다.

3. 포트폴리오의 단계

1) 계획

영유아마다 각각 학습활동이 다르기 때문에 영유아의 개별 성장 발달을 포함한 다양한 측면은 일정 기간 동안 모아 두어야 한다. 한 가지 아이템부터 다양한 아이템이 포함되도록 계획이 필요하다. 한 가지 아이템을 수집하는 것에서부터 다른 평가전략을 실시하도록 평가전략을 검토해야 한다. 포트폴리오 평가에서 계획은 매우 중요하다. 충분한 계획 없이 포트폴리오 평가를 한다면 그것은 평가활동이라기보다 단순한 자료수집 활동이 될 가능성이 크다. 일반적으로 계획 단계에서는 포트폴리오 평가를 실시하는 목적, 활용방법, 내용물, 채점준거 등을 결정한다. 즉, 포트폴리오 평가를 실시하기 위한 규정을 정하는 것이다. 영유아교육기관의 포트폴리오 평가의 성공을 위해서는 포트폴리오 평가 실상을 위한 규정을 정비하고 교사와 부모에게 포트폴리오 평가에 대한 자세한 안내가 필요하다. 교사, 영유아, 가족 간의 지속적인 교류가 이루어지고, 발생한 사건에 대해 반성적으로 사고하고, 모든 사람이 참여하며, 공통의 목표를 도달하기 위한 의사소통 과정이 포함되어야 한다. 계획 단계에서는 포트폴리오 평가를 실시하기 위한 영유아교육기관의 규정을 점검하고 포트폴리오 평가와 관련한 교사 토의 및 연수 실시와 가족에게 영유아교육기관의 제반사항을 안내한다(Shores & Grace, 2003).

(1) 단계 1: 계획

- 수집될 항목의 유형을 규명한다.
- 영구적인 포트폴리오를 위한 아이템을 선택하기 위해 교사, 영유아, 부모가 협력할 것을 명시한다.
- 각 유형의 아이템을 수집하기 위한 시간표를 작성한다.
- 수행 과업과 같은 특정 아이템을 평가할 기준, 표준어나 산출물을 언급한다.
- 연중 특정한 시점이나 부모에게 편리한 시점에 '영유아, 부모, 교사' 포트폴

리오 회의를 열 것을 약정한다.

- 부모에게 아이템을 개방하고, 아이템을 다음 해로 연계하는 절차를 규명한다.

(2) 단계 2: 작품 수집

교사가 수집할 쓰기 작품, 블록 구조물을 찍은 사진, 그림과 같은 유형의 작품에 대한 일반적인 지침이다. 이제 교사는 다음과 같은 몇 가지 부가적인 결정을 내려야 한다.

- 쓰기 작품, 산수 활동 사진, 그림 및 기타 유형의 작품들을 수집할 것인가? 혹은 이 중 몇 가지를 수집할 것인가?
- 영유아 개개인당 특정한 수의 작품을 수집할 것인가?
- 정기적으로 작품을 수집할 것인가? (매주 또는 2주마다) 또는 적절한 작품이 나올 때마다 작품을 수집할 것인가?
- 최상의 작품을 수집할 것인가, 전형적인 작품을 수집할 것인가, 아니면 두 가지 모두를 수집할 것인가?
- 모든 작품에 점수나 등급을 매길 것인가? 그렇다면 채점 체계는 누가 만들 것인가?
- 유의점: 무엇을 평가하기를 원하는지, 그리고 이 포트폴리오 단계가 교사의 평가 목표에 부합하는지 따져 본다. 다른 단계를 꼼꼼히 살펴보고, 전략 중 어떤 하나가 자신의 목적에 좀 더 잘 맞는가 생각해 본다.
- 추후 활동에 참여하도록 부모를 초대한다.

누리과정 영역에 따른 핵심 항목 선정의 예

영역	핵심 항목의 예	수집활동의 예
신체운동·건강	① 운동기능 발달에 대한 기록 ② 신체적 안녕에 대한 기록 ③ 기본적인 생활습관에 대한 기록	• 운동기능 발달에 대한 일화 기록 • 대소근육의 통제와 협응에 대한 일화 기록 • 건강한 생활을 위한(건강, 영양, 안전) 체크리스트 작성 및 기록
사회관계	① 타인과 관계 형성, 친사회적 행동, 자신이 속한 집단에서의 역할 수행과 규범 준수 ② 자신과 타인의 정서 인식, 자신이 가진 정서의 적절한 표현과 조절, 타인의 감정에 대한 관심과 공감	• 다양한 관계에서 일어나는 친사회적 행동 등에 대한 일화 기록 • 또래 유아와의 관계 관찰지 • 자신과 타인의 정서 인식, 조절, 공감 등에 대한 일화 기록, 사진
의사소통	① 발음의 정확성, 어휘의 증가 및 정확한 어휘사용 능력 ② 인쇄물과 책의 기능과 사용에 대한 지식 및 다양한 유형의 문학과 문학 작품에 대한 선호 ③ 쓰기 관습에 대한 지식과 쓰기 능력	• 다양한 상황에서 말하는 것을 관찰하고 발음, 사용하는 어휘의 수 정확한 어휘의 사용에 대해 평가(일화 기록, 평정 척도) • 책 읽기 관찰 결과 기록 • 다양한 방식으로 쓴 결과물 수집
예술경험	① 창의성: 예술적 분야에서 유창성, 융통성, 독창성, 정교성, 민감성, 재구성력 있게 접근하여 탐색, 표현, 감상하는 능력	• 음악과 동작 활동에 참여한 영유아 사진 • 자신의 느낌을 나타낸 미술 작품 사진 • 동시나 이야기 짓기에 참여한 결과물
자연탐구	① 학습에 필요한 기본적인 성향과 문제 해결에 필요한 창의력 ② 유아 수준에서 학습할 수 있는 수학 지식 ③ 유아 수준에서 학습할 수 있는 과학 지식	• 기관에서 영유아가 참여하는 활동에서의 성향에 관한 관찰기록표 • 수학, 과학과 관련된 학습상황에서 기술, 지식, 관심, 태도의 수준에 관한 평정 척도 자료 • 수학, 과학 활동 자료나 사진

출처: 김희진 외(2018).

2) 실행

영유아교육기관에서의 발달에 적합한 포트포리오 작성은 영유아, 교사, 부모에게 아이템을 선택하도록 장려하면서 교육과정에 따라 아이템을 수집한다. 특정한 포트폴리오 아이템을 수집할 때 교사는 선택기준을 설정하고 동료교사와 아이템 목록 설정이나 해석에서의 오류가 없는지 토론과정을 거쳐야 한다.

① 수립한 기준을 따르면서 영유아 개개인과 작업을 하면서, 학습 포트폴리오 또는 연계 포트폴리오에 포함할 아이템을 선택한다. 영유아의 손이 닿는 곳에 파일이나 상자, 날짜 도장 등을 놓아둔다. 유아에게 작품에 사인을 하고 날짜를 적어 포트폴리오에 넣으라고 한다. "우리는 나중에 네 그림을 또 볼 수 있고, 그 그림이 왜 좋은지 생각할 수 있다."라고 말한다.

② 유아에게 아이템에 관하여 간략한 의견을 쓰게 하거나 받아 적어 준다. 유아에게 작품에 대해 생각해 보도록 도와줄 수 있는 질문을 한다. 교사의 질문은 간단하고 개방적이어야 한다. 이때 유아가 이 단계를 불편해하는 것 같으면, 질문을 그만둔다.

- 이 작품을 어떻게 만들었니?
- 이 작품의 어떤 면이 좋니?
- 다르게 하고 싶었던 것은 무엇이니?
- 이런 식의 프로젝트를 또 해 보고 싶니?

③ 다음 질문에 답하고, 의견을 간략하게 적는다.

- 이 과업을 누가 주도했는가?(유아 스스로 주도했는가, 아니면 다른 또래 유아가 주도했는가?)
- 이 유아에게는 이것이 뚜렷한 성취인가?
- 이 작품은 특정 결과나 목적을 나타내는가?
- 이 작품은 유아가 새로운 상황에서 개념을 적용하거나 확장하고 있음을 의미하는가?

④ 작품에 관한 교사의 의견과 유아의 의견을 첨부한다. 미술 작업의 경우에는 클립으로 끼우기 전에 의견을 적은 용지와 작품의 윗부분에 작은 종이를 접어 넣는다. 이렇게 하면 작품의 손상되는 것을 방지할 수 있다. 아이템은 포트폴리오에 넣는다.

⑤ 유아가 이러한 학습 경험을 강화하거나 확대할 수 있는 방법을 생각해 본다. 예를 들면, 다음과 같은 방법이 있을 수 있다.

- 다른 매체로 작품을 다시 만들어 본다.
- 같은 매체를 다른 목적에 사용한다.
- 가정 통신문에 싣기 위하여 작품을 준비하거나 수정한다.
- 결과물을 소집단 및 학급에 진열한다.

⑥ 가족 참여를 확대시키기 위하여 작품을 이용할 수 있는 방법을 생각해 본다. 예를 들면, 다음과 같은 방법이 가능하다. 다음 공식 회의 때 부모에게 작품을 공개한다.

- 작품을 교실이나 복도 게시판에 전시한다.
- 유아가 동의하면 유아의 의견을 덧붙인 작품을 가정 통신문에 싣는다.
- 동일한 활동을 가정에서 해 보도록 부모와 자료를 공유한다.

포트폴리오 평가의 실행 단계는 다양한 자료를 수집함과 동시에 그에 대한 평가 활동을 수반한다. 즉, 영유아교육기관에서 지내는 동안 영유아가 하는 다양한 활동들과 그 결과물, 영유아에 대한 교사의 관찰기록물, 가정에서 보내 준 영유아에 대한 정보, 그리고 다양한 활동결과물에 대한 교사, 학부모, 영유아 자신의 평가 자료가 필요하다. 실행 단계에 포함할 수 있는 구체적인 자료 및 항목들은 다음과 같다.

〈유아 포트폴리오 평가 관련 자료〉

- **배경 정보**: 영유아발달검진표, 영유아개인기록부
- **작업 샘플**: 유아가 쓴 글, 그림, 독서록, 유아가 읽은 도서목록, 사진, 유아의 활동과정을 녹화한 것, 놀이 활동자료, 유아가 이야기한 것, 유아가 직접 쓰거나 교사가 받아쓴 것, 협동작품, 노래나 대화를 녹음한 것, 동.식물관찰일지
- **면접자료**: 유아-교사, 유아-유아, 교사-학부모, 유아-교사-학부모
- **관찰자료**: 일화기록, 유아일과표, 평정척도, 체크리스트 등
- **관찰평가자료**: 유아의 견해, 유아의 작업에 대한 교사 평가, 유아의 작업에 대한 부모 의견

3) 활용

(1) 포트폴리오의 전시

❶ 개인 포트폴리오

영유아교육기관의 교사는 유아에 대해 언제나 다양하게 기록한다. 의료 기록이나 부모의 전화번호 등 몇 가지 기록은 비밀 보장이 되어야 한다. 교사는 일화 기록, 체계적 기록 연속적 기록, 부모와의 면담 기록 등을 영유아의 학습 포트폴리오와 구별해서 별개로 보관해야 한다.

❷ 학습 포트폴리오

학습 포트폴리오는 가장 규모가 크며, 자주 사용되는데, 쪽지, 프로젝트를 실시하기 전에 그렸던 그림, 최근의 작품, 유아의 학습활동 기록지 등을 포함할 수 있다. 아코디언 모양의 파일이나 넓힐 수 있는 파일이 학습 포트폴리오에 알맞다.

(2) 포트폴리오 평가

❶ 작업 포트폴리오(Working Portfolio)

작업 포트폴리오는 다른 포트폴리오의 부분으로 포함되어 사용되기도 한다. 교

사는 영유아가 활동과정 중에 작업한 것들을 모두 수집한다.

❷ 평가 포트폴리오(Evaluation Portfolio)

평가를 위해 기준에 맞게 필요한 자료를 선정하는 것으로, 가장 일반적인 유형이다. 교사는 자료를 수집하여 영유아의 발달변화를 평가하고, 이후 교육과정을 계획하는 데 사용하게 된다.

❸ 전시 포트폴리오(Showcase Portfolio)

영유아의 특성을 잘 나타내는 작품이나 가장 잘한 작품, 좋아하는 작품을 전시하는 데 사용된다. 전시 포트폴리오의 내용은 영유아가 선택하기도 하고, 교사와 영유아가 함께 선택하기도 한다. 개별 유아나 유아들이 함께 구성한 작품들을 전시한다. 직접 작품을 전시할 수도 있지만, 놀이과정 중 재미있었던 장면들의 사건을 순서대로 모아서 전시할 수도 있다. 작품을 구성하는 가운데 유아들끼리 나눈 이야기 기록물도 함께 전시하면 좋다. 전시를 준비하면서 자신과 다른 유아의 공동 작품을 배치하는 과정을 통하여 유아들을 놀이과정을 되새겨 보고 자기주도적인 활동을 경험할 수 있다.

❹ 연계 포트폴리오(Archival Portfolio)

영유아의 포괄적인 발달 수준의 기록을 위하여 영유아의 작품이나 진보된 상황에 대한 내용을 선정한다. 이것은 다음 담임교사에게 영유아에 대한 정보를 제공하는 역할을 하게 된다. 주요 발달 사항이나 지속적인 문제를 나타내는 핵심적인 작품은 연계 포트폴리오에 모인다. 처음에는 교사가 주요 작품을 선택하겠지만, 나중에는 유아와 부모도 이 포트폴리오에 모을 아이템을 선택할 수 있다. 선택된 녹음이나 사진과 서술식 보고서를 복사해서 연계 포트폴리오에 포함하며, 연계 포트폴리오를 다음 해의 교사와 유아 또는 부모에게 전달한다.

(3) 포트폴리오 평가의 종류

포트폴리오 평가는 수집되는 자료의 유형 및 수집주체 등에 따라 구분하여 그 종류를 구분할 수 있다.

〈표 7-3〉 포트폴리오 평가의 종류

종류	주체	자료의 유형	특징
교사 포트폴리오	교사	영유아 개인정보 교사의 교수-학습 활동에 대한 구조화된 자료수집	• 영유아 건강 상태, 문제행동, 일화기록, 부모면담 기록, 가정환경 등 • 활동계획안, 교육활동 자료, 평가
영유아 포트폴리오	영유아	영유아의 활동에 대한 기록, 초안, 작업표본, 자기반성 기록 등	• 영유아의 활동에 대한 전반적인 자료 수집
인수 포트폴리오	영유아 교사 부모	영유아와 교사가 함께 협의하여 활동사진, 작품 등을 선택하여 구성	한 학기 또는 교육과정 기간 동안의 활동에 대한 자료를 부모와 다음 담당교사에게 전달

출처: 김신옥 · 이현정(2018).

4. 포트폴리오 활동의 실제

1) 영아 포트폴리오

(1) 기본생활습관

활동 영역	기본생활	평가 관점	건강한 생활 – 몸을 깨끗이 하기	평가 시기	20○○년 ○○월 ○○일
활동명	선생님 도움을 받아 이를 닦아요			생활주제	나는 할 수 있어요

활동목표	선생님 도움을 받아 이를 닦는다.		
평가상황	하루 일과		
평가유형	사진, 일화기록		
관찰장면 기록	 수아는 점심식사 후 교사가 칫솔을 꺼내 주자 칫솔을 입에 물고 돌아다닌다. 교사가 수아의 손을 잡고 "수아야, 화장실에 가서 치카치카 할까?" 하고 이야기하자 수아는 다시 칫솔을 물고 옆으로 뛰어간다. 교사는 다시 수아의 손을 잡고 "선생님하고 치카치카 하러 가자." 하고 말하며 화장실로 함께 간다. 수아는 화장실에 가서 교사가 도와주자 이를 닦는다.		
루브릭	1수준	2수준	3수준
교사의 도움을 받아 이를 닦는다.	이를 닦는 것을 거부한다.	교사가 권유하자 이 닦는 것을 시도한다.	교사의 도움을 받아 이를 닦는다.
교사 견해	3수준: 교사의 도움을 받아 이를 닦는다.		
부모평가	수아가 집에서도 양치질하는 것을 싫어해요. 그래도 양치질하자고 하면 선생님하고 할 거라고 하면서도 물로 '우르르 퉤~'도 잘한답니다.		

(2) 신체운동

활동 영역	신체운동	평가 관점	신체활동에 참여하기 – 기구를 이용하여 신체 활동 시도하기	평가 시기	20○○년 ○○월 ○○일
활동명	공을 가지고 놀아요			생활주제	새로운 것이 낯설어요

활동목표	공을 사용하여 신체활동을 시도할 수 있다.		
평가상황	실내 자유선택활동		
평가유형	사진, 일화기록		
관찰장면 기록	 교사가 수아에게 노란색 공을 굴려 주자 수아가 멀뚱멀뚱 쳐다본다. 교사가 다시 농구공을 굴려 주자 수아는 공을 발로 찬다. 교사가 다시 수아에게 손으로 공을 굴려 주자 수아는 선생님에게 공을 던진다.		
루브릭	1수준	2수준	3수준
공을 사용하여 신체활동을 시도할 수 있다.	공을 사용하여 신체활동을 시도하는 것에 관심이 없다.	교사의 도움을 받아 공을 사용하여 신체활동을 시도한다.	스스로 공을 사용하여 신체활동을 시도한다.
교사 견해	2수준: 교사의 도움을 받아 공을 사용하여 신체활동을 시도한다.		
부모평가	점점 공을 던지는 강도가 세지는 것 같아요~ 발로도 뻥 차고, 요즘 들어 공놀이를 더 좋아하는 것 같습니다.		

(3) 사회관계

<table>
<tr><td>활동 영역</td><td>사회관계</td><td>평가 관점</td><td>더불어 생활하기
– 사회적 가치를 알기</td><td>평가 시기</td><td>20○○년 ○○월 ○○일</td></tr>
<tr><td>활동명</td><td colspan="3">선생님, 친구와 손 흔들며 인사해요</td><td>생활주제</td><td>새로운 것이 낯설어요
/ 느낄 수 있어요</td></tr>
</table>

<table>
<tr><td>활동목표</td><td colspan="3">선생님, 친구에게 인사해요.</td></tr>
<tr><td>평가상황</td><td colspan="3">하루 일과</td></tr>
<tr><td>평가유형</td><td colspan="3">사진, 일화기록</td></tr>
<tr><td>관찰장면 기록</td><td colspan="3">
수아는 교사가 가방을 챙겨주는 동안 「안녕」 노래를 중간중간 흥얼거리며 고개를 좌우로 흔든다. 신발을 다 신은 후 교사에게 손을 흔든다. 교사가 옆에 있던 가연이를 보며 “가연이에게도 ‘안녕’ 하고 인사해 줄까?” 하자 수아는 다시 손을 들어 가연이를 향해 손을 흔든다. 교사는 “수아야, 선생님하고 다시 인사하고 갈까?” 하고 말하자 교사에게 다시 손을 흔들며 고개를 살짝 끄덕인다.</td></tr>
<tr><td>루브릭</td><td>1수준</td><td>2수준</td><td>3수준</td></tr>
<tr><td>선생님께 인사해요</td><td>선생님에게 인사하는 것에 관심이 없다.</td><td>선생님의 권유로 선생님에게 인사를 한다.</td><td>스스로 선생님에게 반갑게 인사를 한다.</td></tr>
<tr><td>친구에게 인사해요</td><td>친구에게 인사하는 것에 관심이 없다.</td><td>선생님의 권유로 친구에게 인사를 한다.</td><td>스스로 친구에게 인사를 한다.</td></tr>
<tr><td>교사 견해</td><td colspan="3">2수준: 선생님의 권유로 선생님에게 인사를 한다.
2수준: 선생님의 권유로 친구에게 인사를 한다.</td></tr>
<tr><td>부모평가</td><td colspan="3">요즘은 수아가 선생님과 친구들에게 손 흔들며 인사를 잘하는 것 같아요. 밖에서 모르는 사람들에게도 빠빠이 해 주는 모습을 보여요.</td></tr>
</table>

(4) 의사소통

활동 영역	의사소통	평가 관점	쓰기 – 끼적이기에 관심을 가진다.	평가 시기	2○○○년 ○○월 ○○일
활동명	쓰기 도구로 끼적여요			생활주제	느낄 수 있어요

활동목표	쓰기 도구를 잡고 끼적이기를 한다.		
평가상황	실내 자유선택활동		
평가유형	사진, 일화기록		
관찰장면 기록	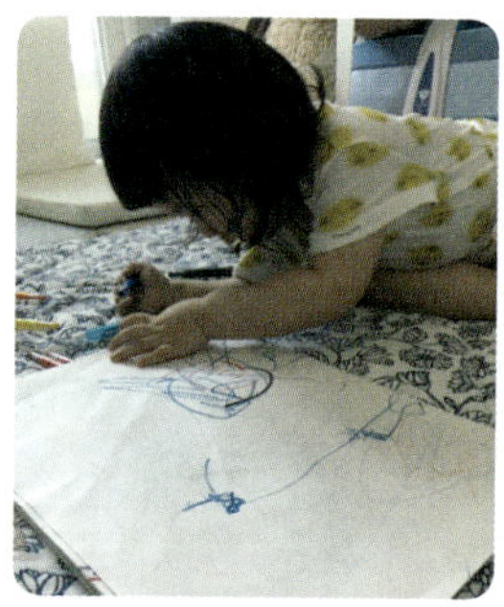 수아는 교사가 종이를 보여 주며 “이건 뭘까요?” 하고 말하자 교사가 들고 있는 종이를 쳐다본다. 교사는 “수아야, 이 종이에다 끼적여 볼까?”라고 말하며 종이를 건넨다. 수아는 파란색 색연필을 집어 들고 끼적이기를 한다.		
루브릭	1수준	2수준	3수준
종이에 끼적여요	종이에 끼적이는 것에 관심이 없다.	교사의 도움을 받아 종이에 끼적인다.	스스로 종이에 끼적인다.
교사 견해	2수준: 교사의 도움을 받아 종이에 끼적인다.		
부모평가	색연필을 거꾸로 잡고 그림을 그리는 경우가 많았는데 이제 제법 제대로 쥐고 그릴 수 있게 되었네요.		

(5) 자연탐구

활동 영역	자연탐구	평가 관점	과학적 탐구하기 – 탐색 시도하기	평가 시기	20○○년 ○○월 ○○일
활동명	향기 나는 꽃을 찾아요			생활주제	느낄 수 있어요

활동목표	주변과 사물에 대해 의도적인 탐색을 시도한다.		
평가상황	실외 자유선택활동		
평가유형	사진, 일화기록		
관찰장면 기록	 실외활동에서 수아는 바닥에 털썩 앉는다. 교사가 "수아야, 수아 뭐 보고 있어요?"라고 물으며 수아 옆에 앉는다. 수아가 분홍색 꽃을 가리킨다. "우리 예쁜 꽃한테 안녕~ 해 볼까?"라고 말한다. 수아는 꽃을 쳐다보며 손을 흔들고 꽃을 꺾으려고 한다. 교사가 "수아야, 꽃을 꺽지 말고 우리 눈으로만 보자."라고 말하자 꽃을 보기만 한다.		
루브릭	1수준	2수준	3수준
주변의 사물에 대해 의도적인 탐색을 시도한다.	주변의 사물에 대해 의도적인 탐색을 시도하는 것에 관심을 가지지 않는다.	교사의 도움을 받아 주변의 사물에 대해 의도적인 탐색을 시도한다.	스스로 주변의 사물에 대해 의도적인 탐색을 시도한다.
교사 견해	2수준: 교사의 도움을 받아 주변의 사물에 대해 의도적인 탐색을 시도한다.		
부모평가	지나다가 꽃을 보며 "꽃, 안녕" 하며 꼭 아는 척을 한답니다. 꺽고 싶어 하지만 꽃이 아프다고 말해 주면 살살 만지며 꽃을 토닥여 준답니다.		

(6) 예술경험

활동 영역	예술경험	평가 관점	예술적 표현하기 – 악기 탐색하기	평가 시기	20○○년 ○○월 ○○일
활동명	악기를 탐색해요			생활주제	나는 할 수 있어요

활동목표	다양한 악기를 탐색할 수 있다.		
평가상황	실내 자유선택활동		
평가유형	사진, 일화기록		
관찰장면 기록		수아는 음률영역에서 두 개의 작은 북을 가지고 와서 자리에 앉는다. “수아야, 북 어떻게 해 보고 싶어요?” 하고 교사가 말하자 수아는 손바닥으로 한 번 두드린다. “무슨 소리 나요?” 하고 묻자 수아는 손바닥으로 두 번 더 두드린 후 “이렇게 하면 소리 나.”라고 말한다.	
루브릭	1수준	2수준	3수준
다양한 악기를 탐색할 수 있다.	악기를 탐색하는 것에 관심을 보이지 않는다.	교사의 권유로 악기 탐색을 시도한다.	스스로 다양한 악기를 탐색한다.
교사 견해	2수준: 교사의 권유로 악기 탐색을 시도한다.		
부모평가	요즘은 집에서도 뭐든 두드리기를 좋아합니다. 어린이집에 있는 북은 너무 예뻐서 수아가 더 좋아할 것 같아요.		

2) 유아 포트폴리오

(1) 신체운동

활동 영역	신체운동	평가 관점	신체활동 즐기기 – 신체를 인식하고 움직인다.	평가 시기	20○○년 ○○월 ○○일
활동명	블록 길 위를 지나가요			생활주제	우리 동네

활동목표	블록으로 길을 구성하고 신체를 조절하여 건너 본다.		
평가상황	실내 자유선택활동		
평가유형	사진, 일화기록		
관찰장면 기록	 수아는 채민이에게 "우리 같이 만들래?" 하고 말하며 함께 길 만들기를 시도한다. "더 넓게 만들어야겠다." 하고 말하며 종이벽돌블록을 나열한다. 길을 다 만든 후 길 위를 한 번 걸어 본다. 이후 길마다 이름을 지어 주고 "여기는 자동차들이 사는 길이야, 여기는 기찻길이고, 여기는 주차장이에요."라고 이야기한다.		
루브릭	1수준	2수준	3수준
블록으로 길을 구성하고 신체를 조절하여 건너본다.	블록으로 길을 구성하고 건너 보는 신체활동에 관심이 없다.	블록으로 길을 구성하고 교사의 도움을 받아 신체를 조절하며 건너기를 시도한다.	스스로 길을 구성하고 신체를 조절하여 블록 길을 건넌다.
교사 견해	3수준: 수아는 길 구성하는 것에 조금 더 흥미를 느낍니다. 다 만든 후에는 양팔을 살짝 벌려 신체의 균형을 잡으려 하며, 블록 위를 건너는 모습을 보입니다.		
부모평가	요즘 수아는 집에서도 블록놀이를 너무 좋아해요~		

(2) 의사소통

활동 영역	의사소통	평가 관점	읽기와 쓰기에 관심 가지기 – 말과 글의 관계에 관심을 가진다.	평가 시기	20○○년 ○○월 ○○일
활동명	다양한 쓰기도구로 내 이름을 써요			생활주제	가을

활동목표	다양한 쓰기 도구로 내 이름 글자 쓰기 활동에 관심을 보인다.		
평가상황	실내 자유선택활동		
평가유형	사진, 일화기록		
관찰장면 기록	 수아는 이름 써 보기 활동에 관심을 보이며 다가와 "나도 하고 싶어요."라고 말한다. 색연필을 이용하여 '오수아' 이름 쓰기를 시작한다. 종이의 오른쪽부터 '수' 자를 쓰고 옆에 '아'를 쓰고 "오수아 다 썼어요." 한다. "교사가 '오'는 왜 안 썼을까?"라고 말하자 "오는 쓰기 싫어요"라고 말한다.		
루브릭	1수준	2수준	3수준
다양한 쓰기도구로 내 이름 글자 쓰기 활동에 관심을 보인다.	다양한 쓰기도구를 활용한 내 이름 쓰기 활동에 관심을 보이지 않는다.	교사의 도움을 받으면 내 이름 글자 쓰기에 관심을 보인다.	스스로 내 이름 글자 쓰기에 흥미를 보이며 다양한 쓰기도구를 이용하여 자유롭게 쓰기활동을 한다.
교사 견해	3수준: 스스로 쓰기활동과 도구에 관심을 갖고 이름 끼적이기를 하며, 쓰기를 시도한 이름의 형태가 뚜렷하게 나타납니다.		
부모평가	우리 수아가 이름도 쓸 줄 아는 것이 신기하네요. 그런데 글씨를 항상 종이의 오른쪽부터 쓰네요.		

(3) 사회관계

활동 영역	사회관계	평가 관점	더불어 생활하기 – 친구와 서로 도우며 사이좋게 지낸다.	평가 시기	20○○년 ○○월 ○○일
활동명	친구와 함께 놀이해요			생활주제	어린이집과 친구

활동목표	친구와 함께 놀이하며 의견의 차이를 수용한다.		
평가상황	실내 자유선택활동		
평가유형	사진, 일화기록		
관찰장면 기록	 수아는 친구들과 함께 병원놀이를 시작한다. 분홍색 안경을 끼고 청진기를 목에 건 수아는 민지에게 "어디 아파요? 배 아파요?" 하며 청진기를 배를 진찰하려고 하자 민지는 "아니, 난 머리가 아픈데~"라고 말한다. 수아는 다시 "머리가 아파요?" 하더니 청진기를 이마에 대고 "많이 아픈 것 같은데 약을 줄게요." 한다. 민지는 다시 "이제 안 아파요." 하자 수아는 "안 아파요? 그러면 다음에 아플 때 또 오세요."라고 말한다.		
루브릭	1수준	2수준	3수준
또래와 함께 놀이하며 의견의 차이를 수용한다.	혼자 놀이하는 시간이 많거나 친구와 함께하는 놀이에 관심을 보이지 않는다.	또래와 함께 놀이하는 편이나 의견이 다를 때는 자신의 생각을 고집한다.	또래와 함께 놀이하는 것을 즐기며, 의견이 다를 때 차이를 인정한다.
교사 견해	3수준: 또래와 함께 놀이하는 것을 즐기며, 의견이 다를 때 차이를 인정하려는 모습이 보입니다.		
부모평가	친구들과 놀이하는 게 재미있는 수아~~ 친구와 의견이 다를 때 인정하려는 모습을 보인다니 수아가 많이 성장한 것을 느낍니다.		

(4) 예술경험

활동 영역	예술경험	평가 관점	예술적 표현하기 – 창의적으로 표현하기	평가 시기	20○○년 ○○월 ○○일
활동명	손바닥으로 만든 나무			생활주제	여름

활동목표	손바닥과 물감을 이용하여 자유롭게 찍기 활동을 할 수 있다.		
평가상황	실내 자유선택활동		
평가유형	사진, 일화기록		
관찰장면 기록	 수아는 "선생님, 나는 노랑이랑 빨강으로 하고 싶어요"라고 말한다. 교사는 접시에 노란색과 빨간색 물감을 덜어 준다. 수아는 한 손은 노란색, 한 손은 빨간색 물감을 묻혀서 손바닥을 찍는다. 그러다가 두 가지 색이 섞이자 "아! 노랑에 빨강이 묻었다. 어떻게 해요?" 하고 말하며 교사를 쳐다본다. 교사는 "괜찮아. 수아가 하고 싶은 만큼 하고 씻으면 돼." 하자 수아는 손바닥 찍기를 계속한다.		
루브릭	1수준	2수준	3수준
손바닥과 물감을 이용하여 자유롭게 찍기 활동을 할 수 있다.	물감을 이용한 찍기 활동에 흥미를 보이지 않는다.	교사의 권유로 물감을 이용한 찍기 활동을 시도한다.	스스로 물감을 이용한 찍기 활동에 참여한다.
교사 견해	2수준: 교사의 권유로 물감을 이용한 찍기 활동을 시도한다.		
부모평가	수아가 좋아하는 미술활동~ 즐거워 보여서 좋네요.		

(5) 자연탐구

활동 영역	자연탐구	평가 관점	생활 속에서 탐구하기 – 물체의 특성과 변화를 여러 가지 방법으로 탐색한다.	평가 시기	20○○년 ○○월 ○○일
활동명	자석에 붙는 물건, 붙지 않는 물건			생활주제	가을

활동목표	자석의 특성에 관심을 갖고 붙는 물건과 붙지 않는 물건을 알아본다.		
평가상황	실내 자유선택활동		
평가유형	사진, 일화기록		
관찰장면 기록	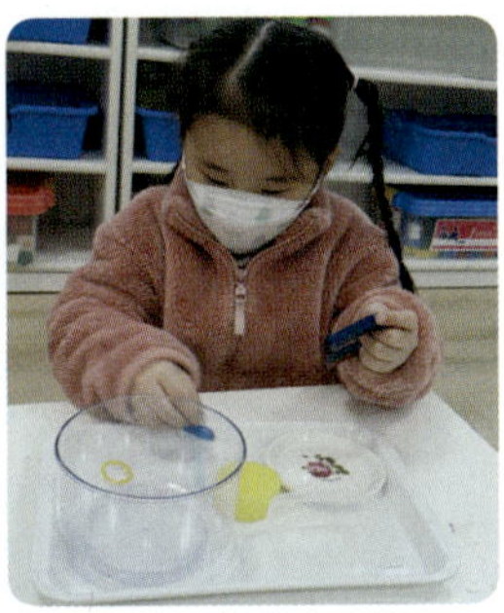 자석에 대해 이야기 나누고 자석에 붙는 물건과 붙지 않는 물건을 찾아보기로 한다. 수아는 클립에 붙여 보며 "붙어요!" 하고 외친다. 이후 스펀지와 고무줄에 붙여 보며 "안 붙어요."라고고 말하더니, 집게에 자석을 붙여 보고 "선생님, 이것도 붙어요" 하고 말하며 집게의 쇠 부분에도 자석을 붙였다 떼었다를 반복한다.		
루브릭	1수준	2수준	3수준
자석의 특성에 관심을 갖고 붙는 물건과 붙지 않는 물건을 알아본다.	자석의 특성에 관심을 보이지 않는다.	교사의 권유로 자석의 특성에 관심을 갖고 붙는 물건과 붙지 않는 물건 찾아보기를 시도한다.	자석의 특성에 관심을 갖고 자발적으로 붙는 물건과 붙지 않는 물건을 알아본다.
교사 견해	3수준: 자석의 특성에 관심을 갖고 자발적으로 붙는 물건과 붙지 않는 물건을 찾기를 즐겨합니다.		
부모평가	우리 수아가 여러 가지 경험을 할 수 있게 해 주셔서 감사합니다.		

CHAPTER

8 아동 행동연구

학습목표 영유아 관찰분석 자료를 통해 영유아의 행동특성과 문제 발생의 이유를 판단할 수 있다.

- 영유아 행동연구 방법 대한 이해
- 모든 자료를 종합하고 분석하여 영유아의 행동을 판단하는 능력
- 연구윤리를 준수하며 영유아를 존중하는 태도

1. 행동연구의 방법

아동의 행동연구는 아동의 행동과 관련된 분야를 관찰하고 평가하여 아동의 발달적 특성이나 개인차를 밝혀 이를 통해 아동에 대한 이해를 증진하고, 교육기관이나 가족관계 속에서 잘 적응할 수 있도록 돕기 위한 활동이다. 아동 행동연구에서는 영유아 발달의 개인차를 밝히고, 영유아의 발달에 영향을 미칠 수 있는 개인차를 규명하는 것이 중요하다. 따라서 영유아의 개인차를 밝히기 위한 외모, 키, 정서적 반응, 적성이나 흥미, 성취동기, 개인의 기질이나 인성 등 발달 상황을 이해하여 특정 행동의 개인차 발생 요인을 알아내야 한다. 특히, 부모의 양육 태도, 가정의 사회경제적 수준 영유아교육기관의 분위기, 교사의 놀이지원방법 등은 영유아의 개인차를 유발하게 하는 요인이 될 수 있다. 아동 행동연구에 주로 사용되는 연구방법으로는 조사연구, 실험연구, 사례연구방법이 있으며, 연구방법을 살펴보면 다음과 같다.

1) 조사연구

조사연구는 원인과 결과를 분석하기보다는 현재 집단의 구체적 특성을 알아보기 위한 목적을 지니고 있다. 조사연구는 실험연구와 대조적으로 연구자가 표집한 표본집단에 질문지나 표준화된 면접 혹은 전화면접 등을 실시하여 정보를 수집하고 그 결과를 바탕으로 더 큰 모집단에 대한 타당한 결론을 추론하는 연구방법이다. 다시 말하면, 조사연구는 특별한 조작을 가하지 않고 관심 갖는 변인들에 대한 자료를 수집하고 각 변인들 사이의 관계를 연구하기 때문에 특정 행동의 발생률을 확인하고 개인의 특성이나 경향을 찾아내는 데 적합하다(장휘숙 외, 2005). 조사연구는 동일한 유형의 자료를 수집해 분석하고 결론을 내려야 하기 때문에 모든 연구대상자에게 동일한 도구를 사용해야 한다. 또한, 조사연구 도구는 통계에 용이하도록 수량화할 수 있어야 한다. 조사연구는 우편이나 전화, 직접 방문을 통해 동일한 질문을 하고 답을 하는 방식으로 처리하며, 조사연구 유형으로는 질문지법,

면접법이 있다.

질문지법은 개인의 감정, 동기, 과거의 행동이나 사적 행위에 관한 정보를 얻기 위해 흔히 사용한다. 대체적으로 고정된 질문으로 구성된 이 방법은 한꺼번에 많은 피조사자들을 대상으로 할 수 있어 경제적이고, 익명성이 보장되므로 사적인 내용도 포함되며, 응답이 체계적으로 분류될 수 있다는 장점이 있다. 그러나 질문지법은 문자해독능력이 없는 사람이나 취학 전 아동에게는 사용될 수 없는 단점이 있다. 질문지는 구조화된 질문과 비구조화된 질문이 있으며, 구조화된 질문은 응답의 범주가 분명하고 교육 수준이 낮은 연구 대상에 사용될 수 있고, 우편을 통한 자료 수집에도 적합하다. 비구조화된 질문은 응답이 소수의 몇 개 범주로 나누기 어려운 정확하고 자세한 정보를 수집할 때 사용된다. 질문지법의 수집방법으로는 동일한 설문지를 우편으로 발송하는 우편조사와 인터넷이나 전자우편을 이용한 전자설문조사가 있다.

면접법은 피조사와의 면접을 통해 자료를 수집하는 방법으로 개인에 대한 많은 정보를 알고 싶을 때 유용하게 사용된다. 상황에 따라 면접자의 질문이 달라질 수 있는 융통성이 있으며, 비언어적 행동까지 관찰하며, 응답의 타당성을 높일 수 있다. 문자이해능력이 적은 영유아에게도 가능하며, 모호한 응답이나 모르는 질문은 추가 질문을 통해서 명확히 할 수 있다. 비구조화된 면접은 연구대상자의 주관적인 생각과 느낌까지도 알아낼 수 있다. 최근에는 자료 수집 과정이 매우 빠르고 경제적인 전화면접이 많이 사용된다.

조사연구의 장점은 구조화된 질문들이 간단하고 응답의 형태가 미리 결정되어 있어 관리하기가 쉽고 비교적 신뢰성 있는 결과를 얻을 수 있으며, 자료의 코딩과 분석 및 해석이 상대적으로 용이하다. 그러나 질문이나 응답에서 나타나는 동일한 문자의 내용이 응답자마다 다르게 해석될 수 있고, 응답자가 솔직하게 응답하지 않을 때는 정확한 결과를 얻기 어려운 단점이 있다(장휘숙 외, 2005). 조사연구는 동일한 질문을 통해 많은 자료를 손쉽게 얻을 수 있고 응답결과에 대한 통계 처리가 손쉽기 때문에 효과적인 연구방법으로 많이 사용된다.

2) 실험연구

실험연구는 실험을 사용하는 연구를 말하며, 연구자가 연구 목적에 따라 조작하는 변인인 독립변인과 독립변인에 의해 영향을 받는 종속변인의 관계를 밝히는 연구방법이다. 즉, 실험실 내에서 아동 환경의 어떤 측면, 즉 독립 변인을 체계적으로 조작 또는 변화시켜 아동 행동의 특정 측면 즉 종속 변인의 변화를 밝힘으로써 원인-결과 관계를 증명하는 것이다. 실험법은 외적 변수를 통제할 수 있으므로 인과 관계를 밝힐 수 있는 가장 적합한 연구법이라 할 수 있다. 연구 목적에 따라 실험 집단(experimental group)과 통제 집단(control group)을 구분하여 독립 변수의 영향을 밝힐 수 있다. 예를 들어, 아동의 TV 시청과 공격성과의 관계에서 실험 집단과 통제 집단을 나누어 실험 집단의 양을 비교할 수 있다. 그 결과, 연구자는 폭력적인 TV 프로그램의 시청은 아동의 공격적 행동의 원인이 된다고 주장할 수 있는데 이것이 실험법이다. 실험연구는 실험연구 장소에 따라 실험실 실험연구와 현장 실험연구로 나눌 수 있다. 독립변인에 조작을 가하기 위해 외적변수를 통제한다는 점은 두 연구 모두 같으나 실험실 연구는 실험실에서, 현장연구는 자연 상황에서 실행한다는 점에서 다르다. 실험연구는 아동 행동의 원인과 문제를 찾아내고 그에 따른 처방을 파악할 수 있다는 점에서 효과적인 연구방법이다.

실험연구는 사전검사와 사후검사, 즉 검사를 두 번 실시하므로 검사에 대한 기억이나 검사에 대한 지식이 발생할 수 있기 때문에 이러한 문제점을 제거하기 위해 두 집단 비교를 실시할 수 있다. 한 집단에는 처치를 가하지 않고 다른 집단에는 처치를 가한 후 두 집단 간에 차이가 있는지를 비교하는 것이다. 이때 처치를 가하지 않은 집단을 통제집단이라고 하고 처치를 가한 집단을 실험집단이라고 한다(성태제 외, 2010). 예를 들어, TV 폭력물 시청(독립변인)이 아동의 공격적 행동(종속변인)의 원인이 되는지를 알아보고자 할 때, 실험집단 아동들은 의도적으로 폭력물에 노출시키고, 통제집단 아동들은 폭력적 내용이 없는 프로그램을 시청하게 한 후 두 집단 간의 공격성을 비교하는 것이다. 실험연구를 할 때 연구자는 연구결과의 타당도를 낮출 수 있는 예측하지 못한 피험자 변인이나 제3의 변인을 주의 깊게 통제해야만 한다. 이는 아동의 특성이 실험집단과 통제집단에 골고루 배정되도록 하는 무선 배치를 통해서 해결할 수 있다. TV 폭력물 시청이 아동의 공격적 행동의 원인이 되는지를 알아보고자 할 때 공격성이 높은 아동과 낮은 아동을 똑같이 짝지어 각 처치 조건에 무선 배치함으로써 연구 결과의 타당도를 높일 수 있다(강문희 외, 2004).

실험연구는 실험에 동원되는 집단의 수나 검사 실시 횟수에 따라 다양한 설계를 할 수 있는데 가장 자주 채택되는 통제집단 사전 사후 검사설계의 연구 절차를 간략히 소개하면 다음과 같다(이성진, 1996, 강문희 외, 2004, 재인용).

첫째, 가능한 한 무작위적으로 피험자를 표집한다.

둘째, 피험자를 실험집단과 통제집단에 무선적으로 배치한다.

셋째, 실험집단과 통제집단에 각각 사전검사를 실시한다.

넷째, 실험집단에 실험처치를 가하고, 통제집단에는 실험처치를 주지 않는다. 이밖의 모든 조건에서는 두 집단이 동일하도록 조건을 통제한다.

다섯째, 실험처치를 끝낸 후 실험집단과 통제집단에 각각 사후검사를 실시한다.

여섯째, 적합한 통계적 방법을 사용하여 두 집단을 비교하면서 실험처치의 효과를 평가한다.

실험연구의 타당성은 내적타당도와 외적타당도로 나눌 수 있다. 내적타당도는 수집된 표본자료를 통해 인과성이 확인되는가에 관한 것이며, 외적타당도는 표본자료 결과들이 모집단에서 일반화될 수 있는지를 나타내는 것이다. 실험연구의 타당성은 외적타당도와 내적타당도를 저해하는 요인에 따라 영향을 받을 수 있다. 내적타당도를 저해하는 요인으로는 연구대상자의 중간 탈락이나 성숙, 측정도구의 변동, 선택적 주의 집중이 있다. 외적타당도를 를 저해하는 요인으로는 사전 검사 효과, 실험처치 효과, 중다처치간섭효과가 있다.

실험연구의 장점은 실험변인을 조작함으로서 변인들의 인과관계를 명확하게 규명할 수 있으며, 같은 실험 조건을 다르게 반복 실시하여 보다 정확한 결과를 얻을 수 있다. 실험연구의 단점은 결과를 변인의 처치와 조작 가능한 경우에만 연구를 실시할 수가 있어 자연스러운 상황에 적용하는 데 한계가 있으며, 일반화하는 데 무리가 있다. 또한, 편견이나 오류 없이 정확한 관찰이나 측정이 가능한 도구가 존재하는지에 대한 문제가 있을 수 있다(서현아 외, 2019).

3) 사례연구

사례연구는 연구자가 아동의 경험영역으로 들어가 관찰을 통해 정보를 수집하고 질문하면서 종합적으로 해석하는 질적연구방법이다. 사례연구는 아동의 행동이 얼마나 자주 발생하며, 어떻게 평가할 수 있는지에 관한 문제를 해결하는 실험연구와는 달리 아동의 문제가 발생하는 원인이나 관계, 상황에 대한 질적인 문제를 연구하는 연구방법이다. 따라서 사례연구는 연구자의 자료수집에 대한 정리와 해석하는 과정이 중요하며, 연구대상자인 아동과 라포를 형성할 수 있어야 한다. 최근 질적인 연구가 많아지면서 사례연구가 질적 연구로 전환되고 있다. 즉, 개인에게 일어난 사건을 맥락 속에서 이해할 뿐 아니라 총체적인 개인으로서 접근하는 것이다.

사례연구에서 주로 사용하는 연구방법으로는 관찰과 면접이 있으며, 관찰은 자연 상황에서 관찰하는 자연관찰과 인위적인 상황에서 관찰하는 통제관찰로 나눌 수 있다. 면접은 질문 내용은 정해져 있으나 언어는 고정되지 않은 비구조화된 면접과 질문이 표준화되어 있어 응답이 쉽게 부호화되어 자료의 타당성이 높은 구조화된 면접이 있다. 관찰은 자연 상황에서 자연 발생적으로 일어나는 아동 행동을 관찰하여 기록하는 방법으로, 의사 전달의 능력이 미숙한 아동의 연구에 유용한 방법이다. 자연 상황에서 아동의 매일매일 생활을 기록하며 분석하는 관찰법은 모든 행동을 관찰할 수 없는 한계점과 관찰자의 편견이 개입될 수 있다는 단점이 있다. 그러나 최근에는 비디오 등 기구의 발달로 정확한 관찰 기법이 도입되고 있다. 관찰은 조직적 관찰과 비조직 관찰로 나눌 수 있다. 조직적인 관찰은 인위적인 실험실에서 실행하는 연구를 들 수 있으며, 비조직적인 관찰은 아동의 놀이실에서 실행하는 놀이 연구를 들 수 있다. 실험실에서 표준화된 척도를 사용하여 관찰하면 조직적이면서 통제관찰이 되는 것이다. 관찰법은 비언어적 행동까지 관찰할 수 있다는 것이 가장 큰 장점이나 관찰하고자 하는 행동이 일어나기를 기다려야 하고, 자연 상황에서의 관찰은 외적 변수를 통제할 수 없다는 단점이 있다. 사례연구는 연구의 목적에 따라 분류할 수 있으며, 본질적 사례연구, 수단적 사례연구, 집단적 사례연구로 나눌 수 있다. 본질적 사례연구는 연구자가 대상에 대해 본질적인 흥미에 따라 시행하는 연구를 말하며, 수단적 사례연구는 쟁점을 해결하거나 이론을 정립하기 위한 목적으로 하는 연구이다. 집단적 사례연구는 일반적 상태나 모집단의 형상을 파악하고자 할 때 사용하는 연구이다(서현아 외, 2019).

사례연구의 장점은 아동 행동의 복잡성을 이해할 수 있도록 해 주며, 아동의 발달과 욕구 상태, 문제행동을 인식할 수 있도록 도우므로 연구대상이 되는 아동뿐만 아니라 일반적인 아동을 이해할 수 있도록 돕는 역할을 한다. 사례연구의 단점은 광범위한 자료를 수집하고 분석해야 하므로 시간과 노력이 많이 소요되어 해당 아동에게 즉시 도움을 줄 수 없다는 점이다. 또한, 통계적으로 신뢰도가 계산될 수 없으며, 타당도를 확인하기가 어렵다(장휘숙 외, 2005).

영유아의 행동연구는 영유아의 발달 상황에 따른 행동을 이해하고, 이에 대한 처방을 할 수 있기 때문에 영유아의 행동 문제나 원인을 파악하기에 적절한 연구방법이다. 그러나 아무리 좋은 연구라 할지라도 영유아를 연구할 때는 영유아의 심리적 · 신체적으로 해가 되거나, 부당한 행동이 강요되지 않도록 유의해야 한다. 아동행동 연구에서의 유의할 점을 정리하면 다음과 같다(강문희 외, 2004).

첫째, 영유아의 연령에 따른 발달적 특성을 정확하게 기술해야 한다. 어떤 현상을 기술한다는 것은 그 현상에 관련된 변인들을 발견해 내고, 그 변인들의 관련된 정도를 결정하기 위해 현상을 정확하게 투사하는 과정이 담겨야 한다. 예를 들어, 5세 유아의 공격적 행동을 설명하고자 할 때, 먼저 유아의 친사회적 행동과 관련된 여러 변인인 유아의 사회적 성숙도, 유아와 또래의 상호작용 등을 자세히 기술하는 것에서부터 시작해야 한다.

둘째, 현상을 설명(說明)한다. 어떤 현상에 대해서 왜 그와 같은 현상이 생기게 되었고, 그 원인은 무엇인가에 대해 설명하는 것이다. 현상에 대해 그 발생 이유와 원인을 밝히려면 그 현상을 일으키게 한 결정 요소나 선행 조건을 찾아내야 한다. 예를 들어, 5세 유아가 공격적 행동을 보여 준 원인을 설명하려면 먼저 공격적 행동에 대한 충분하고 정확한 기술에 이어 공격적 행동을 발생시킨 선행 요건 또는 결정 요소가 확인되어야 한다.

셋째, 예언(豫言)한다. 예언은 어떤 사건이 실제로 일어나기 전에 예측을 시도하는 것이다. 앞의 유아의 공격적 행동을 발생시키는 데 관련된 주요 변인들을 정확히 안다면, 유아기의 어떤 특성을 가진 유아가 어떤 상황에서 어떤 방식으로 공격적 행동을 보여 줄 것인지를 예언할 수 있다.

넷째, 통제(統制)한다. 통제는 어떤 현상의 결정 요소를 발생시키거나 또는 미리 제거함으로써 그 현상의 발생 여부를 인위적으로 조작하려는 것이다. 공격적 행동 자체를 통제하는 것이 아니라 공격적 행동을 유발하는 선행 조건들을 통제함으로써 바람직한 행동이 발생 되도록 조작하는 것이다.

다음은 〈표 8-1〉은 아동 행동연구 방법의 특성과 장단점에 대한 관한 내용이다.

〈표 8-1〉 아동 행동연구 방법의 특성과 장단점

연구방법	특성	장점	단점
자연적 관찰	자연적 환경에서 일어나는 행동을 관찰함	아동의 일상생활과 경험에 적용 가능	관찰조건 통제 곤란하며, 모든 아동의 조건이 동일하지 않음. 비교행동은 자연관찰 강조
구조화된 관찰	관찰대상 행동을 실험실 상황에서 유발시키고 기록함	모든 아동에게 표준화된 관찰상황 제공	실험실에서 관찰된 행동과 아동의 일상생활에서의 행동이 다를 수 있음. 행동주의와 사회인지 이론은 실험실 관찰을 강조함
임상적 면접	연구대상 아동의 사고에 관해 심도 깊은 자료를 얻을 수 있는 융통적이고 개방적인 질문	개별 경험이나 사건에 대한 아동의 지각, 사고, 감정을 알 수 있고 제한된 시간 내에 폭넓고 깊이 있는 정보 수집 가능	아동이 선택적이고 왜곡된 방식으로 반응할 수 있음

연구방법	특성	장점	단점
검사법	표준화된 검사를 실시하여 아동의 심리적 특성을 측정하는 방법	아동의 심리적 특성을 정확하게 수량화하여 파악 가능	표준화 과정에서 신뢰도, 타당도가 낮을 경우와 표집과정에서의 편파로 인해 자료해석 시 신중함이 요구됨
실험연구	연구자가 독립변인을 조작하여 종속변인에 미치는 효과를 알아보는 방법으로, 피험자를 처치조건에 무선 배치해야 함	변인들 간의 인과관계 파악 가능	실험 시 연구에서 얻은 결과를 실생활 장면에서 일반화하는 데 한계가 있음. 행동주의자 및 인지이론가, 정보처리 이론가들이 선호하는 방법

출처: 강문희 외(2004); 조복희(2008).

2. 행동연구의 활용

1) 사례연구의 관찰

사례연구는 연구대상의 문제행동, 내면의 욕구, 행동의 복잡성 등과 같은 심층적인 부분을 이해하고 인식할 수 있도록 한다. 따라서 사례연구는 연구대상에 대한 객관적 관찰과 활용이 중요하며, 이에 관한 자료 분석이 요구된다. 다음은 사례연구에서 관찰을 활용하여 분석한 사례이다(이수남 · 오연주, 2001).

(1) 사례의 관찰

유아의 생활맥락을 고려하지 않고는 유아에 대한 이해를 할 수 없다. 맥락 내에서 유아에 대한 이해를 얻고자 연구자는 오랜 시간을 유아들과 같이하며 놀이상황 속에서 이루어지는 유아의 행동과 경험을 이해하기 위해 사정이 허락하는 범위 내에서 가능한 한 오랜 시간을 유치원에 머무르며 관찰을 진행하였다. 또한, 유아가 그들의 매일매일의 상황 속에서 취하는 행동, 즉 문화적 환경에서 구성하는 행동의 의미를 이해하기 위해 연구자 자신도 유아와 같이 상황에 몰입하는 자세를 지향하며 관찰하였다. 그러나 여기서 몰입이란 유아와 같이 동일한 상황에 참여하는 의미가 아닌, 상상 속에서 유아의 친구가 되어 유아의 시각으로 세계를 보려 노력하는 것을 의미한다. 우리가 나이를 거꾸로 먹을 수 없는 것과 같이 우리의 눈을 유아의 눈높이로 낮추는 것은 매우 어려운 일일 것이다. 하지만 평상시 이러한 노력이 결여된 상태에서 보는 유아의 세계와, 지향하는 방향에서 보는 유아의 세계는 사뭇 다른 점이 매우 많았다. 블록놀이 영역은 남자 유아들이 선호하는 놀이 영역 중의 하나이다. 유아는 블록놀이 영역에서 비교적 오랜 시간을 집중하여 놀이에 몰입하며, 혼자보다는 3~4명의 유아가 동시에 동일한 공간에서 언어적 유희와 공작적 만족을 얻는 형태로 진행되는 것이 일반적인 형태이다. 언어적 유희는 주로 놀이에 같이 참여하는 친구와의 대화와 혼잣말로 구성되는데, 때로는 전혀 근거가 없고 논리적이지 않은 대화를 하면서도 서로 의사소통이 이루어지는 것을 보면서 연구자의 시선이 아직 유아의 눈높이에 접근하지 못했음을 느끼게 되었다. 유아들의 블록놀이 관찰을 연구대상자인 철희, 문수, 희철, 현진, 준규 등을 중심으로 블록놀이의 시작, 진행 및 마무리 순서로 기술하였다.

❶ 블록놀이의 시작

문수를 중심으로 블록놀이가 시작되었다. 문수는 아이들에게 인기가 많은 유아이다. 연구대상자인 철희는 머뭇거리며 놀이에 참여하기까지 시간이 많이 걸리고 공격적인 행동을 한다. 희철이는 놀이에서 적극적인 기재를 사용하며, 현진이는 고립해 있다. 준규는 놀이상황이 끝난 뒤에야 혼자 놀이를 즐긴다.

❷ 블록놀이의 진행

문수: 좋은 것이 왔습니다. 끼고 싶은 사람은 끼우세요. (희철, 준규에게 참여할 기회를 제공한다.)

준규: 여기 있습니다.

희철: 여기 놓아라. (희철이는 준규가 가져온 재료를 문수에게 가져다준다.)

문수: 네가 대장해라. (문수는 희철에게 대장을 권유한다.)

희철: 문수가 대장이지.

철희: 나 대장할래!
문수: 그래, 네가 대장해.
철희: 비밀기지 만들면 내가 대장 돼?
문수: 그래, 왕 대장해. 이거 비밀기지니까 재미있지?
철희: 나도 같이 살래? 왕도 같이 살아야 물리칠 수 있는 거지?

철희는 친구들이 만들어 놓은 장난감을 부수고 뺏으면서도 친구들에게 인정받고 싶어 한다. 대장이 되어서도 또래들의 놀이를 이끌지 못하고 왕 대장이 되어서도 친구들과 같이 살고 싶다며 어울리기를 요청한다.

철희의 파괴 행동에 준규는 울며 지나간다. 희철이는 크게 울부짖으며 소리친다. 철희는 큰소리치는 친구에게는 물러선다. 둥글게 모여 앉아 기찻길을 만들며 놀고 있을 때 어린 반 유아가 나타나서 기찻길을 부수며 지나간다. 유아들 모두 엎드려 블록을 감춘다. 어린 반 유아의 방해를 막아내면서 서로 뭉친다. 그러나 조금 후 철희는 어린 반 유아를 휙 밀어 버린다.

❸ 마무리

교사가 정리 시간을 알리자 문수 및 다른 유아는 치우는 일에 열중한다. 희철이는 "내일 일찍 와야지."라고 말하며 섭섭해하면서 부지런히 정리한다. 문수가 철희에게 "정리해야 돼." 하며 철희가 가진 블록을 달라고 할 때까지도 철희는 블록을 계속 가지고 다니며 치우는 시간을 거부한다.

(2) 사례 관찰 분석

연구자는 철희의 놀이활동 개입에 어려움이 있는 것으로 인식하는 것이 고정된 관념에서 기인하는 것인지 궁금했다. 무엇을 만들 것인지를 신중히 고려하는 성격일 수도 있을 것이다. 담임교사와 보조교사 및 지난해 담임을 맡았던 교사에게 철희의 놀이 개입에 대한 태도에 관한 설문조사를 실시한 결과 ① 무엇을 만들지 몰라서, ② 친한 친구가 없어서 순으로 연구자의 견해와 일치하는 결과를 얻었다.

유아는 저마다 놀이상황에 개입하는 나름의 전략이 있다. 대체물을 가지고 적극적으로 개입하는 유아, 놀이상황의 틈을 엿보다 놀이가 끝난 뒤에야 참여하는 유아, 혼자놀이를 즐기며 가끔 소극적 관심을 보이는 유아 등으로 나타난다. 블록놀이의 집단유형은 일반적인 놀이 형태와 일치하나, 반드시 단계성을 지니는 것은 아니다. 같은 연령이어도 병행놀이에만 참여하는 유아가 있고, 협동놀이에 참여하는 유아가 있고, 혼자놀이를 하는 유아도 있다. 성인의 관점에서 놀이 형태를 보기 때문에 놀이활동에 쉽게 개입하거나 협동놀이로 전개시키는 유아에게 놀이 발달의 가치를 두는 것이 올바른 것인지 생각해 본다. 혼자서 놀이를 즐기는 현진이가 정말 놀이를 즐기는 것은 아닐까? 문수는 유아들한테 인기가 높다. 그러나 문수는 대장으로 군림하기보다는 상황에 따라 놀이를 주도하는 아이를 대장으로 추대한다. 문수는 원만한 인간관계를 갖고 있으며, 무엇보다도 친구에게 놀잇감을 쉽게 양보한다. 유아와 부모가 함께하는 설문에서 "유치원에서 가장 좋아하는 친구가 누구냐?"는 질문에 문수를 선택한 유아가 가장 많았다. 좋아하는 이유는 "잘해 준다"였다. 문수는 유아들이 좋아하고 같이 놀고 싶어 하는 것을 세력으로 이용하지 않는다. 문수의 경우 많은 사람들이 좋아하는 것과 그들을 지배하는 것은 다르다는 것을 보여 준다.

철희는 아이들과 어울려 놀고 싶은 마음을 놀잇감을 부수는 행동으로 표출하였다. 언어적으로 자신을 설명하는 능력이 부족하기 때문으로 보인다. 철희는 다른 유아의 행동이나 말을 무조건적으로 모방하거나 일방적인 의사소통이 많이 나타나며, 특히 자기 것 요구하기, 확인 질문 등을 많이 사용한다. 이에 비해 문수는 타인의 의사를 인정하는 타협 제안, 제시와 설명, 설득, 규칙에 대해 일깨워 주는 언어의 사용 빈도가 높다. 어제 지낸 일을 그리는 시간에 다른 아이들은 모두 집에서 지낸 일을 그렸는데, 철희만 블록놀이 영역을 자세히 묘사했다. 아이들과의 놀이 장면을 그리지 않았고, 만들어진 모형을 그리지도 않았다. 아이들과 같이 놀고 싶은 욕구가 매우 강한 것은 아닌지 생각된다. 철희의 빼앗기에 준규는 힘없이 내주며 저항하지 않자 철희가 더 강하게 빼앗았다. 그러나 희철이는 저항을 보였다. 희철이의 저항에 철희는 빼앗기를 멈추고 던지기를 하였다. 희철이는 다시 한번 던지지 말라고 대항해 보지만 철희의 행동이 멈추지 않자 희철이도 던지기를 시작했다. 던지기는 교사가 금지하는 행동인데 대항할 수 없는 힘에 대한 투사 장면의 연출로도 보인다.

2) 문제행동 지원

(1) 영유아 문제행동의 목적

영유아의 발달 측면에서 볼 때 문제행동은 누구나 보일 수 있는 자연스러운 현상이며, 유아에게서도 나타나지만 상대적으로 주로 영아에게서 많이 나타난다. 영아는 유아에 비해 자기중심적인 성향이 강하기 때문에 원하는 물건을 갖기 위해서나 자신이 상대적으로 우위에 있음을 나타내기 위해 물거나 때리거나 밀어제치는 행동을 하게 된다. 영유아가 이러한 식의 문제행동을 보인다면 관찰자는 공격적 성향이 나타나는 사건에 초점을 맞추어 왜 이 행동을 하는지에 대한 이해를 추구하여 문제행동이 사용되는 목적이 무엇인지, 어떤 사건이 문제행동을 일어나게 했는지 대해 살펴보고 문제행동에 대한 지원을 해야 한다. 영유아의 문제행동에 대한 상황과 의도를 분석하는 것은 쉬운 일이 아니다. 영유아의 기분이나 사회인지 결함, 유전적인 요인, 가정의 문제 등 다양한 이유로 문제행동이 발생할 수 있기 때문이다. 다음은 문제행동의 목적이다.

〈표 8-2〉 문제행동의 목적

기능	목적
관심 끌기	타인의 관심을 끌기 위한 문제행동
회피	하기 싫거나 할 줄 모르는 활동을 회피하기 위한 행동
원하는 것 얻기	구체적인 사물을 얻기 위한 문제행동
무료함	무료함으로 인해 습관적으로 일어나는 문제행동

출처: 조윤경 외(2010).

(2) 영유아 문제행동의 지원

영유아의 문제행동이 발생했을 때 교사는 문제행동에 대해 긍정적 행동 지원을 통해 상호작용할 수 있다. 예를 들어, 유아가 문제행동을 하다가 조금이라도 친사회적인 행동을 하면 교사는 격려를 함으로써 행동을 강화할 수 있다. 이같이 교사의 언어적인 지원이나 비언어적인 지원(미소, 끄덕임)을 통해 영유아의 문제행동을 지원할 수 있다. 다음은 영유아의 문제행동과 상호작용을 통한 행동지원을 보여 주는 예시이다.

〈표 8-3〉 문제행동과 행동지원의 예시

문제행동	행동지원
빈번하게 돌아다니는 경우	"○○아~ 우리 친구들이 무슨 놀이를 하고 있나 같이 가 볼까? (다른 유아들의 놀이를 보며) 우와, 재미있겠다. ○○이도 같이 해 볼래?"
친구가 만들어 놓은 것마다 부수는 경우	"(단순한 재미로 다른 유아들이 만든 것을 부수는 경우) ○○아, 친구가 만들기 한 것을 부숴서 속상하다고 하네~ ○○도 친구가 그렇게 하면 기분이 어떨까?"
친구를 자주 때리거나 깨무는 경우	"(유아가 다른 유아와 갈등이 발생한 경우)○○아, 다른 친구들이 ○○이를 때리면 기분이 어떨까? ○○이도 이렇게 물면 많이 아플 거야~ 이제부터는 친구에게 말로 해 줄 수 있을까?" ※ 자신이 원하는 장난감을 친구가 가지고 놀고 있을 때 장난감을 획득하기 위해 친구를 때리는 행동을 할 수 있다.
특정 유아만 따라다니며 괴롭히고 놀이를 방해하는 경우	"○○가 △△와 함께 놀이를 하고 싶구나! 그러면 ○○이는 △△와 어떤 놀이를 함께하면 재미있을까? 우리 ○○의 생각도 함께 들어 볼까?" ※ 특정 유아만 괴롭히는 경우 그 유아가 보이는 반응이 재미있거나 같이 놀고 싶은데 표현방식이 잘못된 경우가 있을 수 있다. 따라서 유아의 선행사건을 살펴보는 것이 필요하다.
모래를 뿌리는 행동	"○○아, 모래는 정말 작고 까슬까슬하구나. 이 모래가 눈이나 입으로 들어가면 많이 아프고 따갑겠다. 모래가 눈이나 입으로 들어가지 않으려면 어떻게 놀이를 해야 할까?" ※ 모래를 뿌리는 행동을 하는 경우 선행사건을 관찰해야 한다. 단순히 재미있어서 하는 반복적인 행동인지 아니면 다른 친구와의 갈등으로 발생한 것인지를 살펴보아야 한다.
위험한 놀이만 하는 경우	"○○이는 블록을 던지는 놀이가 재미있나 보구나? 그런데 선생님은 ○○이가 다칠까 봐 많이 걱정된단다. ○○야~ 블록으로 다치지 않고 재미있게 놀 수 있는 방법은 어떤 것이 있을까?" ※ 던지는 행동을 대신할 대체행동을 제시한다.

유아는 또래지위 및 인기도에 따라 놀이상황에서 갈등이 발생할 수 있다. 갈등의 원인으로는 또래에게 잘 수용되지 않는 유아는 신체적 공격성으로 인해 갈등이 발생하였고 인기가 많은 유아는 생각과 사실의 불일치로 갈등이 주로 발생하였다. 인기가 적은 유아는 사물의 소유와 자신의 제안이나 도움의 거부로 인해 갈등이 발생하였다(정효순, 2000). 이러한 갈등을 해결하기 위한 유아의 전략으로 최효정(2019)은 타이르기, 대안 제시하기, 예시 들며 설득하기, 이유 설명하기, 양보하기와 같은 긍정적인 전략과 따지기, 화내기, 신체적 폭력 사용하기, 편 만들기, 울기와 같은 부정적인 전략 두 측면을 제시하였다.

(3) 영유아 문제행동의 실제

영유아는 갈등 상황에서 또는 관심을 끌거나 회피를 위한 방법으로 문제행동을 할 수 있다. 따라서 교사는 영유아의 행동을 주의 깊게 관찰하고 전략적으로 지원을 해야 한다. 영유아가 문제행동을 하는 경우 문제행동이 일시적인지 지속적인지를 파악하면서 원인에 대해 분석하고 상호작용해야 한다. 단순히 관심을 끌기 위한 행동이라면 영유아가 보이는 긍정적인 행동을 언어적 · 비언어적으로 격려하거나 칭찬하면서 행동지원을 할 수 있다. 영유아가 공격적인 행동을 하는 경우, 위험한 행동을 하지 않도록 규칙이나 질서를 설명하여 공격적 행동을 하지 않도록 해야 한다. 다음은 영유아의 문제행동과 이에 대한 행동지원의 실제를 살펴본 것이다.

1. 식사 시간에 장난이 심해요

A: (자리에 앉아 수저통을 들며) 이거 이번에 새로 산 엘사 수저통이다. 예쁘지?
B: 나도 있어. 나는 이번에 라바 수저통 샀어. (점점 목소리가 커진다.)
C: 시끄러워서 밥을 먹을 수 없어. 조용히 해.
A: 응. 알았어. (싫어하는 피망을 먹지 않고 있다.) 먹기 싫다.

식사 시간에 밥을 먹지 않고 장난을 치거나 옆에 있는 친구를 귀찮게 합니다. 편식이 심해 자신이 좋아하는 것은 금방 먹지만 다른 음식을 거부합니다.

교사지원

- 급·간식 시간은 유아에게 좋은 식습관을 길러 줄 수 있으며, 음식을 골고루 경험해 보도록 하는 시간입니다.
- 건강과 영양 측면뿐 아니라 식습관을 길러 주는 시간이므로 유아의 식사태도 등을 관심 있게 지켜보면서 지도해야 합니다.
- 식사는 싫어하는 것을 강제로 먹이지 않고 조금씩 맛을 경험해 보는 정도로 늘려나가야 합니다.
- 유아는 처음 먹어 보는 음식이 있을 수 있기 때문에 어떤 음식인지, 어떻게 만들었는지 이야기해 주면서 조금씩 먹어 보는 경험을 할 수 있도록 합니다.
- 유아는 천천히 먹거나 흘리면서 먹을 수 있기 때문에 여유를 가지고 기다려 줍니다.
- 먹기 싫어서 늦게 먹는 경우는 조금씩 먹도록 합니다.
- 잘 먹지 않는 경우에는 눈에 띄게 조금만 주어 스스로 적게 담았음을 알 수 있도록 하면서 자신의 양을 조절하며 먹을 수 있도록 합니다.

2. 집중시간이 짧고 친구들을 괴롭혀요

A: (쉬는 시간에 이미 화장실을 다녀온 상태) 화장실 가고 싶어요. 너무 급해요.
(화장실 다녀온 후)
A: ㅇㅇ아, 우리 이따가 블록놀이 하자.
B: 지금은 수업 시간이니까 조용히 하자.
A: (다른 아이의 어깨를 친다.)
B: 왜 그래?
A: 아니야.

대그룹시간에 집중하지 않고 옆의 친구들을 괴롭히고 돌아다니거나 수업을 방해하여 수업의 흐름을 깨고 친구들까지 방해를 하여 주의를 주게 됩니다.

교사지원

- 기질적으로 산만한 경우가 있는가 하면 수업 자체에 흥미를 느끼지 못해 집중하지 못하는 경우가 있습니다.
- 어떤 상황인지 잘 파악하고 습관적으로 산만하고 집중하지 못하는 경우, 특히 그 아이에게 관심을 갖고 질문을 하거나 보조교사의 역할을 주어 참여하도록 합니다. (ㅇㅇ야, 선생님이 ㅇㅇ에게 물어볼 게 있는데 들어 줄 수 있니? ㅇㅇ는 어떻게 생각하니?) 자주 그 친구를 쳐다보면서 질문하고 웃어 줍니다.
- 자리를 바꾸어 주거나 교사를 도와줄 수 있도록 사진이나 교수자료를 들고 있거나 전해 주는 등 보조역할을 할 수 있도록 합니다.
- 그 아이가 앉는 자리는 주위에 만질만한 것이 없는 곳이 좋으며, 옆에 같이 장난칠만한 친구와는 함께 앉히지 않도록 합니다.

3. 이유없이 친구들을 때릴 때가 있어요

A: (B의 발을 일부러 밟는다.)
B: 아야, 내 발 밟지 마.
A: 내가 그런거 아닌데?
B: 아니야. 네가 그랬잖아.
A: (B의 어깨를 밀치며) 아니라고 했잖아!
B: (억울해하며 울음을 터뜨린다.) 흐어엉. 거짓말하지 마.

습관적으로 친구들을 건드립니다. 그냥 지나가다가 또는 놀이를 하고 있는 중에 아무 이유 없이 친구들을 때리거나 툭툭 치고 발로 밟고 지나가서 친구들을 울리곤 합니다.

교사지원

- 친구를 때리거나 공격적인 행동을 하는 경우 우선은 그 이유를 찾아볼 필요가 있습니다. 좌절감 때문인지 불안한 행동 때문인지 파악한 후 공격적 행동이 나타나기 전에 그 사전 상황을 잘 파악하고 공격적 행동이 나타나지 않도록 하는 것이 중요합니다.
- 어떤 형태든 공격적인 행동은 묵인되어서는 안 되며, 반복적인 공격적 행동이 습관화되지 않도록 그 자리에서 수정되어야 합니다. 일단, 그러한 행동이 자주 나타나는 아이는 눈여겨 지켜보면서 아이와 눈을 자주 마주치며 관심을 갖고 있다는것을 알도록 합니다.
- 공격적 행동을 시도하고자 할 때 교사가 개입하면서 잠깐동안 진정할 수 있도록 하면서 아이의 감정을 확인합니다. 교사는 아이의 감정을 이해하면서 "네가 ~ 때문에 화가 났구나.", "그래, 정말 화가 났겠구나.", "네가 왜 화가 났는지 친구에게 이야기해 줄 수 있겠니? 친구가 잘 알 수 있도록 우리 이야기해 보자."라고 이야기하면서 누구든지 때리는 것으로 화를 푸는 것은 용납할 수 없음을 단호하게 이야기해 줍니다.
- 그 친구의 입장에서 상대방 친구에게 이야기하는 방법을 함께 배워보도록 합니다. 공격적인 행동을 하는 아이를 일방적으로 야단치기보다는 잘못을 알도록 일관성 있게 중재해 줍니다.

4. 자신이 잘못한 행동을 인정하지 않으려고 해요

A: (하루에 색종이 2장 사용하는 규칙이 있는데 4장을 사용했다.)
　ㅇㅇ이가 오늘은 4장 사용해도 된다고 했어요.
　ㅇㅇ이는 5장 사용했어요.
B: 내가? 이상하네. 그런 적 없는데~

자신이 잘못한 행동을 인정하지 않고 친구의 핑계를 대거나 거짓말을 하면서 그 상황을 빠져나가려고 합니다. 이러한 행동이 반복될 때 화가 나서 야단을 치게 됩니다.

교사지원

- 우선 아이들이 거짓말을 하는 원인을 알아보도록 합니다. 누군가의 관심을 끌기 위해 거짓말을 하는 것인지 아니면 벌을 받는 것이 두려워 거짓말을 하게 되는 건지 알아야 하며, 습관적으로 거짓말을 하는 경우 주변 사람들로부터 인정을 받고자 하거나 잘못에 대한 처벌이 두려워 피하기 위해 학습된 행동일 수 있으므로 거짓말을 하게 된 과정을 알아야 합니다.
- 거짓말을 하는 행위를 벌하기보다는 먼저 정직한 행동, 아주 사소하더라도 솔직한 모습을 보일 때 집중적으로 보상을 하도록 합니다. 자존감이 낮거나 자신감이 부족할 때도 간혹 거짓말을 하게 되므로 유아의 적절한 행동에 바로바로 칭찬이나 강화를 해 주어 자신감과 자존감을 키워 주도록 하여 거짓말을 할 이유를 만들어 주지 않는 것이 좋습니다.
- 유아의 거짓말에 지나치게 몰아붙이거나 체벌을 하여 유아가 더 큰 거짓말을 만들지 않도록 하는 것이 중요하며, 주변의 어른이 먼저 솔직하고 믿을만한 행동을 보여 주는 것이 중요합니다.
- 지나친 협박으로 유아를 겁주기보다는 너의 행동을 알고 있고 거짓말임을 알고 있다는 것을 유아들에게 나타내면서 스스로 솔직한 이야기를 하도록 유도해야 합니다. 그리고 충분히 이야기할 시간을 주고 공감해 주도록 합니다. 그리고 유아 스스로 자신이 사랑받고 있고 교사가 믿어 주고 있다는 것을 느끼게 해 주어 자아존중감을 갖도록 유도합니다.
- 교사도 경찰을 불러온다거나 일방적인 지키지 못할 약속 등을 하지 않도록 하여 서로 간의 솔직하고 진실된 모습을 보여야 합니다.

5. 스스로 하려고 하지 않아요

(점토로 작품을 만드는 시간)
A: ○○아, 나 너 옆에 앉을래.
B: 그래!
A: ○○아, 너 뭐 만들거야?
B: 나는 해바라기꽃이랑 장미꽃 만들 거야.
A: 우와, 나도 나도!
B: 같이 만들자.
A: 나... 근데 해바라기 꽃 못 만들겠어.
B: (시범을 보여 주며)
A: 음... 너가 해 주면 안 돼?
B: 알겠어. 그러면 장미꽃 만들고 있어 봐.
A: (점토를 만지다가) 내가 하면 못생겼어. 네가 해 줘.

어떤 활동이라도 먼저 하려고 하지 않고 교사에게 "못 해요.", "해 주세요."라며 스스로 하지 않거나 친구에게 해 달라고 하며 아무것도 하지 않고 기다립니다. 충분히 스스로 할 수 있는 일인데도 하지 않으려 합니다.

교사지원

- 뭐든지 스스로 하려고 하는 아이가 있는 반면 어떤 아이는 무언가를 시작하고 혼자 한다는 것에 두려움을 갖는 아이가 있습니다. 스스로 해 봄으로써 느끼는 성취감이나 만족감, 자립심 등을 배울 수 있도록 하는 것이 중요합니다.
- 우선 그 유아가 잘하는 것이 무엇인지를 관찰하고 작은 성취부터 찾아내어 칭찬하고 격려해 줍니다. 그리고 조금씩 유아가 할 수 있을 만한 활동을 유도하고 심부름을 시키는 등 자신감을 가질 수 있도록 합니다.
- 처음 해 보는 일은 두려워하거나 실패에 대해 걱정하여 선뜻 하려고 하지 않으므로 먼저 모델링을 보여 주고 따라 해 보도록 합니다. 비록 실패해도 나무라지 말고 누구든지 실패할 수 있고 당연히 처음 하기 때문에 못 할 수 있다는 것을 알려 줍니다.
- 서두르지 말고 반복적으로 해 보면서 성공할 수 있도록 하며, 너무 어려운 과제는 주지 않도록 합니다. 유아가 못한다고 울더라도 억지로 시키려 하지 말고 충분히 할 수 있다는 것을 알 수 있도록 차근히 도와줍니다. 처음에 난이도 낮은 과제를 주거나 함께 해결해 보도록 하여 안정감을 갖도록 합니다.

6. 손가락을 빨아요

B: ㅇㅇ아, 뭐해?
A: 백설공주 책 읽고 있어.
B: 재미있겠다.
A: (손가락을 빨면서) 맞아.
B: 근데 너 왜 손가락 빨아?
A: (손가락을 빨면서) 몰라.
B: 배고파? 손가락 빼.
A: (손가락 내리면서) 알겠어.
B: 또 하네?
A: (손가락 빨면서) 책 읽는데 방해하지 마.

항상 손가락을 빨고 있습니다. 손가락을 빨지 못하게 하면 옷자락을 빨고 있기도 합니다. 혼내도 그때뿐이고 습관적으로 손이 입으로 들어갑니다.

교사지원

- 아이들은 입과 피부의 접촉을 통해 즐거움과 만족감을 얻습니다. 그러나 성장함에 따라 새로운 기술들을 배우게 되고 새로운 신체적 즐거움을 찾게 되는데, 특히 손으로 조작하는 능력이 생기면서 입으로 느끼던 감각이 다른 곳으로 바뀌게 됩니다.
- 손가락을 빨거나 다른 물건을 입으로 빠는 유아의 경우 그 원인이 분명 있을 것이며, 이는 가족과 함께 찾아내서 고쳐야 합니다.
- 우선 입으로 느끼는 즐거움을 손가락을 대신할 놀잇감을 찾아 주어 해결하도록 합니다. 입으로 부는 장난감 등을 주거나 이야기를 많이 하도록 하는 것도 좋습니다.
- 일단은 많은 관심을 갖고 애정을 듬뿍 주는 것이 중요하겠지요. 그리고 유아에게 활동적인 놀이를 제공하도록 합니다. 특히, 손으로 할 수 있는 조작놀이(점토놀이, 퍼즐, 블록, 그리기, 만들기 등)를 제공하여 유아가 다른 것에 집중할 수 있도록 하며, 교사나 부모의 옆에서 무언가를 도와줌으로써 손가락 빠는 행위를 조금씩 줄여 나가도록 합니다.

7. 친구를 깨물어요

A: (B에게 다가가 장난감을 뺏으며) 이리 줘!
B: 싫어, 내 거야!
A: (B의 장난감을 잡아당기며) 나도 가지고 놀 거야!
B: 내가 먼저 놀고 있었잖아.
A: (씩씩거리다가 B의 팔을 깨문다.)
B: 아야! 아프잖아.
A: (B가 놓친 장난감을 뺏어서 도망간다.)

(A와 C가 장난감을 가지고 놀고 있다.)
A: (소방차 모형을 굴리며) 소방차가 지나갑니다~히히.
C: 나는 경찰차야.
A: 붕붕~ (웃으며 함께 놀다가 C의 어깨를 깨문다.)
C: 아! 왜 깨물어!

다른 사람의 신체에 어느 부분이든지 이를 대어 자국이나 상처를 냅니다. 특별히 친구가 괴롭히지 않아도 깨물기도 하며 좋거나 흥분했을 때 깨물기도 합니다. 매번 말해 주고 주의를 주어도 잘 고쳐지지 않아요.

교사지원

- 왜 깨무는 행동을 하는지 알아볼 필요가 있습니다. 어린 영아일 경우 한창 이가 날 때 잇몸이 근질거려서 무엇이든 깨물려고 하는 경우가 있으며, 주위의 관심을 끌거나 자신의 요구가 받아들여지지 않을 경우 또는 너무 흥분해서 깨무는 경우 등이 있습니다.
- 일단 깨무는 것을 허용할 수 없는 일임을 분명히 해야 하며, 깨무는 행동이 유발될 상황을 미리 파악하고 예방하는 것이 중요합니다. 유아가 깨물었을 때 깨물면 어떤지 얼마나 아픈지 등을 단호하게 이야기하며, 깨물린 유아에 대해 관심을 두고 응급조치를 해 주도록 합니다.
- 깨문 유아는 치료하는 모습을 지켜보면서 얼마나 아플지 생각하며 미안한 마음을 갖도록 합니다.
- 깨무는 행동은 예방이 중요하며, 교사는 그 유아의 곁에서 주의 깊게 관찰하면서 상황이 발생하지 않도록 미리 대비하거나 상황이 발생할 때 재빨리 격리하여 문제 상황을 만들지 않도록 합니다. 유아에게는 "깨물고 싶었지만 잘 참았지? 네가 참고 말로 이야기해 주면 그 친구도 아마 네 이야기를 잘 들어 줄 거야. 그렇지?" 하면서 긍정적인 상황에 대해 설명해 준다.
- 유아가 깨무는 것을 참고 바람직한 행동을 했을 때마다 칭찬해 주고 격려해 주면서 교사가 기뻐하고 있다는 것을 보여 줍니다.

8. 장난감을 혼자만 가지고 놀려고 해요

A: (블록을 모두 가져와 연결하며) 도로 만들어야지~
B: 우리 블록 부족해. 우리도 쓸래.
A: 싫어. 나도 부족해.
B: (쌓여있는 블록을 가리키며) 너 거기 많이 있잖아.
A: 안 돼. 다 내가 쓸 거야!
A: (C의 자동차를 뺏으며) 나도 자동차놀이 할래.
C: 내 거야. 돌려줘!
B: 너 자동차놀이 할 거면 블록 가져갈래.
A: (얼굴을 찌푸리고 소리 지르며) 싫어, 둘 다 내가 가지고 놀 거야!

놀이를 할 때 장난감을 혼자만 가지고 놀려고 합니다. 자신이 가지고 놀던 장난감이 있는데도 불구하고 친구의 것을 빼앗거나 여러 개를 갖고 있으면서 절대 친구와 나누어 가지려 하지 않습니다.

교사지원

- 자기중심성이 강한 유아는 내 것과 남의 것, 함께하는 것 등을 배워 나가야 합니다. 여기에는 많은 연습과 성인의 도움이 필요합니다.
- 교실 안에 있는 장난감들은 함께 공유해야 하며, 놀이를 포기해야 하는 경우도 있고 자신의 차례가 올 때까지 기다려야 한다는 것을 이해할 수 있도록 해야 합니다.
- 우선 유아에게 소유의 개념을 알도록 합니다. 내 것에는 이름을 써서 각각의 소유자가 있음을 알도록 하며, 함께 공유하는 물건은 어떻게 사용해야 하는지 말해 줍니다. "이건 선생님 연필이야. 선생님 것은 만지지 않도록 하자.", "이건 네 인형이지?", "이 블록은 친구와 함께 놀 수 있지만 다른 친구들이 하고 있을 때는 친구들이 다 할 때까지 기다려야 해."라며 학기 초에 반복적으로 알려 줍니다.
- 친구들이 놀고 있을 때 무조건 빼앗는 것은 잘못된 행동이며 친구에게 함께 가지고 놀아도 되는지 물을 수 있도록 교사와 함께 친구에게 요청하도록 합니다. 만약 친구가 함께 쓰기 싫다고 대답할 경우, 친구에게 그럼 네가 다 놀고 날 때까지 기다릴 테니 이야기해달라고 말할 수 있도록 합니다.
- 함께 나누어 갖고 함께 먹어야 하는 상황을 만들고 공평하게 나눌 수 있도록 하며, 협동할 수 있는 상황을 만들어 어떻게 할 것인지 친구와 이야기해 보도록 합니다. 놀이에 순서를 정하도록 하거나 나누어 주는 도우미가 되어 보는 등의 활동을 자주 해 보도록 합니다.

9. 물건을 던져요

A: 이건 전투기야. 피융 피융~ (블록을 던지며) 공격!
B: (블록에 맞은 곳을 감싸며) 아앗! 나한테 던지지 마.
A: (무시하며) 슝~ 전투기가 추락한다! (블록으로 만든 전투기를 바닥에 던지며) 쾅!
B: 부서졌잖아!
C: 너 때문에 내가 만든 성도 부서졌어!

물건을 고의로 던지고 함부로 다루어 잘 부수기도 합니다. 물건을 던질 때는 친구에게 던지기도 하여 위험한 상황이 발생하기도 합니다.

교사지원

- 유아가 장난감을 왜 던지는지, 언제 던지는지 잘 관찰하여 원인을 파악합니다.
- 자신의 감정 표현이 미숙하거나 분노를 표현하는 방법으로 물건을 던지기도 하며, 호기심으로 장난감을 부수기도 합니다. 일단, 분노에 의한 거라면 충동을 통제할 수 있도록 해야 하므로 감정을 적절히 다루는 방법에 대해 이야기하도록 합니다.
- 기쁠 때, 슬플 때, 화날 때 어떻게 표현해야 할지 직접 표현해 보고 표정으로 언어로 이야기해 보면서 적절한 표현을 할 때 칭찬하고 격려해 줍니다.
- 던지는 행동은 아주 위험하므로 그런 식으로 감정을 표현하는 것은 용납될 수 없으며, 앞으로도 위험한 행동으로 인해 놀이를 할 수 없게 될 수 있다는 것을 알도록 합니다.
- 장난감을 거칠게 다루거나 호기심으로 망가뜨리는 경우도 있으므로 조심히 다루는 방법에 대해서도 함께 이야기해 보는 것이 좋으며, 망가졌을 때는 반드시 교사에게 이야기해서 깨지거나 부러져서 위험할 수 있는 장난감은 그냥 두지 않도록 합니다.
- 유아가 분노나 슬픔 등을 표현하는 적절한 방법을 이야기하여 던지는 행동 대신 표현할 수 있는 방법을 함께 찾아보도록 합니다. 예를 들어, 샌드백 등을 쳐본다든지, 화가 난 이유를 큰 소리로 이야기해 보도록 한다든지, 나름대로 발산할 수 있는 방법을 찾아주도록 합니다.

10. 정리정돈을 하지 않아요

A: (색종이 자르기 활동 후)
A: (쌓기영역으로 뛰어가며) 블록놀이 해야지~
B: (책상 위를 정리하며) 야! 네가 자른 건 치우고 가.
A: (무시하며) 뭐 만들지?
C: 빨리 치워. 우리 그림 그릴 거란 말이야.
A: (블록을 뒤적거리는 시늉을 하며) 너네가 치워. 난 바빠.
B: 네가 한 걸 왜 우리가 치워? 빨리 와서 정리하라고!
A: (터덜터덜 걸어오며) 알았어..

놀고 난 후 정리정돈을 하지 않습니다. 정리시간이 되면 슬그머니 다른 영역으로 가거나 미술활동 등을 하고 나서도 정리를 하지 않고 자리를 옮겨 버립니다.

교사지원

- 정리를 잘 하지 않는 유아는 원래 느린 유아이거나 가정에서도 정리가 안 된 곳에서 생활하는 유아 또는 뭐든 집에서 다 해 주던 유아가 대체로 정리를 잘 하려 하지 않습니다.
- 습관적으로 하지 않는 유아는 미리 정리시간이 되기 몇 분 전에 미리 정리를 하도록 유도합니다. "이제 곧 정리시간인데 우리 먼저 정리해 볼까?"라고 하여 정리하는 시간이라는 것을 알도록 해 줍니다.
- 정리가 먼저 끝나면 칭찬과 격려를 해 주면서 "와~ ㅇㅇ는 벌써 정리가 끝났네. 우리 다른 친구들이 정리하는 것도 도와줄까?", "ㅇㅇ아, 정리가 안 된 곳은 어딘지 찾아서 이야기해 줄래?"라고 하여 정리정돈에 잘 참여할 수 있도록 합니다. 중간중간 체크하여 영역별 놀이가 끝나고 이동할 때도 정리를 하고 움직일 수 있도록 지켜보면서 정리할 것을 유도합니다.
- 처음부터 너무 많고 복잡한 정리는 힘들어 할 수 있으므로 간단한 정리정돈부터 시키도록 합니다.
- 깨끗해진 모습을 함께 보면서 어떤지 이야기해 보고 'ㅇㅇ 때문에 교실이 깨끗해졌네'라며 칭찬해 주어 정리했을 때의 성취감이나 만족감 등을 느끼도록 합니다.
- 정리정돈 시간은 즐거운 시간이며, 모두 함께 같이해야 하는 것임을 알도록 합니다.

11. 기다리는 것을 힘들어해요

(체험학습 동물에게 먹이 주는 활동 중)
A: (B의 앞으로 나가며) 저리 비켜. 내가 먼저 만져 볼 거야.
B: 야, 넌 뒤에 있었잖아. 뒤로 가.
A: 아냐, 나 여기 있었거든? 내가 할 거야!
C: 이번엔 내 차례였어. 새치기 하지 마!
A: (C를 밀치며) 내가 할 거라고!

기다리는 것을 힘들어합니다. 뭐든지 먼저 하려고 하고 "내가요, 내 거 해 주세요. 야, 비켜. 내가 할 거야."라면서 항상 먼저 하려고 하고 앞에 누군가 먼저 하려 하면 밀거나 짜증을 내며 기다리지 못합니다.

교사지원

- 유아 중에는 성격이 급해서 기다리지 못하고 먼저 하려는 유아가 있는가 하면 욕심이나 승부욕이 많아서 항상 앞서려는 유아가 있습니다.
- 지는 것을 싫어하고 자기가 항상 우선이어야 하는 유아는 기다리거나 뒤처지는 것에 대해 무척 싫어하기도 합니다.
- 기다리는 것, 참을성을 갖는다는 것은 매우 중요합니다. 이때 교사의 말투도 중요한데 항상 빨리, 당장, 어서라는 말을 자주 하면 유아가 그에 따르게 되고 그러다 보면 당연히 급하게 일을 처리하게 됩니다.
- 선생님이 우선 기다려 주실 줄 알아야 하며, 항상 끝까지 기다려 준다는 것을 보여 주도록 합니다. "○○가 정리가 다 될 때까지 기다려 줄 거야.", "○○는 아직 화장실에서 안 왔으니까 ○○가 올 때까지 기다리자." 등 친구들과 함께 기다리는 모습을 보여 줍니다.
- 급한 친구들에게는 다른 친구들을 도와줌으로써 한 박자 여유를 가질 수 있도록 해 주고 이렇게 기다리거나 도와주는 행동을 칭찬해 줍니다.
- 줄을 설 때도 먼저 왔다고 칭찬하기보다는 줄을 바르게 서서 친구들을 기다리는 모습을 칭찬해 줍니다.
- 줄을 세울 때도 먼저 온 순서가 아닌 여러 가지 상황을 만들어 세웁니다. 예를 들어, "오늘은 빨간 옷을 입은 친구들부터 해 볼까?", "이번에는 이름 순서대로 해 볼까?" 등 매번 다른 상황을 만들어 활동하면 먼저 하려고 다투는 일이 적어질 수 있습니다.

생각을 모아요

다음의 문제행동 사례를 보고 지원방법에 대해서 토론해 보세요.

1. 고집을 부려요

A: (화를 내면서) 야, 곰돌이 인형 내 거야!
B: 내가 먼저 가지고 놀았어. 내 거야.
A: (B가 가지고 있던 인형을 뺏으면서) 아니야. 이건 내 거야!
B: (울면서) 흐아아앙~

자신이 잘못한 행동에 대해 지적하거나 수정해 주려고 해도 듣지 않고 자기가 하고자 하는 대로 고집을 피웁니다. 그만두라고 해도 계속하면서 친구에게 사과하라고 해도 하지 않고, 지도를 하기 위해 올 것을 요구해도 오지 않는 등 고집을 피웁니다.

교사지원

-
-
-
-
-
-
-
-
-

2. 울면서 문제상황을 해결하려고 해요

A: 애들아, 뭐해?
B: 우리 지금 공놀이해.
A: 우와! 나도 할래.
B: 지금은 사람이 많아서 안 돼.
A: (울먹거리며) 왜... 나도 할래~
B: 지금 말고 이거 끝나면 그때 가서 같이 하자.
A: (울먹거리며) 싫어! 나도 할 거야.
B: (당황하면서) 안돼... 갔다 올게.
A: (울면서) 나도 지금 할래. 흐아아앙~

사소한 일에도 울면서 문제상황을 해결하려고 합니다. 별일 아닌 것도 먼저 울기부터 하며 스스로 할 수 있는 상황에서도 울면서 해결해 주기를 기다립니다.

교사지원

-
-
-
-
-
-
-
-
-

3. 함께 정한 약속을 지키지 않으려고 해요

A: ○○아, 우리 블록 치워야 해.

B: (앉아서 장난감 바라보며) 좀 있다가.

A: 다른 애들도 지금 치우는데?

B: 싫어, 더 가지고 놀래. 메롱~

C: 선생님이랑 장난감 치우기로 약속했잖아. 같이 정리하자!

B: (무시한다)

A, C: (정리하며) 야! 빨리 와.

지켜야 할 약속을 알면서도 눈치를 보며 부적절한 행동을 하고 이를 지적해 주어도 멀뚱히 보고만 있고, 몇 번을 이야기해도 지켜지지 않습니다.

교사지원

-
-
-
-
-
-
-
-
-

참고문헌

강문희(2004). 아동발달. 파주: 교문사.

강은진 · 이미화 · 예한나(2019). 누리과정 효과성 분석 연구(II): 누리과정 개정에 따른 KICCE 유 아관찰척도 개발 및 시범적용. 서울: 육아정책연구소.

곽노의 · 김경철 · 김유미 · 박대근(2014). 영유아발달. 파주: 양서원.

곽노의 · 이신영(2014). 숲체험 교육활동(누리과정과 연계한). 서울: 창지사.

곽승주(2016). 역할놀이영역에서 나타나는 유아의 또래 간 정서적 경험 탐구. 유아교육연구, 36(1), 79-109.

교육부 · 보건복지부(2019). 2019 개정 누리과정 놀이이해자료.

김경희 · 한성희 · 김혜금(2005). 영유아를 위한 관찰 및 실습. 서울: 정민사.

김순환 · 오현주(2019). 유아의 놀이를 통한 교육과정 운영방안에 대한 실행연구. 육아지원연구, 14(2), 55-83.

김신옥 · 이현정(2018). 영유아관찰 및 평가. 고양: 공동체.

김영주(2018). 생태미디어를 활용한 극놀이 활동에서 나타난 유아의 사회정서능력의 변화. 어린이문학교육연구, 19(2), 81-116.

김혜윤 · 김길숙 · 최승화 · 최애경(2019). 아동관찰 및 행동연구. 파주: 양성원.

김희진 · 박은혜 · 이지현(2008). 유아교육기관에서의 관찰. 서울: 창지사.

김희진 · 박은혜 · 이지현(2018). 영유아교육기관에서의 관찰(3판). 서울: 창지사.

박찬옥 · 정남미 · 곽현주(2019). 놀이지도. 파주: 양성원.

백명진 편저(2020). 한 번에 끝내는 어린이집 평가제(3 · 4영역). www.aalzza.com.

보건복지부(2013). 어린이집 표준보육과정에 기초한 영아보육프로그램 운영의 이해.

보건복지부 · 육아정책연구소(2013). -영유아 문제행동지도 프로그램 개발- 영유아 문제행동지도를 위한 부모교육 안내서.

보건복지부(2020). 제4차 어린이집 표준보육과정 해설서.

성미영 · 전가일 · 정현심 · 김유미(2017). 아동관찰 및 행동연구. 서울: 학지사.

성태제 · 시기자(2010). 연구방법론. 서울: 학지사

서현아 · 하선혜 · 박소윤 · 강현미 · 한희정 · 김산아(2019). 아동관찰 및 행동연구. 파주: 양성원.

양옥승 · 김승옥 · 류은미 · 윤지영(2018). 영유아 관찰 및 실습. 서울: 신정.

염지숙 · 오채선(2016). 영아반 교사의 놀이중심 교육과정 만들어가기. 열린유아교육연구, 21(4), 121-153.

오연주 · 박진옥 · 박애순(2007). 자연친화적 놀이지도. 서울: 창지사.

오연주 · 박애순 · 최정화 · 이명윤(2020). 유아중심 놀이지도. 서울: 창지사.

오영희 · 이성희(2002). 유아교육기관에서의 현장관찰 및 참여. 서울: 양서원.

윤희경 · 김애옥 · 신혜영 · 임미혜 · 이분려 · 장미아 · 나은숙(2005). (발달에 적합한) 영유아교육과정. 파주: 양서원

이미화 · 엄지원 · 정주영(2014). 영아보육 질 제고를 위한 평가도구 개발 및 활용방안. 서울: 육아정책연구소.

이기숙(2000). 유아교육과정. 파주: 교문사.

이상희 · 임원신(2017). 4세반 쌓기놀이영역에서의 놀이와 또래상호작용에 대한 질적연구. 육아지원연구, 12(2), 179-202.

이상희 · 최현미(2020). 이토록 어여쁜 그림책. 파주: 이봄.

이성진(1996). 교육심리학: 그 학문적 성격과 과제. 한국교육심리학회, 10(1), 25-43.

이수남 · 오연주(2001). 유아의 블록놀이를 통한 놀이문화의 연구. 안양대학교 인문과학연구소, Vol. 9, 146-169.

이숙재(2001). 유아놀이활동. 서울: 창지사.

이진희 · 신은미(2019). 놀이와 배움을 잇는 유아평가의 방향성 탐색. 한국유아교육학회, 정기학술대회논문집, Vol. 2019 No.1.

장휘숙 · 안건환(2005). 아동연구방법 (제2판). 서울: 창지사.

장휘숙(2005). 발달정신병리학의 이해(제2판). 서울: 창지사.

정혜욱 · 김은영 · 윤진주 · 송정아 · 안정원 · 정혜원(2019). 놀이중심교육과정에서의 교사 역할 바로알기. 서울: 창지사.

조복희(2008). 아동발달. 서울: 교육과학사.

조윤경 · 김경혜(2010). 잘 가르치기 위한 아동관찰 및 행동연구. 고양: 공동체

진다정 · 정혜욱92018). 바깥에서 이루어진 유아의 맨발놀이 탐색. 열린유아교육연구, 23(2), 21-43.

홍길희 · 박재옥(2019). 아동관찰 및 행동연구. 서울: 동문사.

황윤세 · 양옥승(2001). 유치원에서의 효율적인 포트폴리오 평가방법 연구. 한국아동학회, 22(1), 191-211.

허승희(2019). 유아 놀이성 수준과 유아 발달과의 관계. 부산교육대학교 교육대학원 석사학위논문.

Elizabeth F. Shores & Cathy Grace 공저; 한유미, 오연주 공역(2003). 포트폴리오 활동의 이론과 실제. 서울: 다음세대.

Decker, C. A. & Decker, J. R.(2001). *Plannry and administery early child programs*(7ed.) Columbus: Charles E. Merrill Pubishog Co.

Doyle, connolly & Rivest(1980). The effect of playmate familiarity on the social interactions of young children.

Graue & Walsh(1998). *Studying Children in context: Theories, methods, and ethics*. Thousand Oaks, CA:Sage.

Henniger, M. L. (1985). Preschool children's play behaviors in an indoor and outdoor environment. In J.L. Frost & S. Sunderlin (Eds.). When children play (pp.145-150). Whcaton, MD:Association 80r childhood Educatun Internatunal.

James E. Johnson, James F. Christie, & Thomas D. Yawkey 공저; 신은수 외 공역(2001). 놀이와 유아교육. 서울: 학지사.

Johnson, H. M.(1996). The art of block bluiding, In E.S. Hirsch(ED), *The block book*(3rd ed., pp.9–26). Washington, D.C: NAEYC.

Martin(1994). Cognitive influences on the development and maintenance of gender segregation.

Tizard, pnilps & Plewis(1976). Play in preschool centres (Ⅰ) Play measures and their relation to age, sex and IQ.

국립국어원표준국어대사전 http://stdwed2.korean.go.kr/main.jsp

저자소개

오연주

- 이화여자대학교 사범대학 유아교육학과
- 이화여자대학교 교육대학원 유아교육학과(교육학 석사)
- 경희대학교 대학원 아동학과(이학박사)
- 현) 대림대학교 유아교육과 교수

최정화

- 한국방송통신대학교 교육학과, 한양사이버대학교 유아교육학과
- 한국성서대학교 보육대학원(장애아통합보육 석사)
- 성결대학교 일반대학원 교육학과(교육학 박사)
- 현) 세움 교육연구소 대표

조연실

- 단국대학교 특수교육대학원 유아특수교육 전공(교육학 석사)
- 대구 카톨릭대학교 몬테소리대학원 몬테소리교육 전공(문학 석사)
- 전) 애플 어린이집 원장, 모아 유치원 원장
- 현) 김포대학교 아동보육과 겸임교수

놀이중심 교육과정 기반

아동관찰 및 행동연구

초판 1쇄 발행 2021년 1월 18일
초판 5쇄 발행 2024년 8월 23일

지 은 이 | 오연주 · 최정화 · 조연실
펴 낸 이 | 김기섭
편 집 인 | 이혜란
펴 낸 곳 | 창지사 www.changjisa.com
08589 서울시 금천구 가산디지털 1로 83 파트너스타워 1차 9층
전화 (02)719-2211~3
팩스 (02)701-9386
등 록 | 1977년 4월 28일 · 제1-421호

ISBN 978-89-426-1408-0 (93370)

값 21,000원